城市轨道交通建设系列指南

城市轨道交通工程混凝土抗裂设计与施工指南

江苏省住房和城乡建设厅
江苏省土木建筑学会城市轨道交通建设专业委员会 组织编写

中国建筑工业出版社

图书在版编目（CIP）数据

城市轨道交通工程混凝土抗裂设计与施工指南/江苏省住房和城乡建设厅，江苏省土木建筑学会城市轨道交通建设专业委员会组织编写.—北京：中国建筑工业出版社，2020.5
（城市轨道交通建设系列指南）
ISBN 978-7-112-25001-1

Ⅰ.①城… Ⅱ.①江…②江… Ⅲ.①城市铁路-地下铁道车站-混凝土-抗裂性-设计指南②城市铁路-地下铁道车站-混凝土-抗裂性-工程施工-指南 Ⅳ.①U239.5-62

中国版本图书馆CIP数据核字（2020）第051884号

本指南针对城市轨道交通工程普遍存在、难以解决的混凝土开裂渗漏问题，总结长期科学研究成果和大量工程实践经验，提出了城市轨道交通工程混凝土裂缝控制理论、设计方法和抗裂技术措施。全书共5章和4个附录。包括：概述，城市轨道交通工程地下车站现浇混凝土常见裂缝及其成因、混凝土裂缝控制理论与抗裂性设计方法、收缩裂缝控制材料措施及收缩裂缝控制施工工艺措施，并收录了相关工程实践案例和相关标准规范附录。

本书可供城市轨道交通工程建设、设计、监理、施工等参建各方及建设主管部门参考使用，也可为其他地下建筑现浇混凝土结构抗裂防渗提供指导。

责任编辑：万　李
责任校对：焦　乐

城市轨道交通建设系列指南
城市轨道交通工程混凝土抗裂设计与施工指南
江苏省住房和城乡建设厅
江苏省土木建筑学会城市轨道交通建设专业委员会　组织编写
*
中国建筑工业出版社出版、发行（北京海淀三里河路9号）
各地新华书店、建筑书店经销
北京红光制版公司制版
南京海兴印务有限公司印刷
*
开本：787×1092毫米　1/16　印张：12¾　字数：307千字
2020年6月第一版　2020年6月第一次印刷
定价：**90.00**元
ISBN 978-7-112-25001-1
（35747）

版权所有　翻印必究
如有印装质量问题，可寄本社退换
（邮政编码100037）

《城市轨道交通工程混凝土抗裂设计与施工指南》

主编单位：

江苏省土木建筑学会城市轨道交通建设专业委员会

江苏苏博特新材料股份有限公司

参编单位：

苏交科集团股份有限公司

中设设计集团股份有限公司

中铁第四勘察设计院集团有限公司

中铁四局集团有限公司

中铁十二局集团有限公司

中铁十四局集团有限公司

通州建总集团有限公司

南京同力建设集团股份有限公司

常州工学院

江苏诚意工程技术研究院

南京地铁建设有限责任公司

苏州市轨道交通集团有限公司

无锡地铁集团有限公司

常州市轨道交通发展有限公司

徐州市城市轨道交通有限责任公司

南通城市轨道交通有限公司

本书编审委员会

顾　　问	钱七虎　陈湘生　缪昌文　周　岚　顾小平 佘才高　周明保　徐　政　宋晓云　朱明勇 王　智

本书编写委员会

主　　任	张大春
副 主 任	汪志强　陈志宁　胡导云　张昌伟　卢红标
主　　编	刘加平
副 主 编	田　倩　徐　文　王育江
编写人员	（按姓氏笔划排列）

王　涛　王　鹏　王开材　王宁宁　王社江
王松城　王家磊　牛自强　方　伟　卢红标
叶铁民　田　倩　付款峰　邢春华　朱立龙
刘　斌　刘加平　刘德顺　杜　峰　李　华
李　明　李　路　李长春　李书进　李新祝
杨　睿　杨勤松　谷亚军　沈东美　宋　磊
宋鲁光　张　坚　张大春　武鹏飞　郁　犁
罗跟东　周庙林　胡　静　胡导云　耿　敏
桂　林　徐庆平　徐彩霞　陶建岳　曹　永
彭宇一　韩　辉　储国平　蔡志军　魏良丰

本书审定委员会

主　　任	徐学军
委　　员	蒋金洋　蒋林华　鞠丽艳　李　悦　陆采荣 汤继新

序　　一

自 20 世纪 90 年代至现在是中国城市轨道交通快速发展的新阶段。随着经济的快速发展，城市综合规模的迅速扩大，中国城镇化进程的加快，我国的轨道交通也进入了大发展时期。规划建设城市轨道交通的城市迅速增多，大中城市轨道交通正逐步形成网络化，中国正初步形成了以地铁为主体，轻轨、单轨、有轨电车、磁浮、APM 和市域快轨等其他制式为补充的多元化发展格局，城市轨道交通正在高位稳定发展。中国城市轨道交通用不到 30 年的时间，走过了国外发达国家 150 年的发展历程。

实践证明，城市轨道交通在优化城市地下空间结构，促进新型城镇化发展，缓解城市交通拥堵和保护环境等方面显示出无比优越的作用。在大规模、高速度、跨越式发展的阶段，我们必须清醒地认识到，当前我国城市轨道交通建设正面临着一些严峻的问题和挑战。轨道交通建设的前期线网规划、线路、可行性研究、方案设计、比较研究和优化工作不够；在大建设时期还未来得及形成一套系统、完善的管理、勘察、设计、施工、监理、运营等在内的技术与管理标准体系；强调快速建设而压缩工期，强调最低价中标而造成材料设备和施工竞相压价，导致建设投入不足；建设管理薄弱，管理信息化水平不高，风险管理意识薄弱，工程事故时有发生；由于建设项目多、规模大、专业性强，造成目前轨道交通行业技术和管理力量稀释，专业技术人员、管理人员和熟练岗位技术工人严重匮乏，特别是一线操作工人来源短缺，技术水平较低，难以适应需求；工程建设中常见质量问题仍较普遍，质量水平不容乐观。

可喜的是，江苏省土木建筑学会城市轨道交通建设专业委员会在江苏省住房和城乡建设厅、江苏省科协的大力支持下，从 2014 年 10 月成立以来，一直以"建设一批优质工程、带动一批骨干企业、培养一批优秀人才、研究一批急需成果"为己任，先后开展了城市轨道交通工程"835"、"926"科技创新计划，经过 5 年多的努力，终于完成了两轮科技创新任务。两轮科技创新计划涵盖了城市轨道交通科研项目、地方标准和建设指南。其中编写的一套《城市轨道交通建设系列指南》，始于城轨需求，源自城轨实践；有理论，更有经验的提炼；有系统性，更重操作性，可喜可贺！本套丛书的问世，顺应了"聚焦高质量发展"新时代的要求，将对我国城市轨道交通建设水平的提升起到积极和重要的促进作用。

中国工程院院士、国家最高科学技术奖获得者：钱七虎

2019 年 12 月 9 日

序 二

从 1863 年英国伦敦第一条地铁线到 1965 年我国北京地铁一号线建设以来，因快捷准点、运输量大、节能环保等优点，城市轨道交通已成为百姓出行首选的交通工具。截至 2019 年 9 月底，我国已有 43 个城市运营突破 6300 公里；在建里程达 6600 公里。截至 2019 年 12 月 18 日，江苏省城市轨道交通已有 7 个地级市运营或在建，其中运营地铁 18 条线 704.5 公里、有轨电车 5 条线 83.8 公里；在建地铁 19 条线 539.4 公里。

城市轨道交通工程建设涉及土木工程、机电工程和管理工程等近 40 个专业。随着我国城市轨道交通进入高速发展阶段，该领域的管理、勘察设计、监理、施工、检测、监测等专业人员紧缺，安全与质量管理面临着严峻的问题和挑战。因此，项目管理、安全与质量风险管控，技术与管理人员管理水平等亟待提升。

为此，江苏省土木建筑学会城市轨道交通建设专业委员会（以下简称江苏城轨专委会）自 2014 年成立以来，一直把科技创新工作放在首位。先后联合了省内外城市轨道交通建设 110 余家勘察设计、施工、监理、检测、监测、科研院所、监管等单位和部门，共同开展了两轮科技创新活动，取得了一批可喜的成果。已出版了第一批《城市轨道交通建设系列指南》7 本、省级地方标准 6 本和 10 余项重要科研成果，第二批《城市轨道交通建设系列指南》将有 10 余本陆续出版，相关成果对推动城市轨道交通建设高质量发展起到了很好的引领作用。

组织《城市轨道交通建设系列指南》的编写，反映了江苏城轨专委会想城轨建设所想，急城轨建设所急，具有前瞻眼光和强烈的责任感。组织编写这样一套系列丛书，工程浩大，需要组织协调和筹集大量人财物。从选题、立项、确定主参编单位和人员、每本书的大纲和定位，到编写过程中邀请国内相关专家的数轮指导审核把关，付出了艰辛的努力；他们坚持不流于形式、不急于求成，坚持实用、创新、引领和指导等原则，体现了编审委员会严谨、求实和负责的态度和精神。

系列指南涵盖了我国城市轨道交通建设的多个领域，涉及面广。它的陆续出版，是我国城市轨道交通建设的一件盛事和喜事。编写者在城轨一线边工作边写作，边调研边提炼总结，对现行标准规范融会贯通，集思广益，倾注了大量的心血。他们紧扣该领域建设的实际需要，突出问题导向，突出经验总结和梳理，突出实用性和操作性，奉献出了一本本图文并茂、可读性强，集指导性、实用性、专业性为一体的指南，可喜可贺！系列指南的问世将对我国城市轨道交通工程建设水平的提高和高质量发展具有重要的促进作用。

陈湘生，博士，教授，中国工程院院士
深圳大学土木与交通工程学院院长
深圳市地铁集团有限公司技术委员会主任
2019 年 12 月 9 日

序 三

随着城市建设的快速发展，城市轨道交通作为百姓出行的首选方式，其工程建设也进入迅猛发展时期。针对如此大规模的城市轨道交通建设任务，为提高工程整体建设水平，急需在施工质量控制、新材料研究及应用、安全管理标准化、检测监测技术研究、建设项目管理等多方面编写一系列指南来指导工程建设。

江苏省土木建筑学会城市轨道交通建设专业委员会（以下简称江苏城轨专委会）作为科技社团，2014年10月成立以来，紧紧围绕城市轨道交通建设"四大目标"和"六项任务"开展工作。"四大目标"即：建设一批优质工程、带动一批骨干企业、培养一批优秀人才、研究一批急需成果；"六项任务"即：搭建交流平台、开展标准（课题）研究、提供咨询服务、组织人才培训、指导工程创优、发挥助手作用。

通过5年多的努力，江苏城轨专委会充分发挥专家团队的技术优势，积极开展系列科技创新活动。先后牵头组织省内外110余家单位，近800人共同开展城市轨道交通"835"和"926"计划，参加的单位有城市轨道交通参建单位、高等院校、科研院所以及政府主管部门等，目前已基本完成全部科技创新计划任务。

系列指南的编写立足于城市轨道交通建设，内容丰富，书中大量的观点、做法、数据和案例都来自各编写单位一线工程实践经验，具有鲜明的工程特色，同时还引用了国内大量最新发布的标准和规范性文件，在写法上做到了图文并茂，整体具有较好的先进性、创新性和实用性。

本轮系列指南在编写过程中凝聚了全体主参编、审定人员的智慧和辛勤汗水，对推动城市轨道交通工程高质量发展具有非常重要的指导价值。

中国工程院院士：

2019年12月18日

序　四

近年来，江苏省城市轨道交通工程建设进入大规模、高速度、跨越式发展阶段。自2000年南京地铁1号线开工建设以来，先后有苏州、无锡、常州、徐州、南通、淮安及昆山等地陆续开工建设，截至2019年12月，江苏省城市轨道交通在建和投入运营的线路（含有轨电车）共42条，共1327.7公里；预计到"十三五"末将达到1400公里左右。

城市轨道交通工程建设周期长、施工环境复杂、风险大，涉及专业众多。多年来，我省各级建设主管部门和奋战在我省城市轨道交通建设战线的广大管理和技术人员，在轨道交通工程建设和管理方面十分重视向北京、上海、广州、深圳等兄弟城市学习，同时结合江苏省的实际和特点进行探索，并注重实践经验的积累和总结。2014年7月25日，江苏省住房和城乡建设厅下发了"关于开展江苏省城市轨道交通工程建设系列指南（标准）编写工作的通知"，并委托江苏省土木建筑学会城市轨道交通建设专业委员会具体实施。通过110余家单位、近800人的攻关，首批系列指南已正式出版发行。第二批指南也列入江苏省住房和城乡建设厅科技创新工作计划，计划到"十三五"末，基本建立和健全江苏省城市轨道交通建设标准体系。目前，已出版了第一批《城市轨道交通建设系列指南》7本、省级地方标准6本和10余项重要科研成果，第二批《城市轨道交通建设系列指南》有10余本也陆续出版，相关成果对推动城市轨道交通建设高质量发展起到了很好的引领作用。

组织编写《城市轨道交通建设系列指南》，是我省城市轨道交通建设史上的一件大事，是全面总结和提高我省城市轨道交通建设水平的重要工作。江苏省土木建筑学会城市轨道交通建设专业委员会在组织编写系列指南过程中，积极协调各方资源，严密组织编写过程，坚持每本指南召开编写大纲、中间成果、修改后成果三次评审会和最终成果专家审定会，每次会议均邀请国内城市轨道交通建设专家学者严格把关，经过多次反复沟通修编，较好地保证了指南编写的质量。

由于江苏省城市轨道交通建设起步较晚，建设经验与兄弟省市相比还有较大的差距，系列指南（标准）的编写还存在许多不足，希望编委会和广大编写人员继续向兄弟省市学习，向实践学习，不断改进、总结和完善，为城市轨道交通建设作出积极的贡献。

江苏省住房和城乡建设厅党组书记：

2019年12月16日

前 言

城市轨道交通工程以地下车站为典型代表的地下现浇混凝土结构长期以来存在的开裂渗漏问题，不仅影响车站日常运营使用，也会降低结构耐久性和服役寿命。混凝土早期收缩开裂则是结构开裂渗漏的关键原因，这一问题在工程建设中一直未得到有效解决。鉴于此，江苏省住房和城乡建设厅、江苏省土木建筑学会城市轨道交通建设专业委员会于2015年5月组织常州市住房和城乡建设局及常州市轨道交通发展有限公司等设计、科研、施工、监理单位就"城市轨道交通地下工程结构混凝土抗裂防渗成套技术研究"进行联合攻关。在取得阶段性成果后，又于2016年6月组织徐州市城市轨道交通有限责任公司开展"城市轨道交通工程高性能混凝土研究与应用"课题研究。混凝土抗裂研究在工程中试点应用取得突破性成果后，于2018年、2019年在江苏省城市轨道交通在建的城市得到了推广应用。江苏省住房和城乡建设厅、江苏省土木建筑学会城市轨道交通建设专业委员会先后4次组织现场观摩会和论坛，受到了同行们的充分肯定和高度评价。

为进一步提高城市轨道交通工程质量水平，从源头上防止混凝土开裂导致的渗漏，江苏省住房和城乡建设厅、江苏省土木建筑学会城市轨道交通建设专业委员会组织江苏苏博特新材料股份有限公司等单位，在长期科学试验和工程实践的基础上，共同编写了本指南。

本指南对城市轨道交通现浇混凝土结构抗裂已有科学研究成果和工程应用经验进行了总结和提炼，对国内城市轨道交通工程进行了广泛的调研，分析了目前混凝土裂缝控制技术的研究现状、现行规范在混凝土裂缝控制方面的不足、地下车站不同结构部位裂缝的成因等，提出了结构混凝土抗裂设计、控裂材料应用、控裂施工工艺措施等方面的相关理论和方法，力求做到地下结构混凝土抗裂能力可设计、抗裂实施可监测、抗裂效果可控制。

本指南共分5章。第1章概述；第2章城市轨道交通工程地下车站现浇混凝土常见裂缝及其成因；第3章城市轨道交通工程地下车站现浇混凝土裂缝控制理论与抗裂性设计方法；第4章城市轨道交通工程地下现浇混凝土收缩裂缝控制材料措施；第5章城市轨道交通工程地下现浇混凝土收缩裂缝控制施工工艺措施。同时，在第5章中还介绍了常州、徐州、无锡和南通等城市轨道交通工程地下车站现浇混凝土裂缝控制技术做法，并将城市轨道交通工程地下现浇混凝土收缩开裂风险计算与抗裂性设计方法等内容附录其后。

本指南在编写过程中得到了国内部分城市轨道交通建设主管部门，质量监督机构，建设、设计、科研院所及相关单位的大力支持和帮助，在此表示衷心的感谢！因时间仓促和水平有限，编写过程中难免存在一些不足和疏漏，敬请读者提出宝贵的意见和建议，并反馈至江苏省土木建筑学会城市轨道交通建设专业委员会，以供修订时参考。

本书编审委员会

2020年3月

目 录

| 第1章　概述 | 1 |

1.1 城市轨道交通工程地下车站现浇混凝土收缩开裂及其危害 ······ 1
  1.1.1 地下车站现浇混凝土收缩开裂概况 ······ 1
  1.1.2 混凝土收缩开裂危害 ······ 2
1.2 混凝土收缩裂缝控制研究现状与发展趋势 ······ 4
  1.2.1 混凝土早期收缩开裂理论的发展 ······ 4
  1.2.2 混凝土早期收缩裂缝控制材料措施 ······ 6
  1.2.3 混凝土早期收缩裂缝控制施工措施 ······ 7
1.3 城市轨道交通工程地下车站收缩裂缝控制的必要性 ······ 7
  1.3.1 收缩开裂严重影响结构耐久性与使用寿命 ······ 7
  1.3.2 收缩开裂大大增加车站运营维护成本 ······ 7
  1.3.3 现行规范措施不能有效指导工程实践 ······ 8

第2章　城市轨道交通工程地下车站现浇混凝土常见裂缝及其成因 ······ 9
2.1 混凝土收缩裂缝主要形式与特点 ······ 9
  2.1.1 塑性收缩 ······ 9
  2.1.2 化学减缩 ······ 10
  2.1.3 自收缩 ······ 11
  2.1.4 温度收缩 ······ 16
  2.1.5 干燥收缩 ······ 22
  2.1.6 混凝土开裂 ······ 25
2.2 现代混凝土早期开裂加剧的原因 ······ 37
  2.2.1 混凝土原材料复杂化 ······ 37
  2.2.2 构筑物结构尺寸的增加和结构形式的多样化 ······ 38
  2.2.3 施工环境多样化 ······ 42
2.3 地下车站底板现浇混凝土常见裂缝及成因 ······ 42
  2.3.1 底板混凝土裂缝分布 ······ 43
  2.3.2 底板混凝土裂缝成因 ······ 44
2.4 地下车站侧墙现浇混凝土常见裂缝及成因 ······ 45
  2.4.1 侧墙混凝土裂缝形式 ······ 45
  2.4.2 侧墙混凝土裂缝成因 ······ 47
2.5 地下车站中板和顶板现浇混凝土常见裂缝及成因 ······ 49
  2.5.1 顶板和中板混凝土常见裂缝形式与特点 ······ 49
  2.5.2 中板和顶板混凝土裂缝成因 ······ 53

第3章　城市轨道交通工程地下车站现浇混凝土裂缝控制理论与抗裂性设计方法 ······ 55

3.1 混凝土多场耦合收缩开裂机制及其评估模型···55
　　3.1.1 混凝土水化－温度－湿度－约束多场耦合作用机制·······················55
　　3.1.2 基于多场耦合机制的混凝土收缩开裂评估模型·····························57
3.2 混凝土抗裂性设计方法···61
　　3.2.1 基本流程及主要步骤··61
　　3.2.2 基于多场耦合模型的数值模拟元软件···62
　　3.2.3 地下车站主体结构不同部位混凝土收缩开裂风险计算分析···············68
　　3.2.4 地下车站侧墙混凝土开裂风险影响因素定量评估与分析···················75
3.3 城市轨道交通工程地下车站现浇混凝土抗裂性设计关键指标······················84
3.4 工程实例···85
　　3.4.1 常州轨道交通··85
　　3.4.2 徐州轨道交通··87

第4章 城市轨道交通工程地下现浇混凝土收缩裂缝控制材料措施·············89
4.1 混凝土原材料性能要求···89
　　4.1.1 水泥··89
　　4.1.2 矿物掺合料···90
　　4.1.3 砂石骨料··91
　　4.1.4 混凝土减水剂···93
　　4.1.5 拌合用水···93
4.2 抗裂功能材料种类及性能要求···94
　　4.2.1 塑性混凝土水分蒸发抑制剂··94
　　4.2.2 减缩型聚羧酸高性能减水剂··95
　　4.2.3 混凝土水化温升抑制剂··101
　　4.2.4 历程可控膨胀剂··105
4.3 抗裂混凝土配合比设计···111
　　4.3.1 抗裂混凝土性能要求···111
　　4.3.2 抗裂混凝土理论配合比计算··112
　　4.3.3 抗裂混凝土实验室配合比确定···117
4.4 工程实例···117
　　4.4.1 常州轨道交通···117
　　4.4.2 徐州轨道交通···120
　　4.4.3 无锡轨道交通···128
　　4.4.4 南通轨道交通···131

第5章 城市轨道交通工程地下现浇混凝土收缩裂缝控制施工工艺措施·····134
5.1 模板工程···134
　　5.1.1 模板类型··134
　　5.1.2 模板支撑体系··135
5.2 钢筋构造措施···136
　　5.2.1 钢筋直径与间距··136

| 5.2.2 洞口处45°抗裂筋 ……………………………………………… 137
| 5.3 混凝土生产与运输 …………………………………………………… 137
| 5.3.1 生产设备要求 …………………………………………………… 137
| 5.3.2 原材料的储存 …………………………………………………… 138
| 5.3.3 计量 ……………………………………………………………… 139
| 5.3.4 搅拌 ……………………………………………………………… 139
| 5.3.5 运输 ……………………………………………………………… 140
| 5.4 混凝土入模温度控制 …………………………………………………… 141
| 5.4.1 施工季节对混凝土入模温度及开裂风险的影响 …………… 141
| 5.4.2 混凝土入模温度控制措施 ……………………………………… 143
| 5.5 主体结构分段浇筑长度 ………………………………………………… 146
| 5.6 侧墙结构中冷却水管布设 ……………………………………………… 146
| 5.7 混凝土浇筑与振捣 ……………………………………………………… 150
| 5.7.1 施工准备 ………………………………………………………… 150
| 5.7.2 板式结构混凝土 ………………………………………………… 150
| 5.7.3 侧墙及柱混凝土 ………………………………………………… 152
| 5.8 侧墙结构拆模时间 ……………………………………………………… 153
| 5.9 混凝土养护 ……………………………………………………………… 155
| 5.9.1 侧墙结构养护 …………………………………………………… 155
| 5.9.2 板式结构养护 …………………………………………………… 157
| 5.10 工程监测 ……………………………………………………………… 158
| 5.11 检验与验收 …………………………………………………………… 160
| 5.11.1 混凝土力学性能 ……………………………………………… 160
| 5.11.2 混凝土长期性能与耐久性能 ………………………………… 160
| 5.11.3 混凝土现场检验及检查 ……………………………………… 161
| 5.12 工程实例 ……………………………………………………………… 162
| 5.12.1 常州轨道交通 ………………………………………………… 162
| 5.12.2 徐州轨道交通 ………………………………………………… 167
| 5.12.3 无锡轨道交通 ………………………………………………… 169
| 5.12.4 南通轨道交通 ………………………………………………… 170

附录A 城市轨道交通工程地下现浇混凝土收缩开裂风险计算与抗裂性设计方法 … 172
附录B 混凝土1d绝热温升与7d绝热温升比值测试方法 ……………… 179
附录C 混凝土28d变形测试方法 ………………………………………… 180
附录D 水泥水化热测试方法 ……………………………………………… 181
参考文献 ……………………………………………………………………… 183

第 1 章 概 述

城市轨道交通工程在中国已有大规模建设与使用,因其快速高效、便捷环保、受天气因素影响小等特性已成为城市居民出行必不可少的交通方式之一。然而,城市轨道交通工程建设与服役过程中,混凝土开裂渗漏问题往往较为普遍,尤其是其中的地下现浇车站主体结构更为突出及具有代表性,这已经成为关系到城市轨道交通工程品质的关键问题之一。调研结果表明,城市轨道交通工程地下车站混凝土裂缝大部分由其早期收缩变形引起,现有规范和技术措施通常效果有限,难以彻底解决。基于此,作为本指南第一章,本章概述城市轨道交通工程混凝土早期开裂的危害及研究现状与发展趋势,分析进行抗裂性设计与施工的必要性。

1.1 城市轨道交通工程地下车站现浇混凝土收缩开裂及其危害

地下车站是城市轨道交通工程关键组成部分,但其主体结构也是混凝土开裂渗漏的高发区域。本节基于工程调研结果,介绍地下车站主体结构现浇混凝土早期收缩开裂情况,并分析了开裂引起的渗漏的危害性。

1.1.1 地下车站现浇混凝土收缩开裂概况

尽管我国已经在城市轨道交通工程建设中积累了很多经验,但其地下现浇混凝土的抗裂防渗问题仍未得到根本解决。根据工程调研情况可知,地下现浇混凝土的开裂现象非常普遍,且施工期裂缝占裂缝总量的 80% 以上。特别是城市轨道交通工程地下车站主体结构混凝土受大截面、大体量、超长结构形式及施工工艺等因素影响,相较于车站附属结构、区间现浇隧道二次衬砌(厚度、分段长度、断面尺寸等均显著小于车站主体结构)等,更容易在施工阶段就出现由于温度、收缩以及约束等原因而产生的危害性贯穿裂缝,由此引起的渗漏水现象不胜枚举。某地铁车站侧墙施工期侧墙开裂渗漏情况如图 1-1 所示。

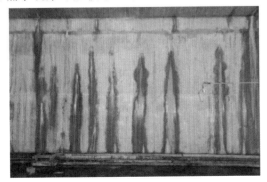

图 1-1 某地铁车站开裂渗漏情况

某城市轨道交通工程全线 20 余个地下车站的调研结果见表 1-1，由表中信息可知，渗漏主要为混凝土早期收缩开裂引起，侧墙是渗漏的重灾区。

某轨道交通全线地下车站裂缝调研结果　　　　表 1-1

项目	调研结果
渗漏原因	主要为混凝土早期收缩开裂引起，占总量的 85.3%，其余为施工缝处理不到位
开裂部位	侧墙混凝土裂缝占裂缝总量的 83.9%，一般为贯穿性裂缝，顶板次之，底板极少
裂缝出现特点	分段长度超过 15m 时，裂缝出现几率超过 90%
	施工时气温越高，裂缝出现几率越大
	夏季浇筑的混凝土，每间隔 3~5m 即可发现一条竖向平行裂缝，呈现枣核状
渗漏情况	覆土回水后，墙体竖向裂缝处几乎均出现渗漏

1.1.2　混凝土收缩开裂危害

水泥基建筑材料构筑物因材质劣化而造成破坏、失效以致塌崩的事故时有发生，尤其是道路、桥梁、港口、隧道等重大工程以及高层建筑物等未达设计年限就发生破坏的事故众多。世界上许多国家包括发达的资本主义国家，每年拨出巨资对重大工程进行修补甚至重建，如美国每年混凝土基建工程总价值达 6 万亿美元，而每年用于维修和重建的费用高达 3000 亿美元。美国有 2530000 座混凝土桥梁，桥面板使用不到 20 年就开始发生破坏。美国土木工程学会在其 2005 基建工程状态报告中估计（美国）需花费 1.6 万亿美元在 5 年间将基建工程恢复到正常使用状态。根据 1988 年资料，英国全部建筑和土木工程维修费为 150 亿英镑，其中混凝土工程维修费为 5 亿英镑。2000 年亚洲地区调查用于混凝土工程修补和重建的费用已达 1.8 万亿美元。我国正处于建设高潮，由于种种原因，现在因混凝土工程过早开裂而远远达不到设计寿命的事故也常有发生，有的公路桥梁甚至仅使用 3~5 年就出现破损，个别的建成后尚未投入使用已需要维修，甚至边建边修，大大缩短了混凝土结构的服役寿命，造成了严重的浪费。

现代混凝土的核心技术之一就是混凝土的高耐久性，关于混凝土耐久性的研究已经引起了研究人员和工程界的足够重视，重大工程的设计寿命提到了 100 年甚至更高，针对耐久性的研究正在国内外如火如荼地进行着。然而，一个困惑研究人员的重要问题就是，实验室精心设计且经过耐久性试验验证的高性能混凝土交付工程使用后，却由于收缩问题导致了较普通混凝土更早、更严重的破坏，可见早期变形裂缝的产生已经给混凝土的耐久性造成了巨大的威胁。裂缝对于耐久性影响的关键在于加快了有害介质的传输。混凝土一旦出现裂缝，其渗透性就会大大增加，裂缝宽度相应地扩展，渗透性也就进一步增大，如 Gérard 等采用模型的办法研究了贯通裂缝对于饱和混凝土介质传输性能的影响，研究结果认为裂缝的存在可以使得扩散系数增加 2~10 倍。由于传输性能的提高，水、氧气、二氧化碳、氯离子和酸性离子能更容易地渗入混凝土。这些介质的存在会促使混凝土中的各种物理化学反应更快进行，导致的结果一方面是混凝土材料性能的劣化，另一方面是加剧了钢筋的锈蚀，引起混凝土强度和结构刚度的降低；且相关研究表明，裂缝的宽度越大，深度越深，其劣化作用越显著。

对于裂缝引起耐久性降低的问题，世界各国的有关规范规定了一个允许裂缝宽度值，旨在使结构在预定的服役期内满足适用性和耐久性的要求。在使用荷载下，只要裂缝宽度小于或等于规范规定的最大裂缝宽度，结构就具有要求的耐久性和要求的适用性。世界各国混凝土结构设计里所规定的裂缝的允许宽度见表1-2～表1-4。从表中也可以看出，各个规范在最大裂缝宽度限值取值上有所不同。这主要是由于混凝土裂缝处钢筋锈蚀问题的复杂性和对其认识的局限。在实际结构中，裂缝宽度大于允许值时，不一定引起结构的耐久性失效，而实际裂缝宽度小于允许值时，也可能造成渗漏影响服役功能，并导致结构耐久性降低。从这种规范制定的差异性，也反映了裂缝对于混凝土耐久性影响的研究仍然缺乏足够的理论指导与工程实践证明。

ACI224R-90混凝土结构设计规定的裂缝允许宽度 表1-2

使用环境	允许裂宽（μm）
干燥环境下或有保护膜的结构	352
潮湿环境或土中	264
除冰盐	154
海水或海水浪溅区	132
干湿交替	88

中国混凝土结构设计规范规定的结构构件裂缝控制等级及最大裂缝宽度限值 表1-3

环境条件	钢筋混凝土结构		预应力混凝土结构	
	裂缝控制等级	最大裂缝宽度限值（mm）	裂缝控制等级	最大裂缝宽度限值（mm）
室内干燥环境；无侵蚀性静水浸没环境	三级	0.30（0.40）	三级	0.20
室内潮湿环境；非严寒和非寒冷地区的露天环境；非严寒和非寒冷地区与无侵蚀性的水或土壤直接接触的环境；严寒和寒冷地区的冰冻线以下与无侵蚀性的水或土壤直接接触的环境	三级	0.20	三级	0.10
干湿交替环境；水位频繁变动环境；严寒和寒冷地区的露天环境；严寒和寒冷地区冰冻线以上与无侵蚀性的水或土壤直接接触的环境	三级	0.20	二级	—
严寒和寒冷地区冬季水位变动区环境；受除冰盐影响环境；海风环境；盐渍土环境；受除冰盐作用环境；海岸环境	三级	0.20	一级	—

日本土木工程协会规定的钢筋混凝土可容许表面裂缝宽度 表1-4

容易使钢筋产生腐蚀的周围环境条件				
		一般	腐蚀性	严重腐蚀性
加筋混凝土	螺纹钢筋或圆钢	0.005c	0.004c	0.0035c
预应力混凝土	螺纹钢筋	0.005c	0.004c	0.0035c
	预应力钢筋	0.004c	0.0035c	0.0035c

注：变量"c"是钢筋保护层厚度，通常为20～30mm。

对城市轨道交通工程地下车站来说，结构大多数处于地下水位以下，且主要采用现浇混凝土施工，由开裂引起的地下水渗漏问题在工程建设和运营期都尤为突出。《地铁设计规范》GB 50157—2013 规定城市轨道交通工程地下车站主体结构为一级防水设计，且不得渗水，对车站主体结构的防水提出了很高的要求。未出现裂缝时，普通 C30 混凝土渗透系数约 $10^{-7}\mu m^2$，抗渗等级可满足一般刚性防水要求。但是，一旦出现裂缝特别是贯穿性裂缝时，承压水将从裂缝中渗流，混凝土的渗透系数将呈数量级增加。出现裂缝后虽然一般通过注浆等方式进行修补，但修补材料通常为有机物，其使用年限往往只有 10~15 年，随后性能加速老化，无法做到与混凝土构筑物的同寿命。

结构混凝土早期收缩开裂引起的渗漏问题对地铁车站的负面影响体现在众多方面。首先，地铁车站存在较多的机电设备，包括地铁车辆牵引、道岔转辙设备、电源控制系统等。一旦发生严重的渗漏问题，将会大大影响机电设备运营所需的干燥环境的创建与保持，引起地铁轨道相关信号元件失灵等问题，对地铁列车的正常运行造成威胁。其次，现在的地铁车站早已不是单一的交通换乘空间，大多数是交通、商业、娱乐综合体，乘客、车站工作人员和商业工作人员的进出共同构成了地下车站巨大的人流量。如果车站出现了开裂渗漏，造成的潮湿、发霉现象不仅仅影响车站内人员的使用舒适度，还会引起公众对地铁施工质量的质疑，造成不良的社会影响。最后，更为重要的一点是对渗漏问题的治理难度往往很大。工程上通常采用的是对结构表面可见的漏水点进行堵漏，这种方法治标不治本，无法从源头根本解决渗漏问题。贯穿性裂缝造成的渗漏即使进行修堵，一段时间后重新渗漏的风险仍然很高；而且对于地铁车站而言，多数结构外层布置有众多的管线设备，空间狭窄，修缮工作难度巨大，堵漏工作的反复进行和困难程度造成了地铁建设后期维护成本的大幅提高。因此，从长期来看，收缩开裂引起的钢筋锈蚀，乃至混凝土结构强度降低现象将一直持续且不断加剧，由此造成车站结构承载力削弱，严重时可能会威胁结构安全，与轨道交通工程的百年服役寿命不符。由上述分析可见，从源头上解决混凝土早期收缩开裂问题，是提升轨道交通工程工程品质、减少裂缝修补和重建的资源损耗、保障城市轨道交通工程百年服役寿命与良性健康发展的必然选择。

1.2 混凝土收缩裂缝控制研究现状与发展趋势

1.2.1 混凝土早期收缩开裂理论的发展

早在 20 世纪 80 年代以前，就有美国、德国、加拿大等国学者通过对桥梁、隧道等结构温度分布及温度应力的分析，总结了结构混凝土的温度应力与环境温度以及材料类别的关系；其后，相关学者进一步考虑了徐变的存在对温度应力的影响，并基于断裂力学理论，对温度开裂进行了分析。21 世纪，人们逐渐意识到结构开裂现象与混凝土自身性能的变化密不可分，国内外学者开始从混凝土自身水化－湿度－温度－约束耦合作用对混凝土体积变形的影响进行了研究，并对混凝土的早期开裂现象进行了初步探索。国内对混凝土温度应力和温度开裂的研究最早开始于 20 世纪 50 年代的水利水电工程、港口建筑物及重型机器设备的基础等大体积混凝土结构。目前水工混凝土领域已经形成相对成熟的体系，一些工程抗裂安全系数取值已达到 1.5~2.0。但水工混凝土较为特殊，其胶材用量少，流动性低，且不配筋，其研究成果难以直接用于钢筋混凝土结构。在工业与民用建筑领域，著名的裂缝控制专家王铁梦开展了大量的研究工作，提出了"抗"与"放"的设计原则，提出了伸缩缝间距及裂缝控制的计算公式，在工程中获得了广泛的应用。研究的相关成果被写入《大体积混凝土施工规范》GB 50496，该规范也是目前混凝土工程，尤其是大体积混凝土工程温度应力及温度裂缝计算的主要依据。对于连续式约束条件下的底板、长墙等，研究提出的最大约束应力（$\sigma_{x\max}$）、平均伸缩缝间距（$[L]$）近似计算公式如下：

$$\sigma_{x\max} = -E\alpha T\left[1 - \frac{1}{\mathrm{ch}\beta\frac{L}{2}}\right]H(t,\tau); \quad \beta = \sqrt{\frac{C_x}{HE}} \tag{1-1}$$

式中　C_x——地基水平阻力系数；
　　　α——线膨胀系数；
　　　H——厚度；
　　　T——收缩当量温差；
　　$H(t,\tau)$——松弛系数；
　　　E——混凝土弹性模量；
　　　L——基础长度。

按时间增量写成：

$$\sigma_{x\max} = \sum_1^n \Delta\sigma_i = \frac{\alpha}{1-\mu}\sum_1^n\left[1 - \frac{1}{\mathrm{ch}\beta_i\frac{L}{2}}\right]\Delta T_i E_i(t)H_i(t,\tau_i) \tag{1-2}$$

式中　μ——泊松比。

平均伸缩缝间距计算公式如下：

$$[L] = 1.5\sqrt{\frac{EH}{C_x}}\mathrm{arch}\frac{|\alpha T|}{|\alpha T| - \varepsilon_p} \tag{1-3}$$

式中　arch——双曲余弦的反函数；
　　　ε_p——考虑钢筋及徐变影响的混凝土极限拉伸应变值。

在上述计算公式中，混凝土的当量温差包括了水化热引起的温差、气温差和收缩当量温差。水化引起的温差可根据混凝土的绝热温升、结构尺寸、养护条件计算得到，混凝土的收缩按如下公式计算：

$$\varepsilon_y(t) = \varepsilon_y^0 \cdot M_1 \cdot M_2 \cdots M_n(1 - e^{-bt}) \tag{1-4}$$

式中　$\varepsilon_y(t)$——龄期为 t 时混凝土收缩引起的相对变形值；
　　　ε_y^0——在标准试验状态下混凝土最终收缩的相对变形值；
M_1、M_2、$\cdots M_n$——考虑各种非标准条件的修正系数。

但以往对结构混凝土变形开裂的计算分析多集中在温度应力场方面，未能抓住解决混凝土结构实际使用环境下混凝土变形开裂的本质问题；浇筑成型的实际混凝土结构处于水化—温度—湿度—约束多场耦合作用的环境，混凝土的体积变形具有湿—热—化学变化多因素耦合作用本质。基于此，为反映混凝土的真实温湿度和变形，国内外学者开始从混凝土自身水化—湿度—温度—约束耦合作用对混凝土体积变形的影响进行研究，进而对混凝土的早期开裂现象进行探索。目前，多因素耦合作用下混凝土收缩开裂的研究已成为最新的研究趋势。

另一方面，人们逐渐意识到结构开裂现象与混凝土自身性能的变化密不可分。混凝土早期性能包括弹性模量、抗拉强度和徐变作用的变化均是影响收缩开裂的重要因素，对混凝土早期性能的准确表征也是当前的研究热点。

1.2.2 混凝土早期收缩裂缝控制材料措施

合理选择原材料、优化配合比、使用功能性抗裂材料、优化施工工艺措施是从源头上减小结构混凝土的温度收缩和自收缩、控制其早期收缩开裂的主要措施。根据公开发表的文献资料，在城市轨道交通工程中，为了控制混凝土收缩引起的非荷载裂缝，已建或在建轨道交通工程混凝土材料方面采取过的技术措施见表1-5。

部分城市轨道交通工程混凝土裂缝控制材料措施　　　　表 1-5

工程实例	裂缝控制技术
北京地铁	矿物掺合料双掺，掺加具有微膨胀功能的抗裂防水剂
上海地铁	在内衬墙、顶板与中板中采用补偿收缩混凝土；掺加聚丙烯纤维、钢纤维
广州地铁	粉煤灰单掺或粉煤灰矿粉双掺
南京地铁	掺加聚丙烯纤维；粉煤灰、矿粉双掺
深圳地铁	强调重点解决结构自防水，控制水泥用量，增加粉煤灰掺量，控制混凝土配制强度

从时间跨度来看，早期使用功能性抗裂材料，如膨胀剂、纤维等的城市轨道交通工程较多。但近年来，因上述技术实施效果参差不齐，不同工程差异较大，其有效性受到质疑，已较少采用。城市轨道交通工程结构混凝土早期收缩开裂，尤其是地下车站现浇主体结构的早期开裂有越来越严重的趋势。究其原因，一方面在于现代水泥的细度越来越高，水泥早期水化速率越来越快，水泥水化放热过程也越来越集中，结构混凝土温升不断提高，同时随着混凝土水胶比的持续降低，早期自收缩也显著增大，因此仅依靠降低水泥用量和使用矿物掺合料往往效果有限，无法解决工程混凝土的收缩开裂问题；另一方面，现有的膨胀类抗裂功能材料普遍存在膨胀历程与混凝土温度历程、收缩历程严重不匹配的缺点，往往会出现在较厚的墙板混凝土或大体积混凝土中，膨胀剂的膨胀效能在早期较高的温升历程中被大量释放，实际补偿温降收缩的能力十分有限的现象。

基于此，为降低混凝土收缩开裂风险，首先应在配合比优化设计过程中采取低胶材用量、低水泥用量的原则，以降低混凝土温升及收缩变形。其次应研究不同组分与活性的膨胀补偿收缩材料复合使用，使其膨胀历程与混凝土的收缩历程相匹配，起到更好的补偿收缩效果。最后，由于温度应力在大体积混凝土结构的开裂中起着主导作用，而现代混凝土的温控问题更为突出，仅依靠单一的现有膨胀剂产品已不能很好地解决混凝土的温度收缩问题。因此迫切需要从混凝土水化放热源头开展研究，优化并调控结构的温度历程。近年来采取化学外加剂调控水化热的技术逐渐受到重视。该技术是通过化学外加剂降低水泥水化进程中加速期的水化放热速率，延长水泥水化加速期放热过程，充分利用结构的散热条件，为结构散热赢得宝贵的时间，达到大幅度缓解水化集中放热、削弱温峰、延长温降过程，从而降低温度开裂风险的目的。该技术和补偿收缩等技术的复合应用，为解决温度开裂风险严重的超长墙体混凝土结构和大体积混凝土结构提供了新的思路，也是目前研究与工程应用的热点。

1.2.3 混凝土早期收缩裂缝控制施工措施

城市轨道交通工程地下车站混凝土裂缝控制施工措施主要以削弱温峰、减小约束、强化养护等为重点。水工混凝土中广泛采用冷却水管和长期保温等抗裂措施来处理内部温升高、内外温差大的问题，取得了良好效果。除水工工程外，其他领域的大体积混凝土采用的抗裂施工措施在《大体积混凝土施工规范》GB 50496 和《水运工程大体积混凝土温度裂缝控制技术规程》JTS 202—1 中有集中体现，主要包括分层分块浇筑、控制混凝土入模温度、配置温度钢筋、采取适当的养护措施等。规范还制定了大体积混凝土内部温升、内外温差、降温速率的控制指标。在长期大体积混凝土工程实践中，这些措施和指标得到了大规模的应用，并取得了较好的应用效果。

具体到城市轨道交通工程中，目前采取的抗裂施工措施主要包括在施工过程中控制混凝土入模温度（如控制≤30℃或≤28℃）、控制混凝土内外温差、加强保湿养护以及每 60～90m 设置一条变形缝或诱导缝、部分工程采取跳仓施工等。这些措施在一定程度上缓解了城市轨道交通工程混凝土的早期开裂情况，但对开裂风险突出且防水要求较高的地下车站主体结构而言，还远远不够，尚需进一步的改进提升。

1.3 城市轨道交通工程地下车站收缩裂缝控制的必要性

1.3.1 收缩开裂严重影响结构耐久性与使用寿命

地下车站现浇主体结构早期收缩开裂现象普遍存在，如超长侧墙，受结构形式、材料性能及施工工艺等因素影响，其早期温降收缩与自收缩叠加后受到先浇底板的较强外约束，极易沿长度方向出现多条贯穿性竖向裂缝，成为地下车站渗漏水的主要薄弱环节之一。开裂和渗漏虽然短时间内不影响结构的受力性能，但会加剧有害介质传输和钢筋锈蚀速度，造成材料与结构性能劣化，长久下去有可能影响地下车站的耐久性能，危害其使用寿命。

跨入 21 世纪以来，资源不足、环境污染、生态破坏等问题更加突出，成为全球性的重大问题，严重阻碍了全球经济发展和人民生活质量的提高。在这种严峻的形势下，全球专家一致呼吁寻求一条人口、经济、社会、环境和资源相互协调的、既能满足当代人的需求而又不对满足后代人需求的能力构成危害的可持续发展的道路。就混凝土工程的基本建设而言，关键的任务是提高材料与结构的耐久性和使用寿命，延长混凝土工程的使用年限，减少巨额维修费用。正如 Mehta and Burrows（2001）在 Building Durable Structures in the 21st Century 一文中所讲述，为建造在环境中可持久的混凝土结构，21 世纪的混凝土工程必须靠耐久性，而不是强度来驱动。要想在工程实际中真正提高混凝土结构的耐久性，实现可持续发展的宏观经济战略，从根本上解决其早期收缩裂缝问题意义重大。

1.3.2 收缩开裂大大增加车站运营维护成本

城市轨道交通工程地下车站一旦出现早期裂缝，特别是贯穿性的裂缝，承压水将通过裂缝通道从外部不断向内渗流，此时外包防水往往无法达到止漏效果，会引起严重的漏水问题。这一方面影响车站作为交通枢纽和商业区域的正常使用功能，另一方面会引起公众对工程建设质量的质疑，产生不良的社会影响。更重要的是，渗漏水虽然可以进行修复和堵漏进行治理，但通常只能起到暂时的效果，贯穿性裂缝造成的渗漏在修堵后一段时间往往会重新开始渗漏，难以从根本上解决问题。由此施工期和运营期需不断进行修补工作，极大地增加了地铁车站的建设和运营成本。江苏地区部分城市统计结果表明，一个标准车站施工期开裂渗漏的维修成本往往达到 50~100 万元，投入运营后，每年又需新增 10~30 万元投入用于裂缝的反复修补与堵漏，与绿色可持续、高质量发展的要求背道而驰。

为了从根本上较好地解决渗漏水问题，提高工程质量，节约地下车站的建设与运营成本，应从混凝土浇筑时即关注其早期收缩问题，对由此引起的裂缝进行及时、有效的预防，使结构达到无贯穿性裂缝甚至是无裂缝的效果，实现结构自防水。

1.3.3 现行规范措施不能有效指导工程实践

在我国现行的国家、地方和团体标准、规范中，针对混凝土早期收缩裂缝控制的主要包括《大体积混凝土施工规范》GB 50496 和《水运工程大体积混凝土温度裂缝控制技术规程》JTS 202—1，但没有直接针对城市轨道交通工程现浇混凝土的相关标准和规范。在这一领域中的现行相关标准规范多针对荷载裂缝进行设计，对于混凝土自身收缩变形引起的非荷载裂缝缺乏科学合理的评估与专项设计方法，由此带来了裂缝控制理论、关键指标和技术措施较为定性、宽泛、粗略。因此在工程实践中，设计单位往往无章可循，对涉及这部分内容只能提出泛泛的设计要求和注意事项；施工单位只能根据经验定性采取一些措施，往往难以实现城市轨道交通工程地下现浇混凝土早期收缩裂缝的有效控制。因此，为解决城市轨道交通工程地下车站收缩开裂渗漏问题，亟需一份针对性强、理论完善、技术措施完整、可供直接参考使用的指导性标准规范。

针对以上问题，本指南总结已有的科学研究成果和工程实践经验，从城市轨道交通工程地下车站现浇混凝土设计、材料、施工三方面，详细提出了其收缩开裂控制理论、关键技术与措施方法，旨在从根本上解决城市轨道交通工程地下车站主体结构裂缝控制的难题，保障与提升城市轨道交通工程建设质量与服役寿命。

第 2 章　城市轨道交通工程地下车站现浇混凝土常见裂缝及其成因

钢筋混凝土结构自防水是地下工程防水的关键，提高混凝土结构自防水质量的核心问题是有效控制混凝土结构的裂缝，尤其是早期收缩裂缝。尽管开裂问题对于混凝土结构来说并不陌生，但与传统混凝土结构相比，现代混凝土结构的收缩裂缝有着比较鲜明的形式和特征，其原因也涉及材料、设计、施工等一系列的环节和因素，影响因素极其复杂。本章内容主要阐述了现浇混凝土收缩裂缝的分类和成因，以及相应的收缩开裂测试方法。在此基础上介绍了对城市轨道交通工程地下车站主体结构现浇混凝土常见裂缝开展调研的情况，并针对地下车站不同部位裂缝的形成原因进行了讨论与分析。

2.1　混凝土收缩裂缝主要形式与特点

混凝土早期分为塑性和硬化两个阶段。塑性阶段为混凝土凝结之前，在此阶段易产生因塑性收缩受限引起的塑性开裂。混凝土凝结以后进入硬化阶段，由于胶凝材料的持续水化、外部干燥等原因会进一步产生自收缩、温度收缩和干燥收缩。约束条件下各种收缩的叠加引起收缩拉应力，易发生硬化混凝土收缩开裂。混凝土的各类收缩变形是开裂的本质原因。下面介绍各类收缩的机理及相应的表征测试方法。

2.1.1　塑性收缩

现代混凝土在工作性能、力学性能等的需求下，通常胶材使用量较高，且由于水泥生产工艺的提升，水泥细度不断增加。同时会通过掺加化学外加剂来保证混凝土较高的流动度。基于以上特性，现代混凝土在浇筑后、硬化前这一阶段易发生由塑性收缩变形引起的裂缝。塑性开裂现象在构筑物底板、中板、顶板以及道面等这类大面积暴露在空气中的板式结构中最为常见。

塑性收缩是指新浇筑混凝土在塑性阶段产生的体积变形，由塑性收缩引起的裂缝又分为塑性收缩裂缝和塑性沉降裂缝两类。

塑性收缩开裂是指新浇混凝土大范围处于烈日照射、大风、干燥的环境中，在未凝结之前由于表面水分蒸发速率大于混凝土泌水速率，毛细管负压产生的水平方向的收缩应力超过混凝土塑性抗拉强度，使混凝土暴露在外的表面砂浆产生裂缝的现象。塑性收缩裂缝通常呈乱向分布，长度不一，宽度和深度也有所差异。多数裂缝的宽度不大（<0.2mm），深度局限于混凝土表层较浅的区域；也有裂缝宽度较大（>0.2mm，甚至>0.5mm），深度可能贯穿整个薄板（壁）结构。塑性开裂收缩除与混凝土自身性能相关外，也与混凝土所处环境密切相关，一般来说，气温越高、光照越强、风速越大、环境相对湿度越低且保湿养护措施不佳时，塑性收缩开裂现象越严重。

塑性沉降裂缝是由塑性沉降差导致的开裂现象。新浇混凝土中砂石骨料悬浮于水泥浆体中，此时骨料密度大于水泥浆体，而水分密度又小于水泥颗粒，因此砂石骨料下沉，而水分上移，在竖直方向产生沉降收缩。当混凝土的沉降收缩在钢筋表面受到限制，或者由于结构截面高度变化而产生不一致，就会诱导混凝土在凝结以前发生塑性沉降开裂。塑性沉降裂缝通常沿钢筋纵向开展，容易出现在大面积板式结构上，当板厚度较小时常会贯穿，或在构件竖向变截面处（如T梁、箱梁腹板与顶底板交接处）沿腹板方向开展。通常混凝土的坍落度越大、包裹性越差，结构钢筋越粗，以及保护层厚度越薄，混凝土振捣过振时，产生塑性沉降开裂的可能性越高。

在城市轨道交通工程中，塑性收缩裂缝和塑性沉降裂缝通常发生于底板、中板和顶板这类板式结构上，前者一般表现为"Y"状乱向分布，深度较小，但如不处理，后期可能会不断扩展甚至贯穿；后者一般表现为"井"状顺筋分布，板厚度较小时可能贯穿。

混凝土塑性收缩在规范中目前尚无规定的测试方法，在研究中有接触式和非接触式两种测试方法。接触法是采用两块直径为50mm的圆形塑料网片测试，塑料网片能透过泌水层，塑性沉降的大小通过位移传感器测试，并传递到电子数据采集器中，数据采集器每两分钟采集一次数据。为了尽量减少测试设备作为外加荷载产生的影响，塑料网片和网片上的传动部件都非常轻。非接触法一般采取电涡流和激光位移传感器两种方式。电涡流测试仪主要测试原理是高频电涡流效应，通过金属导体的磁通量发生变化时，在导体中产生感生电流，并在金属体内自行闭合形成涡电流，涡电流消耗磁场能量，从而引起磁场线圈阻抗的变化。利用涡电流将距离的变化转化为电量的变化。该方法避免了接触式测量带来的外力误差，而且精度高，能自动采集数据。但电涡流传感器如果连续监控时间较长，则会有较大的漂移。高精度激光位移传感器基于三角量测技术，由光源发射的光束经聚焦透镜聚焦，成为一极细小的光点投射到被测物体的表面，物体表面的光点通过折射回成像透镜，从而计算出传感器到被测物体表面的距离。该技术不仅非接触、精度高、便于自动数据采集，而且与电涡流传感器相比，具有稳定性好、数据采集速度快、直接测试物体表面、无需另设感光片等特点。

2.1.2 化学减缩

混凝土塑性阶段结束后进入硬化阶段，化学收缩是硬化阶段收缩的第一个部分。

化学减缩是指混凝土硬化过程中，水泥中的矿物组分与水发生化学反应，产生热量且形成强度，得到的水化产物总体积小于反应物总体积而产生体积收缩的现象。水泥充分水化产生的化学收缩大致在 6.4×10^{-2} mL/g 左右（包括毛细孔体积）。

目前测试化学收缩采用的试验方法主要有两种：一种是密度法（或重量法），如图2-1所示；另一种是体积法，如图2-2所示。

密度法是通过测试水化基体吸收水分后质量的变化，并通过计算得出化学收缩，此方法精度高，可达 0.0001mL/g，并通过连接计算机可实现连续监测，但是此方法试验装置复杂，设备利用率低；体积法是将拌和好的水泥浆体置于玻璃容器中，容器多余的部分用水填充，容器顶端以带刻度玻璃管的顶盖密封，水面上滴加液体石蜡以密封。通过观测毛细管液面的高度变化直接获取收缩过程中的体积变化，此方法精度较密度法低，且尚难以实现连续测量，需人工读数，但此方法操作简单，仍然是研究者们最常使用的方法。

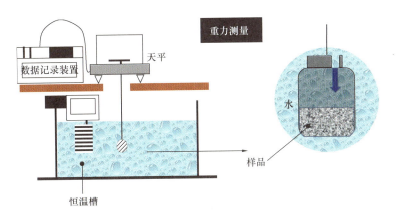

图 2-1 密度法

为了实现体积法的连续测试、提高测试精度，新型试验方法引入了高精度的激光位移非接触式传感器（美国 MTILTC-025-04SA 激光位移传感器，测量范围±2.5mm，精度±0.25μm）和高精度精密玻璃管（直径 15mm，精度±0.01mm）。针对长期试验过程中易出现玻璃瓶被胀裂的现象，试验时在玻璃瓶中套一个塑料瓶，浆体置于塑料瓶中，塑料瓶直径为 22.5mm。

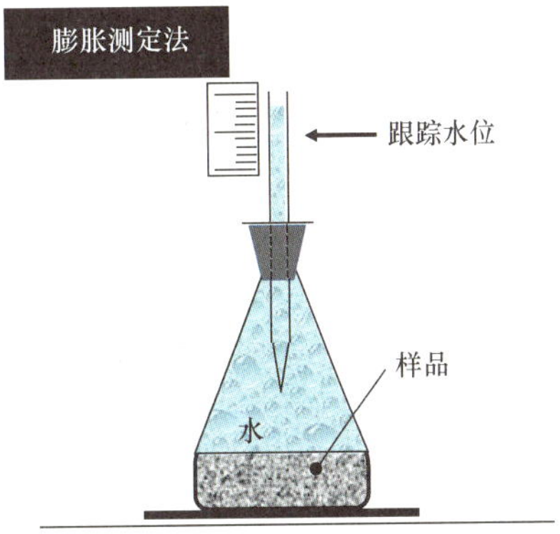

2.1.3 自收缩

自收缩是指水泥基胶凝材料在初凝之后由于水化反应引起的宏观体积降低，它不包括自身物质增减、温度变化、外部荷载或约束造成的变形。自收缩的根本原因是水泥在水化过程中，体系总体积减小。混凝土自收缩的发展大体可以分为以下 3 个阶段，如图 2-3 所示。

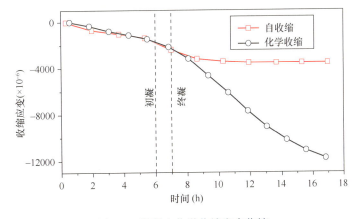

图 2-2 体积法

图 2-3 混凝土化学收缩和自收缩

（1）第Ⅰ阶段：自收缩等于化学收缩，且与水化程度呈线性关系；
（2）第Ⅱ阶段：混凝土的骨架初步形成（凝结），自收缩受到限制，自收缩小于化学

收缩;

(3) 第Ⅲ阶段:混凝土硬化,自收缩与化学收缩相比越来越小。

因此,自收缩为化学收缩的表现形式之一,化学收缩为自收缩(表观体积收缩)和所形成孔体积之和。自收缩发生在混凝土凝结之后,在外界约束的作用下自收缩会使混凝土产生收缩应力。自收缩与外界湿度变化无关,是由于自身水化导致内部相对湿度下降所引起,因此产生的收缩应力贯穿于混凝土整个体积内,一旦形成裂缝也不会是像传统混凝土干缩裂缝那样沿浅层分布,而通常是贯穿性开裂。自收缩的大小主要取决于混凝土孔隙率和水化程度,由于现代混凝土使用了高效减水剂,水胶比大幅度降低,导致其早期自干燥效应和自收缩也显著加大,特别是水胶比低的高强和超高强混凝土。

混凝土强度等级小于 C30 时,混凝土的自收缩较小,随着混凝土强度等级的提高,混凝土自收缩逐渐增大,占混凝土总收缩量的比例也随之增大,在城市轨道交通工程现浇混凝土中,裂缝一般在施工早期即出现,自收缩是不可忽视的重要因素,通常与温度收缩共同出现,是导致侧墙等结构开裂的关键原因。

混凝土的自收缩测试方法较为丰富,如图 2-4 所示,相关规范中也对自收缩测试方法做出了规定,下面介绍三种自收缩测试方法:

1. 《水工混凝土试验规程》DL/T 5150—2017 规定的混凝土自收缩测试方法

该方法是测定混凝土在恒温绝湿的条件下,仅仅由于胶凝材料的水化作用引起的体积变形(它不包括混凝土受外荷载、温度、湿度影响所引起的体积变形)。且该试验方法可供不同混凝土自生体积变形的相对比较。

(1) 仪器设备

1) 测量仪表包括差动式电阻应变计(长度 150mm)及率定设备和水工比例电桥。

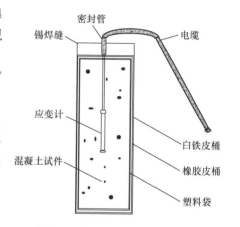

图 2-4 自收缩测量装置示意图

2) 密封试件桶:用镀锌板或橡胶板等材料制作。尺寸直径 200mm、高度 500～600mm。

(2) 试验步骤

1) 按"混凝土受压徐变试验"有关规定检查和率定应变计。

2) 密封试件桶在试验前应进行严格检查,要求密封桶不渗水、不透气。试验前在密封桶内壁衬一层厚约 1～2mm 橡皮板或涂抹一层厚约 0.3～0.5mm 沥青隔离层。

3) 将应变计垂直固定在试件桶中心,并注意在成型时不应使应变计损坏。

4) 成型试件前后,量测应变计的电阻及电阻比,做好记录。

5) 按"混凝土拌合物室内拌和方法"拌制混凝土,拌合物中粒径超过 40mm 的骨料需用湿筛法剔除,并记录试件灰浆率。

6) 将混凝土拌合物分三层装入密封桶内,人工插捣或振动台振捣密实。每组试件至少两个。

7) 试件成型后,应加快将密封桶的盖板紧贴试件端部盖好,周边及应变计电缆出口处应密封,以防止试件水分散失。

8) 试件密封后应及时测两侧应变计的电阻及电阻比,并将试件放置在温度为 20±2℃的环境中养护,避免振动。

9) 基准值的选定:除有特殊要求外一般以成型后 24h 应变计的测值为基准值。

10) 测量时间:成型后 2h、6h、12h、24h 各量测应变计电阻及电阻比 1 次,以后每天量测 1 次至两周,然后每周量测 1~2 次,半年之后每月量测 1~2 次,龄期为一年。

(3) 试验结果处理步骤

1) 混凝土自生体积变形按式计算(准至 1×10^{-6}):

$$G_t = f(Z-Z_0) + (b-a)(T-T_0) \tag{2-1}$$

$$t = a'(R-R_0) \tag{2-2}$$

式中　G_t——混凝土自生体积变形($\times10^{-6}$);

f——应变计应变灵敏度($\times10^{-6}/0.01\%$);

Z——测量的电阻比($\times0.01\%$);

Z_0——电阻比基准值($\times0.01\%$);

b——应变计温度补偿系数($\times10^{-6}/℃$);

a——混凝土线膨胀系数($\times10^{-6}/℃$);

T——实测温度;

T_0——温度基准值(℃);

a'——应变计温度灵敏度系数(℃/Ω);

R——观测电阻(Ω);

R_0——0℃电阻(Ω)。

2) 取两个或两个以上试件测值的平均值作为试验结果。

2. 《普通混凝土性能及长期耐久性能测试方法》GB/T 50082—2009 规定的非接触法测试混凝土自收缩变形方法

该方法主要适用于测定早龄期混凝土的自由收缩变形,也可用于无约束状态下混凝土自收缩变形的测定。采用尺寸为 100mm×100mm×515mm 的棱柱体试件,每组应为 3 个试件。

(1) 试验设备

1) 非接触法混凝土收缩变形测定仪应设定成整机一体化装置,并应具备自动采集和处理数据、能设定采样时间间隔等功能。整个测试装置(含试件、传感器等)应固定于具有避振功能的固定式实验台面上,如图 2-5 所示。

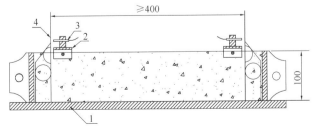

图 2-5　非接触法混凝土收缩变形原理示意图
1—试模;2—固定架;3—传感器探头;4—反射靶

2) 应有可靠方式将反射靶固定于试模上,使反射靶在试件成型浇筑振动过程中不会移位偏斜,且在成型完成后应能保证反射靶与试模之间的摩擦力尽可能小。试模应采用具有足够刚度的钢模,且本身的收缩变形应小。试模的长度应能保证混凝土试件的测量标距不小于400mm。

3) 传感器的测试量程不应小于试件测量标距长度的0.5%或量程不应小于1mm,测试精度不应低于0.002mm。且应采用可靠方式将传感器测头固定,并应能使测头在整个过程中与试模相对位置保持固定不变。试验过程中应能保证反射靶能随着混凝土收缩面同步移动。

(2) 试验步骤

1) 试验应在温度为20±2℃、相对湿度为60%±5%的恒温恒湿条件下进行。非接触法收缩试验应带模进行测试。

2) 试模准备后,应在试模内涂刷润滑油,然后应在试模内铺设两层塑料膜或者放置一片聚四氟乙烯(PTFE)片,且应在薄膜或聚四氟乙烯片与试模接触的面上均匀涂抹一层润滑油,且应将反射靶固定在试模两端。

3) 将混凝土拌合物浇筑试模后,应振动成型并抹平,然后立即带模移入恒温恒湿室。成型试件的同时,应测定混凝土的初凝时间。混凝土初凝试验和早龄期收缩试验的环境应相同。当混凝土初凝时,应开始测试读试件左右两侧的初始读数,此后应至少每隔1h或按设定的时间间隔测定试件两侧的变形读数。

4) 在整个测试过程中,试件在变形测定仪上放置的位置、方向均应始终保持不变。

5) 需要测定混凝土自收缩的试件,应在浇筑振捣后立即采用塑料薄膜作密封处理。

(3) 试验结果处理步骤

1) 混凝土收缩率应按照下式计算:

$$\varepsilon_{st} = \frac{(L_{10} - L_{1t}) + (L_{20} - L_{2t})}{L_0} \tag{2-3}$$

式中 ε_{st}——测试期为 t (h) 的混凝土收缩率,t 从初始读数时算起;

L_{10}——左侧非接触法位移传感器初始读数 (mm);

L_{1t}——左侧非接触法位移传感器测试期为 t (h) 的读数 (mm);

L_{20}——右侧非接触法位移传感器初始读数 (mm);

L_{2t}——右侧非接触法位移传感器测试期为 t (h) 的读数 (mm);

L_0——试件测量标距 (mm),等于试件长度减去试件中两个反射靶沿试件长方向埋入试件中的长度之和。

2) 每组应取3个试件测试结果的算术平均值作为该组混凝土试件的早龄期收缩测定,计算应精确到 1.0×10^{-6}。作为相对比较的混凝土早龄期收缩值应以3d龄期测试得到的混凝土收缩值为准。

3. 美国材料试验协会标准ASTM C1698—09规定的水泥和砂浆自收缩测量方法

ASTM C1698—09中规定的自收缩测试方法针对的对象为水泥浆体或砂浆,不是混凝土。

(1) 试验设备

测量自生应变的装置由带两个端塞的波纹模具、膨胀计台架、测量尺和参考杆组成,如图 2-6 所示。模具由长 420±5mm、外径 29±0.5mm 的波纹塑料管组成。塑料管由 0.5±0.2mm 厚的低密度聚乙烯（PE）制成，并具有三角形波纹，以尽量减少纵向约束，如图 2-7 所示。波纹之间的距离为 5.8±0.2mm。模具用两个长度为 19±0.5mm 的锥形端塞紧密封闭。塑料端塞的直径从 21±0.1mm 逐渐增大到 24±0.1mm，如图 2-8 所示。

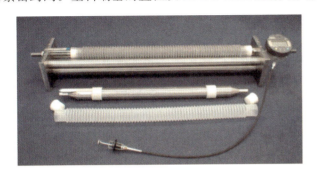

图 2-6 自收缩测试仪及相关配件

图 2-7 波纹管

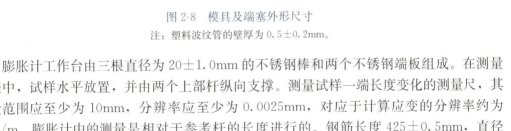

图 2-8 模具及端塞外形尺寸

注：塑料波纹管的壁厚为 0.5±0.2mm。

膨胀计工作台由三根直径为 20±1.0mm 的不锈钢棒和两个不锈钢端板组成。在测量过程中，试样水平放置，并由两个上部杆纵向支撑。测量试样一端长度变化的测量尺，其测量范围应至少为 10mm，分辨率应至少为 0.0025mm，对应于计算应变的分辨率约为 6μm/m。膨胀计中的测量是相对于参考杆的长度进行的。钢筋长度 425±0.5mm，直径 20±1.0mm，两端逐渐变细至 10±1.0mm。参考钢筋的实际长度应永久标记在钢筋上，精确至 0.01mm。两个外径为 30±0.5mm 的塑料环安装在参考杆上。

（2）试验步骤

1）应对每种水泥浆或砂浆进行三个重复试样的试验，搅拌水泥浆和砂浆并记录胶凝材料加入水中的时间。

2）将支撑管的安装底座夹紧在振动台上，并测量每个试样所用塞子的长度。在振动台打开的情况下，将水泥浆体缓慢地倒入波纹模具中。将浆体填充到模具顶端下方约 15mm 处，为顶部塞子留出空间。在安装顶部端塞之前，轻轻压缩波纹模具，使水泥浆或砂浆与端塞接触。在释放波纹模具的压缩过程中安装端塞。浇铸后，立即用干布仔细擦拭波纹模具表面，以去除任何水泥浆、砂浆或水。

3）在试验期间，试样和膨胀计应始终保存在恒温控制室或柜中。除非另有规定，否则将周围空气温度保持在 23.0±1.0℃。不要将试样存放在水浴中，因为水可能通过波纹模具传输。

4）在试样终凝时开始测量长度，用于凝结时间测量的试块应保证其养护条件与自收缩时间完全相同。

5）将参考杆插入膨胀计台架，并使测量尺与杆端接触。重新设置测量仪表，使其读数为零，同时参考杆处于适当位置。取下参考杆并将试样插入膨胀计工作台。用量尺测量试样的长度。测量完成后取出试样并测量下一个试样的长度。

6）在没有其他特殊龄期的情况下，测定终凝时刻以及从胶凝材料和水的初始混合时间开始的1d、3d、7d、14d和28d的试样长度。为了保证测试时间，应保护模具免受水分损失。

7）使用精度至少为0.01g的天平测量试样质量。在终凝时进行首次自生应变测量后，测量每个试样的质量。每次自应变测量完成后，再次测量每个试样的质量。

（3）试验结果处理步骤

水泥或砂浆试件的长度由下式计算：

$$L(t) = L_{ref} + R(t) - 2 \cdot L_{plug} \tag{2-4}$$

式中 t——自胶凝材料与水混合开始的时间；

$L(t)$——试件长度（mm）；

L_{ref}——参考杆的长度（mm）；

$R(t)$——膨胀计中试件测长仪的读数（mm）；

L_{plug}——端塞的平均长度（mm）。

自收缩应变由下式计算：

$$\varepsilon_{autogenous} = \frac{L(t) - L(t_{fs})}{L(t_{fs})} \cdot 10^6 = \frac{R(t) - R(t_{fs})}{L(t_{fs})} \cdot 10^6 \mu m/m \tag{2-5}$$

式中 t_{fs}——试样终凝时间（min）。

2.1.4 温度收缩

混凝土在早期水化过程中，受自身水化放热和外界温度变化的影响，会出现明显的温度变化历程。由于混凝土具有"热胀冷缩"性质，在温度变化情况下出现温升膨胀和温降收缩的现象称之为温度变形。

混凝土温度变化的主要来源一方面是自身水化放热。混凝土在水化反应过程中，1kg水泥28d放热为300～400kJ。混凝土结构形成以后，传热很慢，其导热系数只有1.11～1.50W/（m·K）。因此，浇筑以后的混凝土结构当厚度较大，或者表面带模散热条件较差时，一旦混凝土凝结即进入水泥加速水化阶段，产生大量的水化热聚积在混凝土内部不易散发，导致内部温度急剧上升，现代混凝土结构在夏季浇筑时最高温度可达70～80℃。之后随着水化反应变慢，温度又开始快速下降，产生很大的温降收缩。这种温降收缩受到外约束时就可能在结构内部产生收缩拉应力。当收缩拉应力超过混凝土的抗拉强度时，极易产生裂缝。这种裂缝通常由里及表扩展，贯穿的可能性很高，尤其是对于超长墙体结构而言，典型例子是城市轨道交通工程地下车站的侧墙结构。

水化热除了引起温降收缩外，还会形成内外温差。对于大体积混凝土结构，浇筑后的混凝土由于水泥水化放热导致内部温度急剧上升，而表面散热较快，形成内外温差，造成内部与外部热胀冷缩的程度不同，使混凝土表面产生拉应力。当拉应力超过混凝土的抗拉强度极限时，混凝土表面就会产生裂缝。这种裂缝通常在结构表层出现，逐步向内部扩展，当结构物体积较大时更易发生，但有些结构体积并不大，如预制梁的腹板、翼缘板，也可能会由于环境等因素的作用，混凝土结构的温度梯度很大，内外温差引起的开裂风险也较高，这在工程实践中屡有发生。

混凝土温度变化来源的另一方面是环境温度的影响。在混凝土的施工过程中当温差变化较大，或者受到寒潮的袭击等，会加速混凝土表面散热，表面温度急剧下降，由此引起的内外温差也会导致表面开裂现象更加严重。里表温差引起的混凝土裂缝分布通常规律性不强，多呈现乱向分布的特点，但在某些特殊部位，如结构转角、变截面等处，往往会表现为水平向。

混凝土温度变形以下式表示：

$$\varepsilon_T = \beta_T \cdot \Delta T \tag{2-6}$$

式中　ε_T——温度变形；

　　　β_T——线膨胀系数（/℃）；

　　　ΔT——温差（℃）。

由上式可知，混凝土温度收缩与线膨胀系数和温度变化直接相关，混凝土温度变化则主要来源于水化放热，因此下面介绍水泥水化热、绝热温升和混凝土线膨胀系数的测试方法。

1. 水泥水化热测试方法

根据《水泥水化热测定方法》GB/T 12959—2008，水泥水化热的测试方法为两种，一种为溶解热法，一种为直接法。

（1）溶解热法（基准法）

溶解热法是依据热化学盖斯定律，化学反应的热效应只与体系的初态和终态有关而与反应的途径无关提出的。它是在热量计周围温度一定的条件下，用未水化的水泥与水化一定龄期的水泥分别在一定浓度的标准酸溶液中溶解，测得溶解热之差，作为该水泥在该龄期内所放出的水化热。

试验中主要用到的化学试剂为氧化锌（ZnO），用于标定热量计热容量、氢氟酸（HF）和硝酸（HNO₃），重要的仪器设备包括溶解热测定仪、恒温水箱、内筒、广口保温瓶、贝克曼差示温度计、温度计等。进行试验时，试验室温度应保持在20±1℃，相对湿度不低于50%。室内应备有通风设备。试验期间恒温水槽内的水温应保持在20±0.1℃。具体试验步骤可参照《水泥水化热测定方法》GB 12959—2008的规定。

水泥在某一水化龄期前放出的水化热按式（2-7）计算，计算结果保留至1J/g：

$$q = q_1 - q_2 + 0.4(20 - t'_a) \tag{2-7}$$

式中　q——水泥试样在某一水化龄期放出的水化热（J/g）；

　　　q_1——未水化水泥试样的溶解热（J/g）；

　　　q_2——水化水泥试样在某一水化龄期的溶解热（J/g）；

　　　t'_a——未水化水泥试样溶解期第一次测读数 θ'_0 加贝氏温度计0℃时相应的摄氏温度（℃）；

　　　0.4——溶解热的负温比热容[J/(g·℃)]。

（2）直接法（代用法）

直接法是依据热量计在恒定的温度环境中，直接测定热量计内水泥胶砂（因水泥水化产生）的温度变化，通过计算热量计内积蓄的和散失的热量总和，求得水泥水化 7d 内的水化热。

试验用砂采用符合《水泥胶砂强度检验方法（ISO 法）》GB/T 17671—1999 规定的标准砂粒度范围在 0.5~1.0mm 的中砂。试验中主要用到的仪器设备包括直接法热量计、广口保温瓶、带盖截锥形圆筒、长尾温度计、衬筒、恒温水槽等。进行试验时，试验室温度应保持在 20±2℃，相对湿度不低于 50%。具体试验步骤可参照《水泥水化热测定方法》GB 12959—2008 的规定。

水化热试验结果的计算步骤如下：

1）曲线面积的计算

根据所记录时间与水泥胶砂的对应温度，以时间为横坐标（1cm⇒5h），温度为纵坐标（1cm⇒1℃），在坐标纸上作图，并画出 20℃水槽温度恒温线。恒温线与胶砂温度曲线间的总面积（恒温线以上的面积为正面积，恒温线以下的面积为负面积）$\sum F_{0\sim x}$（h·℃）可按下列计算方法求得：

① 用求积仪求得；

② 把恒温线与胶砂温度曲线间的面积按几何形状划分为若干个小三角形，抛物线，梯形面积 F_1，F_2，F_3……（h·℃）等，分别计算，然后将其相加，因为 1cm² 相当于 5h·℃，所以总面积乘以 5 即得 $\sum F_{0\sim x}$（h·℃）；

③ 近似矩形法。如图 2-9 所示，以每 5h（1cm）作为一个计算单位，并作为矩形的宽度，矩形的长度（温度值）是通过面积补偿确定。在图 2-9 补偿的面积中间选一点，这一点如能使一个计算单位内阴影面积与曲线外的空白面积相等，那么过一点的高度便可作为矩形的长度，然后与宽度相乘即得矩形的面积。将每一个矩形的面积相加，再乘以 5 即得 $\sum F_{0\sim x}$（h·℃）；

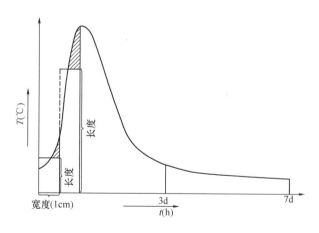

图 2-9 近似矩形法

④ 用电子仪器自动记录和计算；

⑤ 其他方法。

2）试验用水质量（G）按式（2-8）计算，计算结果保留至1g：

$$G = \left(\frac{800}{4+(P+5\%)}\right) \tag{2-8}$$

式中　G——试验用水泥质量（g）；

　　　P——水泥净浆标准稠度（%）；

　　　800——试验用水泥胶砂总质量（g）；

　　　5%——加水系数。

3）试验中用水量（M_1）按式（2-9）计算，计算结果保留至1mL：

$$M_1 = G \times (P+5\%) \tag{2-9}$$

式中　M_1——试验用水量（mL）；

　　　P——水泥净浆标准稠度（%）。

4）总热容量的计算 C_P

根据水量及热量计的热容量 C，按式（2-10）计算，计算结果保留至 0.1J/℃：

$$C_P = [0.84 \times (800-M_1)] + 4.1816 \times M_1 + C \tag{2-10}$$

式中　C_P——装入水泥胶砂后的热量计的总热容量（J/℃）；

　　　M_1——试验中用水量（mL）；

　　　C——热量计的热容量（J/℃）。

5）总热量的计算 Q_x

在某个水化龄期时，水泥水化放出的总热量为热量计中蓄积和散失到环境中热量的总和 Q_x 按式（2-11）计算，计算结果保留至 0.1J：

$$Q_x = C_P(t_x - t_0) + K\sum F_{0\sim x} \tag{2-11}$$

式中　Q_x——某个龄期时水泥水化放出的总热量（J）；

　　　C_P——装水泥胶砂后热量计的总热容量（J/℃）；

　　　t_x——龄期为 x 小时的水泥胶砂温度（℃）；

　　　t_0——水泥胶砂的初始温度（℃）；

　　　K——热量计的散热常数[J/(h·℃)]；

　　　$\sum F_{0\sim x}$——在 0~x 小时水槽温度恒温线与胶砂温度曲线间的面积（h·℃）。

6）水泥水化热的计算 q_x

在水化龄期 x 小时水泥的水化热 q_x，按式（2-12）计算，计算结束保留至1J/g：

$$q_x = \frac{Q_x}{G} \tag{2-12}$$

式中　q_x——水泥某一龄期的水化热（J/g）；

　　　Q_x——水泥某一龄期放出的总热量（J）；

　　　G——试验用水泥质量（g）。

7）每个水泥样品水化热试验用两套热量计平行试验，两次试验结果相差小于12J/g时，取平均值作为此水泥样品的水化热结果；两次试验结果相差大于12J/g时，应重做试验。

2. 绝热温升测试方法

除了测试水泥水化热外，直接测量混凝土绝热温升也可得到混凝土的放热规律。《普通混凝土拌合物性能试验方法标准》GB/T 50080—2016规定了混凝土的绝热温升测试方法。

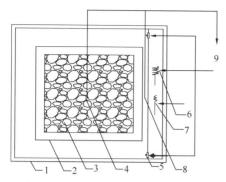

图 2-10 绝热温升测试仪器
1—绝热试验箱；2—试样容器；3—混凝土试样；
4，8—温度传感器；5—风扇；6—制冷器；
7—制热器；9—温度控制记录仪

（1）仪器设备

1）绝热温升试验装置应符合现行行业标准《混凝土热物理参数测定仪》JG/T 329 的规定，如图 2-10 所示。

2）温度控制记录仪的测量范围应为 0～100℃，精度不应低于 0.05℃。

3）试验容器宜采用钢板制成，顶盖宜具有橡胶密封圈，容器尺寸应大于骨料最大公称粒径的 3 倍。

4）捣棒应符合现行行业标准《混凝土坍落度仪》JG/T 248 的规定。

（2）试验步骤

1）绝热温升试验装置应进行绝热性检验，即试样容器内装与绝热温升试样体积相同的水，水温分别为 40℃和 60℃左右，在绝热温度跟踪状态下运行 72℃，试样桶内水的温度变动值不应大于±0.05℃。试验时，绝热试验箱内空气的平均温度与试样中心温度的差值应保持不大于±0.1℃。超出±0.1℃时，应对仪器进行调整，重复试验装置绝热性试验，直至满足要求。

2）试验前 24h 应将混凝土搅拌用原材料，放在 20±2℃的室内，使其温度与室温一致。

3）应将混凝土拌合物分两层装入试验容器中，每层捣实后高度约为 1/2 容器高度；每层装料后由边缘向中心均匀地插捣 25 次，捣棒应插透本层至下一层的表面；每一层捣完后用橡皮锤沿容器外壁敲击 5～10 次，进行振实，直至拌合物表面插捣孔消失；在容器中心埋入一根测温管，测温管中应盛入少许变压器油，然后盖上容器上盖，保持密封。

4）将试样容器放入绝热试验箱内，温度传感器应装入测温管中，测得混凝土拌合物的初始温度。

5）开始试验，控制绝热室温度与试样中心温度相差不应大于±0.1℃；试验开始后应每 0.5h 记录一次试样中心温度，历时 24h 后应每 1h 记录一次，7d 后可每 3～6h 记录一次；试验历时 7d 后可结束，也可根据需要确定试验周期。

6）试样从搅拌、装料到开始测量温度，应在 30min 内完成。

（3）试验结果处理步骤

混凝土绝热温升应按下式计算：

$$\theta_n = \alpha \times (\theta'_n - \theta_0) \tag{2-13}$$

式中 θ_n——n 天龄期混凝土的绝热温升值（℃）；

α——试验设备绝热温升修正系数，应大于 1，由设备厂家提供；

θ'_n——仪器记录的 n 天龄期混凝土的温度（℃）；

θ_0——仪器记录的混凝土拌合物的初始温度（℃）。

应以龄期为横坐标，温升值为纵坐标，绘制混凝土绝热温升曲线，根据曲线可查得不同龄期的混凝土绝热温升值。

3. 混凝土线膨胀系数测试方法

混凝土线膨胀系数是反映温度变形大小的最关键参数。《水工混凝土试验规程》DL/T 5150—2017规定了混凝土线膨胀系数的测试方法如下：

(1) 仪器设备

1) 带有搅拌器的自动恒温水箱，大小视一次试验的多少而定。要求箱内水面没过试件筒顶50mm左右，温度控制精度0.5℃以内。

2) 量测仪器：差动式电阻应变计，测距250mm；水工比例电桥；长杆温度计，测量范围0～100℃，精度0.1℃。

3) 试模：直径200mm，高500mm的带盖白铁皮筒。

4) 2～3mm厚的橡皮、胶布等。

(2) 试验步骤

按照《水工混凝土试验规程》DL/T 5150—2017中"混凝土自生体积变形试验"方法进行试件的制作和养护，每组试件为2个。测完混凝土自生体积变形的试件，也可用于本试验。

将至少养护7d的试件放入恒温水箱内，箱内水面应没过试件顶面50mm以上。水的起始温度可以在10～20℃之间。

控制水温使其恒定。量测应变计的电阻和电阻比，并用温度计测读水温。当试件中心温度与水温一致时记下读数，即为试验初始温度的测值。恒温的标准是相隔1h温度不得超过0.1℃。为使箱中的水温均匀，必须经常开动搅拌器。

调整恒温箱温度控制器，使水温上升到60℃左右，恒温后记下试件中心温度与水温一致时的电阻、电阻比和水温，即为试验终止时的测值。

(3) 试验结果处理步骤

1) 试件的中心温度及应变值分别按式（2-14）、式（2-15）计算：

$$\theta = a'(R_t - R_0) \tag{2-14}$$

$$\varepsilon_m = f'\Delta Z + ba'(R_t - R_0) \tag{2-15}$$

式中 θ——试件的中心温度（℃）；

ε_m——混凝土试件的应变值（$\times 10^{-6}$）；

R_t——试验终止时仪器的电阻（Ω）；

R_0——试验开始时仪器的电阻（Ω）；

a'——仪器温度灵敏度系数（℃/Ω）；

b——仪器温度补偿系数（$\times 10^{-6}$/℃）；

f'——应变计应变灵敏度（$\times 10^{-6}$/0.01%）；

ΔZ——电阻比变化量，即试验终止温度的电阻比与初始温度电阻比之差值。

2) 混凝土线膨胀系数按式（2-16）计算（精确至1×10^{-6}）：

$$\alpha = \frac{\varepsilon_m}{\Delta \theta} \tag{2-16}$$

式中 α——混凝土线膨胀系数（$\times 10^{-6}$/℃）；

$\Delta \theta$——试验终止温度与初始温度之差（℃）。

取两个试件测试的平均值作为试验结果。

2.1.5 干燥收缩

干燥收缩也是引起混凝土开裂的重要原因之一。硬化以后的现代混凝土与传统混凝土一样属于多孔介质,当外部环境湿度低于其内部相对湿度时,孔隙内的水分蒸发将会引起干燥收缩。与自干燥收缩一致,干燥收缩同样由毛细管内弯液面所引起的有效作用应力引起。

水分的蒸发通常是由表及里进行,表面和内部相对湿度之间的差异,会造成内部与外部的变形不同,使混凝土表面产生拉应力。因此如果混凝土表面保湿措施不得当,极易出现大量的微裂纹及宏观裂缝,但宏观裂缝一般出现时间较晚,且和环境条件密切相关。裂缝呈现的表观形态与外约束条件也有很大关系,可表现为乱向分布或比较有规律的平行长裂缝,在薄板等结构中有可能贯穿。

在城市轨道交通工程地下车站主体结构中,混凝土干燥收缩裂缝在板式结构和墙体结构上均有可能出现,尤其是当结构处于风速较大地带时。

干燥收缩测量相比于自收缩而言更加容易测量,国内外不同标准给出了较多测量方法,其测试的环境湿度要求和初始读数时间存在差异。

1. 《水工混凝土试验规程》DL/T 5150—2017 规定的混凝土干燥收缩测试方法

该试验用于测定混凝土在无外荷载和恒温条件下由于干燥引起的轴向长度变形,以比较不同混凝土的干缩性能。

(1) 仪器设备

1) 试模:规格为 100mm×100mm×515mm 的棱柱体金属试模,两端可埋设不锈的金属测头。

2) 量测仪器:可用弓形螺旋测微计、比长仪、千分表或传感器、混凝土干缩仪,测量精度不低于 0.01mm。

3) 恒温恒湿干缩室:室内温度应控制在 20±2℃,相对湿度 60%±5%。

(2) 试验步骤

1) 拌和成型试件,以 3 个试件为一组,金属测头应埋设牢靠,位置准确。

2) 试件成型后,送入养护室养护,48h 后拆模并编号。

3) 试件拆模后,立即送入干缩室进行测长,此长度即为试件的基准长度。测长时最少重复两次,取差值在仪器精度范围内的两个读数的平均值作为基准长度测定值。

4) 测定基准长度后,干缩试件宜地面架空置于不吸水的硬质垫板上,连同垫板放在干缩室试件架上,试件间应不小于 3cm。

5) 试件干缩龄期以测定基准长度后算起,干缩龄期为 3d、7d、14d、28d、60d、90d、180d 或指定的干缩龄期。每个龄期测长一次,测长的方法和测长的方向应与测基准长度时相同。为防止测头生锈,每次测长后可在测头端部涂一层黄油,下次测长时应仔细擦净。

(3) 试验结果处理

1) 某一龄期的干缩率按公式计算(精确至 10^{-6}):

$$\varepsilon_t = \frac{L_t - L_0}{L_0 - 2\Delta} \tag{2-17}$$

式中　ε_t——t 天龄期时的干缩（湿胀）率；
　　　L_0——试件的基准长度（mm）；
　　　L_t——t 天龄期时试件的长度（mm）；
　　　Δ——金属测头的长度（mm）。

2）取一组 3 个试件测值的平均值作为某一龄期时间干缩（湿胀）率的试验结果（负值为收缩、正值为膨胀）。根据需要可绘制试件的轴向长度变形随时间的变化曲线。

2. 《普通混凝土性能及长期耐久性能测试方法》GB/T 50082—2009 规定的接触法测试混凝土干燥收缩变形方法

（1）试件及试验设备

1）本方法应采用尺寸为 100mm×100mm×515mm 的棱柱体试件，每组应为 3 个试件。

2）采用卧式混凝土收缩仪时，试件两端应预埋测头或留有埋设测头的凹槽。卧式收缩试验用测头应由不锈钢或其他不锈的材料制成，如图 2-11 所示。

3）采用立式混凝土收缩仪时，试件一段中心应预埋测头，如图 2-12 所示。立式收缩试验用测头的另一端宜采用 M20mm×35mm 的螺栓（螺栓通长），并应与立式混凝土收缩仪底座固定。螺栓和测头都应预埋进去。

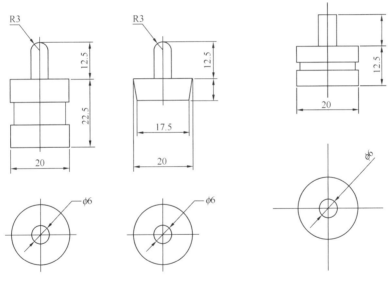

图 2-11　卧式收缩试验用测头（mm）
（a）预埋测头；（b）后埋测头

图 2-12　立式收缩试验用测头（mm）

4）采用接触法引伸计时，所用试件的长度至少比仪器的测量标距长出一个截面边长。测头应粘贴在试件两侧面的轴线上。

5）使用混凝土收缩仪时，制作试件的试模应具有能固定测头或预留凹槽的端板。使用接触法引伸计时，可用一般棱柱体试模制作试件。

6）收缩试件成型时不得使用机油等憎水性隔离剂。试件成型后应带模养护 1~2d，并保证拆模时不损伤试件。对于事先没有埋设测头的试件。拆模后应立即粘贴或埋设测头。试件拆模后，应立即送至温度为 20±2℃、相对湿度为 95% 以上的标准养护室养护。

试验设备应符合下列规定：

1) 测量混凝土收缩变形的装置应具有硬钢或石英玻璃制作的标准杆，并应在测量前及测量过程中及时校核仪表的读数。

2) 收缩测量装备可采用下列形式之一：

① 卧式混凝土收缩仪的测量标距应为540mm，并应装有精度为±0.001mm的千分表或测微器。

② 立式混凝土收缩仪的测量标距和测微器同卧式混凝土收缩仪。

③ 其他形式的变形测量仪表的测量标距不应小于100mm及骨料最大粒径的3倍。并至少能达到±0.001mm的测量精度。

3) 测定混凝土在某一具体条件下的相对收缩值时（包括在徐变试验时的混凝土收缩变形测定）应按要求的条件进行试验。对非标准养护试件，当需要移入恒温恒湿室进行试验时，应先在该室内预置4h，在测其初始值。测量室应记下试件的初始干湿状态。

4) 收缩测量前应先用标准杆校正仪表的零点，并应在测定过程中至少再复核1~2次，其中一次应在全部试件测读完后进行。当复核时发现零点与原值的偏差超过±0.001mm时，应调零后重新测量。

5) 试件每次在卧式收缩仪上放置的位置和方向均应保持一致。试件上应标明相应的方向记号。试件在放置及取出时应轻稳仔细，不得碰撞表架及表杆。当发生碰撞时，应取下试件，并应重新以标准杆复核零点。

6) 采用立式混凝土收缩仪时，整套测试装置应放在不易受外部振动影响的地方。读数时宜轻敲仪表或者上下轻轻滑动测头。安装立式混凝土收缩仪的测试台应有减振装置。

7) 用接触法引伸计测量时，应使每次测量时试件与仪表保持相对固定的位置和方向。每次读数应重复3次。

（2）试验结果处理

1) 混凝土收缩率应按下式计算：

$$\varepsilon_{st} = \frac{L_0 - L_t}{L_b} \tag{2-18}$$

式中 ε_{st}——试验期为t天的混凝土收缩率，t从测定初始长度时算起；

L_b——试件的测量标距，用混凝土收缩仪测量时应等于两测头内侧的距离，即等于混凝土试件长度（不计测头凸出部分）减去两个测头埋入深度之和（mm）。采用接触法引伸计时，即为仪器的测量标距；

L_0——试件长度的初始读数（mm）；

L_t——试件在试验期为t天时测得的长度读数（mm）。

2) 每组应取3个试件收缩率的算术平均值作为该组混凝土试件的收缩率测定值，计算精确至1.0×10^{-6}。

3) 作为相互比较的混凝土收缩率应为不密封试件于180d所测得的收缩率值。可将不密封试件于360d所测得的收缩率值作为该混凝土的终极收缩率值。

3. 美国材料试验协会标准ASTM C157规定的混凝土干燥收缩变形方法

（1）试件及试验设备

1) 混凝土试件为100mm×100mm×285mm或者75mm×75mm×285mm的棱柱体，

尺寸大小与骨料粒径相关。

2) 使用到的仪器包括模具、长度比较仪、干燥室和控制装置和风速计等。

3) 干燥收缩测试环境应保持在温度为23±2℃、湿度为50%±5%的条件下。

(2) 试验步骤

1) 试件浇筑成型后,在浇筑后的23.5±0.5h内将试件脱模。脱模后,将试件放入温度为23±0.5℃的饱和石灰水中养护,养护时间不得少于30min,然后测量试件长度。这是为了最大程度地减少温度变化引起的变形。在浇筑后的24±0.5h时将试件从养护液体中取出,用湿布擦拭,并立即进行初始长度读数。

2) 初始读数完成后,将试件放入23±0.5℃的饱和石灰水中养护至28d,养护结束后,取出试件进行第二次长度读数。

3) 第二次读数完成后,将试件放置于两种环境中储存。一种是储存于饱和石灰水中进行养护,在8周、16周、32周和64周龄期分别进行长度测量。另一种是将试样放置于干燥室内,在浇筑后的4d、7d、14d和28d龄期以及8周、16周、32周和64周龄期进行长度测量,测量读数时保证环境湿度为50%±4%,环境温度为23±2℃。

(3) 试验结果处理

混凝土干燥收缩由下式计算:

$$\Delta L_x = \frac{CRD - \text{initial}CRD}{G} \times 100 \tag{2-19}$$

式中　ΔL_x——试件某一龄期的长度变化值;

　　　CRD——试件比较仪读数与参考杆之间的差值;

　　　G——标距长度,为250mm。

2.1.6 混凝土开裂

混凝土的开裂是上述多种收缩叠加和徐变共同作用的结果,准确测试与评价混凝土的收缩开裂特性,是明晰开裂的关键影响因素,并寻找有效措施减少或避免开裂的前提。混凝土开裂分为塑性阶段开裂和硬化阶段开裂,下面分别介绍两个阶段混凝土的开裂测试方法。

1. 塑性阶段混凝土开裂测试方法

混凝土在硬化阶段前主要发生的塑性收缩开裂,国家相关标准对塑性开裂的测试方法规定如下:

(1)《普通混凝土性能及长期耐久性能测试方法》GB/T 50082—2009规定的混凝土塑性开裂测试方法

1) 试件及试验设备。采用尺寸为800mm×600mm×100mm的平面薄板型试件,每组应至少2个试件。混凝土骨料最大公称粒径不应超过31.5mm。

混凝土早期抗裂试验装置如图2-13所示,

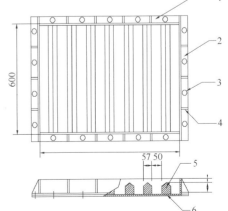

图 2-13　混凝土早期塑性开裂试验装置示意图
1—长侧边;2—短侧板;3—螺栓;4—加强肋;
5—裂缝诱导器;6—底板

应采用钢制模具，模具的四边（包括长侧板和短侧板）宜采用槽钢或者角钢焊接而成，侧板厚度不应小于5mm。模具四边与底板宜通过螺栓固定在一起，模具内应设有7根裂缝诱导器，裂缝诱导器可分别用50mm×50mm、40mm×40mm角钢与5mm×50mm钢板焊接组成，并应平行于模具短边。底板应采用不小于5mm厚的钢板，并应在底板表面铺设聚乙烯薄膜或者聚四氟乙烯片做隔离层。模具应作为测试装置的一部分，测试时应与试件连在一起。

风扇的风速应可调，并且应能够保证试件表面中心处的风速不小于5m/s。温度计精度不应低于±0.5℃。相对湿度计精度不应低于±1%。风速计精度不应低于±0.5m/s。刻度放大镜的放大倍数不应小于40倍，分度值不应大于0.01mm。照明装置可采用手电筒或者其他简易照明装置，钢直尺的最小刻度应为1mm。

2）试验步骤。试验宜在温度为20±2℃，相对湿度为60%±5%的恒温恒湿室中进行。将混凝土浇筑至模具内以后，应立即将混凝土摊平，且表面应比模具边框略高，可使用平板表面式振捣器或者采用振捣棒插捣，应控制好振捣时间，并应防止过振和欠振。在振捣后，应用抹子整平表面，并应使骨料不外露，且应使表面平实。

应在试件成型30min后，立即调节风扇位置和风速，使试件表面中心正上方100mm处风速为5±0.5m/s，并应使风向平行于试件表面和裂缝诱导器。

试验时间应从混凝土搅拌加水开始计算，应在24±0.5h测度裂缝。裂缝长度应用钢直尺测量，并应取裂缝两端直线距离为裂缝长度，当一个刀口上有两条裂缝时，可将两条裂缝的长度相加，折算成一条裂缝。

裂缝宽度应采用放大倍数至少40倍的读数显微镜进行测量，并应测量每条裂缝的最大宽度。平均开裂面积、单位面积的裂缝数目和单位面积上的总开裂面积应根据混凝土浇筑24h测量得到裂缝数据来计算。

3）试验结果处理：

① 每条裂缝的平均开裂面积应按下式计算：

$$a = \frac{1}{2N}\sum_{i=1}^{N}(W_i \times L_i) \tag{2-20}$$

② 单位面积的裂缝数目应按下式计算：

$$b = \frac{N}{A} \tag{2-21}$$

③ 单位面积上的总开裂面积应按下式计算：

$$c = a \cdot b \tag{2-22}$$

式中 W_i——第 i 条裂缝的最大宽度（mm），精确到0.01mm；

L_i——第 i 条裂缝的长度（mm），精确到0.01mm；

N——总裂缝数目（条）；

A——平板的面积（m²）；

a——每条裂缝的平均开裂面积（mm²/条），精确到1mm²/条；

b——单位面积的裂缝数目（条/mm²），精确到1条/mm²；

c——单位面积上的总开裂面积（mm²/m²），精确到1mm²/m²。

每组应分别以2个或多个时间的平均开裂面积（单位面积上的裂缝数目或单位面积上

的总开裂面积）的算术平均值作为该组试件平均开裂面积（单位面积上的裂缝数目或单位面积上的总开裂面积）的测定值。

（2）美国材料试验协会标准 ASTM C1579—06 所规定的塑性开裂测试方法

1）试验设备

① 最大粗骨料尺寸小于等于 19mm，使用模具的深度为 100±5mm，矩形尺寸为（355±10mm）×（560±15mm），如图 2-14 所示。模具可以由金属、塑料或胶合板制成。本试验方法适用于小于或等于 19mm 的骨料。对于大于 19mm 的粗骨料，结晶器的深度至少应为 65mm 加上粗骨料最大粒径的 2 倍以上。

② 内部约束和应力管：内部约束和应力管应从一块金属板上弯曲而成，或由一块实心钢制成，金属板的厚度应为 1.2±0.05mm，如图 2-14 所示。两个 32±1mm 高的约束装置放置于模具两端向内距离 90±2mm 的位置。中心应力管高 64±2mm，用作开裂的起始点。该带内部约束的金属板应力提升器应安装在模具底部。另外，应用脱模油涂抹金属嵌件和模具侧面，以减少与混凝土的粘结。当整个表面涂满油，并且用干净的干抹布去除多余的油时，认为金属嵌件和模具已上油完成。

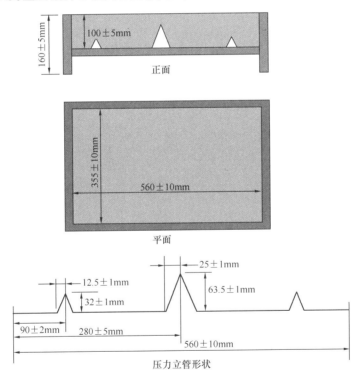

图 2-14 平板及应力立管形状示意图

③ 所用风机应能在整个试验板表面区域达到 4.7m/s 以上的风速。

④ 环境室：在环境室中使用风扇箱是在面板表面产生均匀气流的方法之一，面板上的透明盖有助于获得均匀的气流，且可以观察裂缝。产生均匀气流的另一种方法是使用特殊设计的环境室，加热器、恒湿器和除湿器可用于维持特定的环境条件。使用上述任何一种设备进行该试验，将面板暴露在至少 1.0kg/m²·h 的蒸发速率下。对于标准试验，温

度必须保持在 36±3℃，相对湿度必须为 30%±10%，风速必须足以在试验期间保持最小蒸发率。

⑤ 传感器：使用温度、湿度和风速传感器测量环境空气和混凝土表面温度，精确到 0.5℃，相对湿度精确到 1%，空气速度精确到 0.1m/s。

⑥ 振动平台任何能够完全加固试验板的装置，只要满足规程 C192/C192M 中对外部振动器的最低频率要求即可。

⑦ 表面处理：设备振捣后的混凝土应使用角铁找平层。找平后，应使用镁、钢或木抹子对试样表面进行精确整平。

⑧ 监测盘：要求每个混凝土试板都有一个适用于将水暴露在气流中的盘。盘的侧面应垂直。盘的尺寸应足以将至少 $0.1±0.01m^2$ 的水暴露在气流中。试验开始时，盘的外露边缘不得伸出水位 5mm 以上。

⑨ 称重：如果试验规范要求测试板的水分损失率，则使用至少 100kg 的称重仪对测试板进行称重，并精确到试验负载的 0.1% 以内。用天平或天平称量蒸发率监测盘，其容量至少为 3kg，精度在 5g 以内。

⑩ 裂纹测量工具：光学手持式显微镜、裂纹比较仪或图像分析系统。测量工具应能够测量裂纹宽度，至少精确到 0.05mm。如果使用自动图像分析系统，则应证明该系统能够提供准确的测量结果。为了证明测量结果的准确性，应使用该系统测量加工成钢片的 0.5mm 缺口，且报告的缺口宽度应在加工宽度的 ±0.05mm 范围内。

2）试验步骤

① 测量混凝土试样的坍落度和凝结时间。

② 使用一层填充面板模具。用外部振动加固混凝土直到混凝土与模具顶部近似水平。将垂直于应力立管的每个试样刮平三次。

③ 找平后，用预定数量的抹子抹平试样。如果要确定面板的水分损失，移除附着在模具外部的任何废弃混凝土，并在模具中称量每个面板的重量。

④ 将试样放置在风机下游的环境室中。

⑤ 打开风机，风机已预设为达到所需蒸发条件的风速。此时开始对开裂进行评估。

⑥ 试验开始时，每隔 30min，在每个面板表面上方 100±5mm 处记录空气温度、相对湿度和气流速度。如有要求，记录每个面板表面首次观察到开裂的时间。

⑦ 蒸发率通过在试验开始时和试验后每隔 30min 对整个监测盘进行初始称重来确定。每次称重时，记录质量损失，精确至 5g。为了确定每个时间间隔内的蒸发率，将连续称重之间的质量损失除以称重盘中的水的表面积以及连续称重之间的时间间隔。如果平均蒸发率小于 $1.0kg/m^2·h$，则试验无效。

⑧ 最终凝固后（使用两个样本中较迟的凝固测量时间），记录环境变量，关闭风扇，记录时间，并确定监测盘的总失水量。如果要确定试板的水分损失，则在其模具中对试板进行称重。将面板存放在 23±2℃ 的试验室中，并放在塑料板下，以尽量减少蒸发，直到测量裂缝宽度。

试验完成后对裂缝宽度进行测量，并计算平均裂缝宽度。

2. 硬化阶段混凝土开裂测试方法

目前，测试和评价硬化混凝土开裂性能的试验方法主要有圆环法和单轴约束法。

（1）圆环法

1）美国 ASTMC 1581/C 1581M-18a 规定的水泥砂浆和混凝土环式限制收缩开裂测试标准方法：

① 试验设备：试验模具由底板、内环和外环组成。内环以钢管为材质，壁厚为 13 ± 1mm，外径为 330 ± 3mm、高度 152 ± 6mm。外环可用 PVC 管、钢环或其他不吸水、不反应的材料制作，外环内径 405 ± 3mm，高度 152 ± 6mm。模具安装完成后要保证内外环间距 38 ± 1.5mm。底板要求表面光滑平整且不吸水。

② 试验步骤：试验时，将混凝土浇筑于同心固定好的环模内，在试件上表面覆盖一层湿麻布并用聚乙烯薄膜密封。湿养护 24h 后拆除外环。试件上表面用石蜡或铝箔胶带密封，放置于温度为 23.0 ± 2.0℃，相对湿度为 $50\%\pm4\%$ 的恒温恒湿环境下，通过贴在钢环上的应变片（每个钢环上最少需要粘贴两片应变片）监测混凝土应变发展。

③ 试验结果处理：采用开裂时间和应力发展速率作为评价抗裂性能的主要指标，应力发展速率按下式计算：

$$q = \frac{G|\alpha_{avg}|}{2\sqrt{t_r}} \tag{2-23}$$

$$\varepsilon_{net} = \alpha\sqrt{t} + k \tag{2-24}$$

式中　q——应力发展速率（MPa/d）；

　　　G——弹性模量（72.2GPa）；

　　$|\alpha_{avg}|$——每个试样的平均应变发展速率因子的绝对值 [（m/m）/$d^{1/2}$]；

　　　t_r——开裂或试验终止时的时间（d）；

　　ε_{net}——净应变，其值为钢环应变值与开始干燥时初始值的差值（m/m）；

　　　α——试样上每个应变片的应变速率因子 [（m/m）/d]；

　　　t——应变发展时间，即记录应变值时的时间与初始时间的差值（d）；

　　　k——回归常数。将每片应变片的净应变与应变发展时间的平方根绘入曲线图中，并做线性回归分析，即得到斜率 α 和纵截距 k。

计算每组试件的平均应力发展速率 q_{avg}，可按照表 2-1 根据试件净开裂时间 t_{cr} 或平均应力发展速率 q_{avg} 来评价材料的开裂风险。净开裂时间 t_{cr} 是考虑到开裂龄期与开始干燥龄期之间的差距而设置，如果试样在养护期间（即在开始干燥之前）就发生开裂，则净开裂时间为零。

ASTMC 1581 规定的开裂风险等级划分　　表 2-1

净开裂时间 t_{cr}（d）	平均应力发展速率 q_{avg}（MPa/d）	开裂风险等级
$0<t_{cr}\leqslant 7$	$q_{avg}\geqslant 0.34$	高
$7<t_{cr}\leqslant 14$	$0.17\leqslant q_{avg}<0.34$	中高
$14<t_{cr}\leqslant 28$	$0.10\leqslant q_{avg}<0.17$	中低
$t_{cr}>28$	$q_{avg}<0.10$	低

2）我国《混凝土结构耐久性设计与施工指南》CCES 01—2004 中规定的净浆或砂浆抗裂性圆环试验方法如下：

试验模具包括内环、外环和底座。用其制备的试件尺寸为：内径 41.3mm，外径

66.7mm，高度 25.4mm，外环由两个半环组成。试验时将试件连同模具内环平放在低摩阻材料（如聚四氟乙烯）的平面上，试件外侧面粘贴应变片，通过计算机采集应变数据，基于应变值的突变点计算开裂时间并记录开裂模式。

圆环法可用来研究由于自收缩和干燥收缩产生的自应力对混凝土抗裂性的影响。在研究水泥净浆和砂浆的抗裂性时，由于水泥浆和砂浆环的收缩能沿环比较均匀地分布，所以试验效果明显。而混凝土中由于粗骨料的存在，使混凝土环表面水分蒸发受到一定的阻碍，从而使混凝土的外表面不能沿环均匀地收缩，再加上粗骨料对裂缝限制分散作用，使混凝土表面容易形成不可见的微裂缝，而释放一部分收缩应力，从而，使可见裂缝的最大宽度对混凝土的抗裂性评价受到影响。与平板法相比，圆环法给水泥基材料提供了完全的均匀约束，在很大程度上，体现了水泥基材料在约束条件下收缩和应力松弛的综合作用，能有效地评价水泥净浆和砂浆的抗裂性能。但用于混凝土抗裂性评价时，圆环法测试时间长、敏感性差，试件通常要经过较长时间才会出现初始裂缝，有时甚至因敏感性差而不出现裂缝。

（2）开裂试验架

德国慕尼黑工业大学 Springenschmid 等人根据道路和水工工程建设的需要，研制了第一台开裂试验架，使得温度应力的测量成为现实，并由 RILEM-TC119 制订了开裂试验架的推荐性标准。

混凝土开裂试验架可以用于截面面积为 150mm×150mm 和最大骨料粒径为 32mm 的混凝土试件试验。试验架如图 2-15 所示，主要由构架和控温系统组成。其中，构架部分由端座（也称横梁）和纵向支架（也称纵梁）组成。为保持高的约束程度，两个横梁间的

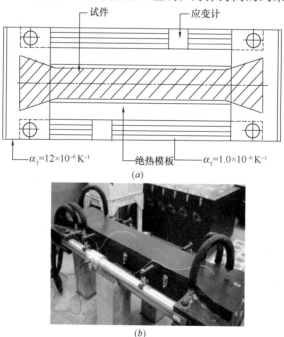

图 2-15 开裂试验架示意图（RILEM TC119-TCE）
和实物照片（Whigham J，2005）
(a) 示意图；(b) 实物图

试件长度必须尽量保持恒定。整个试验架是由钢材制得，为了减少周围温度变化的影响，纵梁以一种特殊的热膨胀系数约 $1.0\times10^{-6}\mathrm{K}^{-1}$ 的合金制成。试件的末端通过两个燕尾槽状的尾翼固定在横梁中，端部设有啮合齿。支架受到混凝土的反力产生微小的弹性变形，试验将其连续记录下来。由此，试件中的应力发展可以连续地获得。此外，为了模拟现场厚构件中的温升，试验使用了温度可控的绝热模板。模板与一个外部加热/冷却系统相连接，因此该系统可以量测温度应力，也可以模拟任意的混凝土温度发展历程。

开裂试验架试验测得的参数如图2-16所示，其含义如下：

第一零应力温度 $T_{z,1}$：在约束条件下，水化放热过程中随混凝土弹性模量的增长，开始产生压应力时的温度。$T_{z,1}$ 描述了混凝土从塑性向黏弹性的转折点。

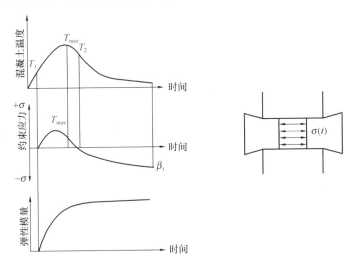

图2-16　开裂试验架和应力试验机的力学模型与约束混凝土
试件中早期温度、应力和弹性模量发展
(RILEM TC119-TCE)

最大压应力 $\sigma_{c,max}$：在温度升高的过程中，处于约束条件下的混凝土达到的最大压应力。由于压应力的松弛很大，$\sigma_{c,max}$ 一般在温峰到达之前就已经达到了。

温峰 T_{max}：半绝热条件下混凝土试件在硬化过程中的最高温度。

第二零应力温度 $T_{z,2}$：在冷却阶段，压应力已经完全降低到零，拉应力开始增长时的温度。由于混凝土在初期具有相对较高的松弛能力而在冷却后具有高的弹性模量，$T_{z,2}$ 一般高于 $T_{z,1}$，而稍低于 T_{max}。

开裂温度 T_c：受约束试件开裂时的温度，即混凝土所受拉应力超过其抗拉强度时的温度。T_c 是被测混凝土开裂趋势的表征。开裂温度越高，混凝土早期产生热裂缝的趋势越大。

开裂应力 σ_c：受约束试件开裂时的拉应力值。

（3）温度应力试验机

开裂试验架为固定横梁的单轴约束试验装置，它能够测定早期约束混凝土的应力发展，但其约束度不可控。为解决这一问题，1976年法国的Paillère和Serrano开发了一种以控制可调横梁的运动而保证试件长度绝对不变，从而实现100%约束的单轴约束试验装置，该装置中使得截面积为 175×175mm² 的混凝土试件的变形可以从初龄期开始测量。Springenschmid 等人则进一步开发了称为温度－应力试验机的装置来研究 100%约束条件下水化热引起的约束应力，通过步进电机控制可调横梁的位置，如图 2-17 所示。后来，以色列的 Kovler（1994）、Bloom 和 Bentur（1995），美国的 Altoubat 和 Lange（2001）等人分别采用类似的试验装置进行了素混凝土试件的早期约束收缩的试验研究，Kovler 提出的闭环控制系统的概念，在后续的温度－应力试验机的开发中得到了推广。荷兰 Delft 大学的 Sule（2001）采用类似的自行研制的约束试验系统进行了配筋混凝土构件的早期温度应力和开裂的研究。国内，清华大学林志海等人（2002）基于 Springenschmid 的设备原型，研制出国内第一台温度－应力试验机，并在国内得到推广。

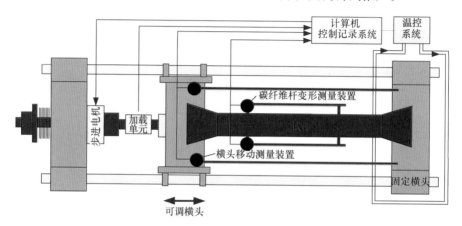

图 2-17　温度－应力试验机结构示意图

温度应力试验机系统控制原理如图 2-18 所示。采用温度－应力试验机可以为混凝土试件提供绝热、半绝热环境和 0～100%的可调约束条件，并最大限度地模拟实际工程中混凝土构件所处环境下应力状态的发展；也可根据需求，设定不同的温度历程、约束条件，进行材料性质试验。

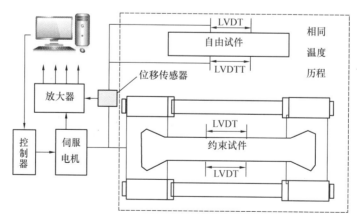

图 2-18　系统控制原理图

此外，还可以测定一系列混凝土早期性能参数如收缩变形、徐变松弛以及弹性模量的发展等，其原理如下：

整个试验中试件的总约束应变 $\varepsilon(t)$ 都控制在 0 附近。而构成总约束应变 $\varepsilon(t)$ 的分应变量即弹性应变 $\varepsilon_e(t)$、徐变应变 $\varepsilon_c(t)$ 和收缩应变 $\varepsilon_{sh}(t)$（代表试验中混凝土所有非荷载应变的总和，包括自生收缩、干缩、温度收缩等）都不为 0，有以下关系：

$$\varepsilon(t) = \varepsilon_e(t) + \varepsilon_c(t) + \varepsilon_{sh}(t) = 0 \tag{2-25}$$

弹性应变 $\varepsilon_e(t)$ 可以表达为

$$\varepsilon_e(t) = \frac{\sigma(t)}{E(t)} \tag{2-26}$$

恒定应力条件下的徐变应变为：

$$\varepsilon_c(t) = \frac{\sigma}{E(t)} \Phi(t) \tag{2-27}$$

式中 $E(t)$——混凝土弹性模量（割线模量）；

$\sigma(t)$——混凝土的单轴应力；

$\Phi(t)$——徐变系数，定义为徐变应变与弹性应变的比值。

由于试验中的应力是逐渐发展的，混凝土中的徐变应变要小于恒定应力 σ 所引起的徐变值。为得到试验中的徐变应变表达式，引入龄期系数 $\Omega(t)$（对于硬化混凝土 $\Omega(t)$ 一般为 $0.6 \sim 0.9$，对于早期混凝土一般为 $0.9 \sim 1.0$），由此徐变应变 $\varepsilon_c(t)$ 可以表达为：

$$\varepsilon_c(t) = \frac{\sigma}{E(t)} \Phi(t) \Omega(t) \tag{2-28}$$

所以，试件总应变 $\varepsilon(t)$ 可以表达为：

$$\varepsilon(t) = \frac{\sigma(t)}{E(t)}(1 + \Phi(t)\Omega(t)) + \varepsilon_{sh}(t) = 0 \tag{2-29}$$

Bazant 定义了有效弹性模量，如下所示：

$$E'_{eff}(t) = \frac{E(t)}{1 + \Phi(t)\Omega(t)} \tag{2-30}$$

则式（2-29）又可以改写为：

$$\frac{\sigma(t)}{E'_{eff}(t)} = -\varepsilon_{sh}(t) \tag{2-31}$$

试验还可以得到某龄期下混凝土在特定荷载下的切线模量 $E_t(t)$。若循环补偿过程中应力增量为 $\dot{\sigma}(t)$，即时弹性应变为 $\dot{\varepsilon}_e(t)$，则存在下列关系：

$$\dot{\varepsilon}_e(t) = \frac{\dot{\sigma}(t)}{E_t(t)} \tag{2-32}$$

同时，通过并列进行的同配合比混凝土的单轴自由收缩试验，可得到 $\varepsilon_{sh}(t)$ 值。由于总的应变 $\varepsilon(t)$ 为 0，因此，在任意时刻，即时弹性应变值 $\dot{\varepsilon}_e(t)$ 之和 $\varepsilon_e(t)$ 等于收缩应变 $\varepsilon_{sh}(t)$ 和徐变 $\varepsilon_c(t)$ 总和的绝对值，即：

$$\sum \dot{\varepsilon}_e(t) = \varepsilon_e(t) = |\varepsilon_c(t) + \varepsilon_{sh}(t)| \tag{2-33}$$

进而有：

$$\Phi(t)\Omega(t) = \frac{\varepsilon_c(t)}{\varepsilon_e(t)} = \frac{\varepsilon_c(t)}{|\varepsilon_c(t) + \varepsilon_{sh}(t)|} \tag{2-34}$$

由此，试验可以得到早期混凝土的许多参数（如约束应力、割线模量、切线模量、龄期有效模量、徐变系数）随时间的发展。

采用温度应力试验机，研究了掺与不掺膨胀剂的两种混凝土的抗裂性能，混凝土配合比见表2-2。

混凝土配合比（kg/m³）　　　　　　　　　　表2-2

编号	水泥	粉煤灰	膨胀剂	砂	小石	大石	水	拧松螺栓	升温时间
基准混凝土	296	74	0	744	334.9	781.5	159.1	第二天	终凝
膨胀混凝土	266.4	66.6	37	744	334.9	781.5	159.1	第二天	终凝

采用Strain控制全约束，始终使Strain1保持为0，即试件中间段450mm范围内不变形。

设置试验温度曲线如图2-19所示：在混凝土终凝前，采用20℃恒温条件；在混凝土终凝后，先以1℃/h的速度从室温20℃升温至50℃，然后以0.4℃/h的速率降温至室温20℃，最后开始快速降温至零下15℃。在该温度历程下测试混凝土内变形、应力、温度等变化情况。

两种混凝土在约束条件下的应力发展情况如图2-20所示。基于图2-20可测得预压应力、第二零应力以及开裂温度等抗裂性关键参数，见表2-3。结合图2-20和表2-3可以看出，掺加膨胀剂的混凝土相较基准混凝土，预压应力增大1倍，第二零应力温度降低了4.8℃，开裂温度降低8.3℃，掺加膨胀混凝土抗裂性明显优于基准混凝土。

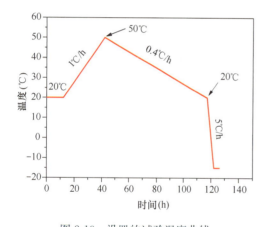

图2-19　设置的试验温度曲线

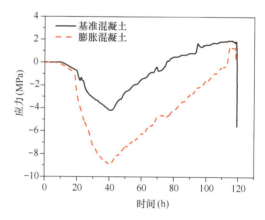

图2-20　约束试件应力对比

抗裂性关键参数　　　　　　　　　　表2-3

编号	预压应力（MPa）	第二零应力温度（℃）	拉应力（MPa）	开裂温度（℃）
基准混凝土	4.5	35.7	2.11	28.3
膨胀混凝土	9.08	20.9	2.10	20

采用温度应力试验机对混凝土7d龄期前的弹性模量进行了测试，具体测试方法为：从终凝后开始，每6h进行一次加载，每次加载首先以1kN/s的加载速率加压至60kN（2.67MPa），然后以同样的速率恢复至0并保持，直至下一个6h进行下一次试验，如此循环往复。测得的C60混凝土的弹性模量结果如图2-21所示。结果显示，C60混凝土弹性模量在1d内剧烈增长，1d左右弹性模量达到35GPa左右，此后随着龄期的增长，弹性

模量增长速率不断减小，5d 后基本稳定。采用温度应力试验机可以获得早龄期混凝土（甚至是 1d 内）的弹性模量发展。

采用温度应力试验机试验测量早龄期混凝土徐变特性的原理如图 2-22 所示。

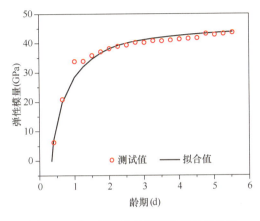

图 2-21　C60 混凝土早期弹性模量的发展　　图 2-22　温度应力试验机测试徐变示意图

试验中，采用了全约束、半绝热的试验条件，室温控制在 20±1℃。为了避免试件与外界发生水分交换，试件成型后由塑料膜包裹密封。全约束条件下由温度应力试验机测得的混凝土的应变发展符合下式：

$$\Delta\varepsilon_e + \Delta\varepsilon_{cr} + \Delta\varepsilon_{th} + \Delta\varepsilon_{ad} = 0 \tag{2-35}$$

式中　$\Delta\varepsilon_e$——弹性应变；

$\Delta\varepsilon_{cr}$——徐变应变；

$\Delta\varepsilon_{th}$——温度应变；

$\Delta\varepsilon_{ad}$——自生体积变形；自由变形发展 $\varepsilon_{free}(t)$[即 $\varepsilon_{th}(t) + \varepsilon_{ad}(t)$]可以由自由变形试件直接测定；弹性应变的发展即每个调整周期的弹性应变的累计，由即时弹性变形累加获得。因而，徐变 $\Delta\varepsilon_{cr}$ 作为唯一的未知量就可以通过上式计算出来。

测得的 C40 混凝土的累积变形和自由变形如图 2-23 所示，从图中可以看出，16d 龄期时 C40 混凝土自由变形达到 125×10^{-6}，累积变形（累加的弹性变形以及收缩）只有 65×10^{-6}，根据式（2-35）计算得到 C40 混凝土 16d 龄期的徐变应变为 60×10^{-6}。计算得到的理论弹性应力和实际测得应力，如图 2-24 所示，从图中可以看出理论应力大约在 4.5MPa，而实际应力约为 1.8MPa，应力松弛系数约为 0.4。

在实际工程中，早期的收缩裂缝通常是以上几种收缩叠加并共同作用的结果。譬如早期温降收缩和自收缩叠加产生的竖向、平行、等间距分布的墙体裂缝，如图 2-25 和图 2-26 所示，由于早期温度收缩和自收缩耦合作用形成自上而下的贯穿性裂缝，这样的裂缝通常在拆模前后，或者在拆模之后不久即发现。由于裂缝贯穿，给修补造成了很大的困难，处于地下的结构就会发生严重的渗漏水难题，地上的混凝土结构也会对耐久性形成重大的隐患。由于内外温差和湿度差（干燥收缩）叠加形成的大体积混凝土构件收缩裂缝，如图 2-27 所示，这种裂缝通常从混凝土表面开始发生，逐步向中心扩展，走向通常无一定规律，宽度大小不一，受温度变化影响较为明显，冬季较宽，夏季较窄。

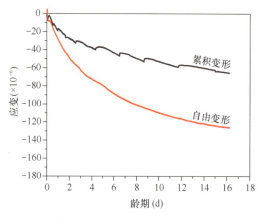
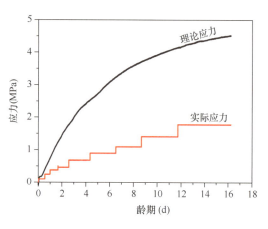

图 2-23 C40 混凝土的变形发展　　　　　　图 2-24 C40 混凝土应力松弛

图 2-25 某轨道交通车站侧墙裂缝　　　　　图 2-26 某区间隧道二次衬砌混凝土裂缝

(a)　　　　　　　　　　　　(b)

图 2-27 某大体积预制桥梁立柱内外温差裂缝
(a) 立柱顶部拐角 2～3m 处存在裂缝；(b) 立柱表面存在从上到下的裂缝

因此，针对具体的城市轨道交通工程地下现浇混凝土结构早期裂缝，应结合裂缝出现时间、裂缝分布情况、裂缝表现形态、结构所处环境条件、结构所受约束情况等进行综合考量分析，以判定其出现原因，并在此基础上采取控制措施，才能取得较好的效果，保障工程建设质量。

2.2 现代混凝土早期开裂加剧的原因

2.2.1 混凝土原材料复杂化

随着土木工程行业的飞速发展，传统的混凝土材料性能早已不能满足现有工程需求。现代混凝土为适应更复杂的建筑结构形式、更高要求的强度等级和更快的施工速度，其原材料组成日趋复杂多变。水泥细度不断增加，水泥品类不断更新，矿物掺合料大规模使用，各类高性能减水剂高速推广，水胶比不断降低。这一系列材料品质、种类和用量的变化大大改善了混凝土强度和工作性能，为经济高速发展需求下的大批土木工程建设提供了极大的便利。但反观混凝土的开裂情况，原材料的复杂化不仅没有减少早期收缩造成的裂缝，反而导致开裂现象愈发严重。对美国20世纪建造的一系列工程大量的现场调查结果显示，20世纪30年代后提高了水泥和混凝土的强度，改善了材料力学性能，但混凝土结构物破坏现象加剧。且随着硅酸盐水泥细度的提高，低水胶比高早强混凝土不断发展。与以前的混凝土相比，高早强混凝土由于徐变小、温度收缩和干缩大以及弹性模量高，更容易出现裂缝。裂缝所带来的工程修补、重建问题源源不断，所引起的经济损失也无法估量。因此混凝土的强度和工作性能的提升与抗裂性不能够形成统一，一味追求高速施工所带来的负面影响不容忽视。原材料变化对混凝土早期收缩开裂的影响具体如下所述。

1. 水泥

为了满足工程建设对施工速度和早期强度的要求，现代混凝土所使用水泥的组成和性能发生了很大变化。

一方面，随着水泥粉磨技术的发展，水泥细度大大提高。以42.5级水泥为例，我国生产的水泥细度由过去的 $300\sim350m^2/kg$ 提高到 $350\sim380m^2/kg$，个别厂家甚至达到了 $400m^2/kg$ 以上。水泥细度的增加使得早期水化速率显著加快，在大大提高 3d 强度的同时，也使得混凝土自收缩和早期放热速率加剧。这都会对混凝土早期抗裂性造成负面影响。

另一方面，水泥的化学组成和矿物组成也发生了很大的改变，尤其是碱含量、C_3S 和 C_3A 的含量提升。水泥中碱含量的提升会加速水化，更有利于混凝土早期强度发展，但会提高温升速率，降低水泥自身的延展性，加剧因塑性收缩、自收缩、温度收缩和干燥收缩产生的裂缝。C_3S 和 C_3A 的含量提升会使得水泥早期强度的增长明显加快，但这两种矿物组分的水化热和化学收缩也是最大的。这些自身组成的变化都从根本上使得现代水泥的收缩和放热较传统水泥明显增大。

2. 矿物掺合料

为了改善混凝土的诸多性能，多种矿物掺合料被大量使用，但部分矿物掺合料细度较高，甚至超过水泥，这对混凝土早期抗裂性能也会产生不利影响。

首先是硅粉（SF）的使用。硅粉的细度非常低，平均粒径在 $1\mu m$ 左右，约为水泥粒径的一百分之一。在混凝土中添加硅粉主要是利用其粒径小、火山灰活性高的优点，提高混凝土密实度，细化混凝土孔结构，提高混凝土的力学性能和抵抗离子侵蚀的能力。因此硅粉广泛运用于高强和高耐久混凝土中。但从影响早期混凝土收缩变形的角度来看，硅粉会显著减少混凝土的泌水量，增加了早期塑性开裂的风险，特别是在蒸发速度比较高的情况下（例如高风速、低湿度和高温度情况下）。硅粉的掺入也会导致混凝土自干燥的程度明显增加，增大了高强混凝土的自收缩和开裂的趋势。

矿粉的使用对混凝土早期收缩变形也存在较为明显的影响。传统矿渣细度低于水泥熟料，活性差，从而导致掺加矿渣的混凝土泌水和干缩现象严重，容易开裂。随着磨细矿渣粉磨技术的推广，工程中大量应用的矿粉的细度均超过了 $400m^2/kg$，几乎大于水泥细度。有相当一部分研究表明，比表面积较大的矿粉掺入会使得混凝土自收缩发展较早，在一个较大的范围内矿粉掺量越大，长龄期的自收缩值也越大。自收缩值的增加会引起混凝土开裂风险的显著上升；同时，研究表明，矿粉取代水泥后，胶凝材料早期水化放热速率并没有明显降低，实体结构的温升在高温季节，混凝土入模温度较高时甚至还会有所提升，这也显著增加了混凝土的早期开裂风险。因此矿粉的使用对混凝土早期收缩开裂的影响不能被忽视。

3. 高效减水剂

随着混凝土外加剂制备研发技术的不断发展，混凝土施工中遇到的很多难题都已迎刃而解。多功能外加剂早已成为现代混凝土中必不可少的组分之一。特别是高效减水剂的普及应用，其具有的高减水和高保坍功能大大增强了混凝土的工作性能，显著降低了施工难度。正因为高效减水剂可以有效增加混凝土的流动性，一方面使混凝土的水胶比可以降低却不增加施工难度，导致混凝土早期自收缩的速度和比率则明显增大，另一方面也使得相同蒸发速率下现代混凝土的塑性收缩和塑性沉降明显加大，发生塑性开裂的风险大大增加。

同时，不同的减水剂对于混凝土收缩开裂的影响也不同。常用的木钙、糖蜜以及萘系高效减水剂虽然可以降低混凝土用水量，但是通常并不会降低混凝土的干燥收缩，其中萘系高效减水剂增加收缩相对其他几种减水剂最为明显，其次是木钙和糖蜜类减水剂。而作为新一代的聚羧酸高效减水剂，其碱含量和表面张力明显低于其他几种高效减水剂，在常规的掺量范围内不仅可以起到减水增强的效果，而且也未增加收缩，甚至还有降低收缩的作用。因此，当前重大工程混凝土使用的减水剂，一般都会优选收缩率低的聚羧酸高性能减水剂。

4. 水胶比

由于高效减水剂的广泛使用极大地降低了混凝土的水胶比，这也满足了工程建设中对于混凝土更高强度的要求。从理论上而言，低水胶比的水泥石长龄期的自干燥收缩的发展应当较高水胶比的水泥石更早收敛，其早龄期的自干燥收缩更值得关注。普通混凝土中，自收缩大约为 50×10^{-6}，这可以忽略不计。因为自收缩比干燥收缩和温度收缩小得多。然而当水胶比小于 0.45 时，自收缩就变成了一个重要因素。随着混凝土强度等级的提高，这一因素也变得越来越重要。

2.2.2 构筑物结构尺寸的增加和结构形式的多样化

随着经济建设的不断推进和建筑行业的持续发展，混凝土结构的应用范围在多方面的拓宽，其尺度在不断向高、长、大方向发展。为适应日益复杂的建筑功能需求，现代混凝土的结构形式也变得更加丰富多样化。

20 世纪以来，我国的高层和超高层建筑不断拔地而起，成为城市建设的一个个新地标。随着建筑物高度的不断刷新，其内部的地下室底板和转换层也越做越厚，伴随而来的则是更高的内部温升和内外温差，收缩变形更加难以抑制。除高层建筑外，大体积混凝土也被广泛应用于其他水工结构和工民建领域中，如水利工程大坝、大型设备基础、码头海洋工程、大型交通工程等。以桥梁为例，近年来杭州湾跨海大桥、港珠澳大桥等一系列标志性工程的建设完工反映了我国桥梁技术的飞跃式发展。桥梁跨度、高度的不断增加也带来了承台、桥墩、桥塔尺寸的发展，解决这一类大体积混凝土早期收缩开裂的问题也是提升大型工程使用寿命和耐久性的重要途径。

另一方面，混凝土结构形式不断发展也给混凝土早期抗裂带来了更多的难题。高层建筑的大量建设衍生出巨型框架结构、核心筒结构、悬挑结构等全新的结构形式。各类大型公共建筑的大量建设以及交通工程的飞速发展，在使用功能和施工技术的需求下，超长混凝土结构在大跨度、大空间结构和大型交通枢纽工程的地下空间中得到了广泛运用。这些新型的混凝土结构与普通大体积混凝土结构相比，具有强度更高、受力更复杂、约束更强的特点，因此其早期收缩裂缝的机理分析和控制相对而言更为困难。

具体来说，结构形式和尺寸的发展对混凝土收缩开裂控制的影响分为以下3个方面：

1. 约束增强

对于很多现浇的混凝土结构，由于结构自身的尺寸和施工条件所限，只能采取分部位浇筑的方式进行，譬如地下现浇结构的侧墙浇筑在底板之上，隧道的二衬浇筑在一衬混凝土或基岩上，坝体底部浇筑在基岩上，桥梁塔座浇筑在承台上，桥梁塔柱滑模施工分层浇筑等等。这些结构都有以下共同特点，混凝土浇筑在温度和变形都已经基本趋于稳定的结构上，如基岩、先浇的底板、一衬等等，对后浇筑部分混凝土的收缩变形形成强约束。

根据《大体积混凝土施工规范》GB 50496—2018，混凝土外约束拉应力与约束系数之间的关系可按下式计算：

$$\sigma_x(t) = \frac{\alpha}{1-\mu} \sum_{i=1}^{n} \Delta T_{2i}(t) \times E_i(t) \times H_i(t,\tau) \times R_i(t) \tag{2-36}$$

式中 $\sigma_x(t)$——龄期为 t 时，在第 i 计算区段内，混凝土浇筑体综合降温差的增量（℃）；

α——混凝土的线膨胀系数（/℃）；

μ——混凝土的泊松比，取 0.15；

$\Delta T_{2i}(t)$——龄期为 t 时，在第 i 计算区段内，混凝土浇筑体综合降温差的增量（K）；

$E_i(t)$——龄期为 t 时，在第 i 计算区段，混凝土的弹性模量（N/mm²）；

$H_i(t,\tau)$——龄期为 τ 时，在第 i 计算区段产生的约束应力延续至 t 时的松弛系数；

$R_i(t)$——龄期为 t 时，在第 i 计算区段，外约束的约束系数，可按下式计算：

$$R_i(t) = 1 - \frac{1}{\cosh\left(\sqrt{\frac{C_x}{HE(t)}} \cdot \frac{L}{2}\right)} \tag{2-37}$$

式中 L——混凝土浇筑体的长度（mm）；

H——混凝土浇筑体的厚度，该厚度为块体实际厚度与保温层换算混凝土虚拟厚度之和（mm）；

C_x——外约束介质的水平变形刚度（N/mm³）；

$E(t)$——与最大里表温差相对应龄期 t 时，混凝土的弹性模量（N/mm²）。

根据式（2-37），当取水平变形刚度 C_x 为 0.6N/mm³，弹性模量取 30000N/mm²，结构高度分别为 1m、2m、3m、4m 和 5m 时，约束系数随结构长度变化如图 2-28 所示。从图中可以看出，在一定长度范围内，长度对约束系数影响较大，长度增加，则约束系数增加，但不是线性关系，超过一定长度后逐渐趋于常数。根据公式（2-37）可知，其他条件不变时，外约束拉应力随着长度的增加而增大。

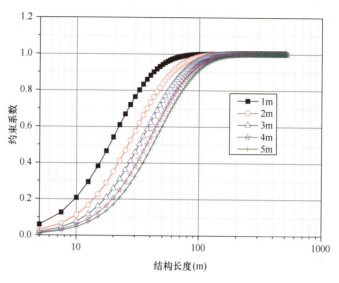

图 2-28 根据《大体积混凝土施工规范》计算出的约束系数随结构长度变化

2. 厚度加大

随着现代混凝土结构尺寸尤其是厚度的增大，混凝土的热量散失越加困难，温升和温度收缩开裂问题也更为突出。如图 2-29 所示为不同厚度的底板混凝土中心及表面温度随

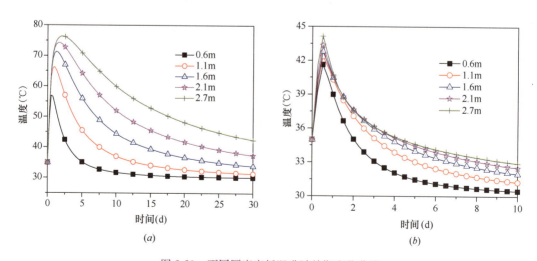

图 2-29 不同厚度底板温升随龄期变化曲线
（a）中心温升随龄期变化曲线；（b）表面温升随龄期变化曲线

龄期的发展曲线，由图可见，随着混凝土厚度的增加，中心部位温升随厚度的增加显著增大，而表面混凝土由于散热性好，温升随厚度的变化较小，因此内外温差也随着厚度的增加而显著增大。

图 2-30 为某地下室侧墙混凝土（与顶板一起浇筑）夏季施工时实体监测的温度发展历程，由图可见，虽然侧墙厚度只有 70cm，但是由于模板的影响，内部混凝土温升接近 40℃，而且在浇筑 1d 左右即达到温峰，随后就

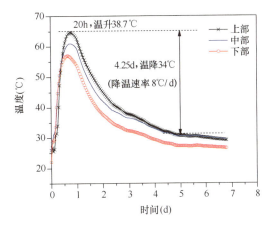

图 2-30　侧墙温升监测结果（厚度 0.7m）

开始了急剧降温，温降速率达到了 8℃/d，产生很大的温降收缩。

图 2-31 为某 2m×2m×10m 的桥梁预制构件的温度发展历程，由于水泥用量（316kg/m³）和胶材用量（486kg/m³）均较高，实际监测结果表明，中心温度 34h 左右达到 80℃，温升达 50℃；混凝土中心和表层温度在浇筑后 46h 的温度差最高达到 28℃，而中心和角落在浇筑后 46h 的温度差达到 45℃左右，在浇筑 4d 后，内外温差仍然超过 20℃，由此产生严重的内外温差裂缝。

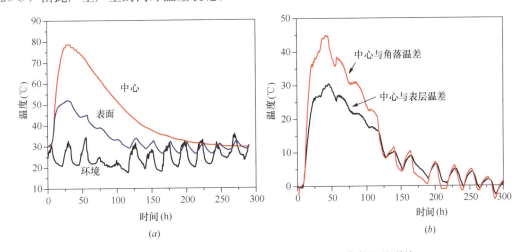

图 2-31　某预制桥梁立柱（2m×2m×10m）内外温差裂缝
(a) 监测到的表面和中心温度；(b) 监测到的内外温差

3. 结构形式更加复杂

随着建筑设计的不断创新，为满足各类建筑物功能、环保、美观等实际需求，出现了很多新型的混凝土结构形式，例如各种具有复杂形状的薄壳和薄壁结构，如图 2-32 和图 2-33 所示的核电站安全壳以及采用自密实混凝土的高铁Ⅲ型板。同时，构筑物的配筋也越来越密集。对于混凝土施工性能的要求也越来越高，许多部位难以通过常规的振捣方式浇筑成型，需要采用大流动度甚至是免振捣、自密实混凝土。伴随而来的是胶材用量的大幅增加和水化热的加大，混凝土收缩开裂风险也因此而显著增大。

图 2-32　核电站安全壳　　　　　图 2-33　采用自密实混凝土的高铁Ⅲ型板

2.2.3　施工环境多样化

随着我国西部大开发、海洋强国等战略以及"一带一路"倡议的不断推进，现代混凝土结构面临的施工环境也日趋严苛。在我国中西部地区，存在低湿度、高风速、高温、强太阳辐射等极端干燥环境，最大风速可到 10 级以上，最高温度可达 40℃以上，昼夜温差可达 50℃以上。表 2-4 是我国西部地区某工程气象资料统计。在这种极端干燥环境条件下，新浇混凝土的水分蒸发速率很快，混凝土结构的内外温差也很大，收缩开裂问题会更加突出。

我国西部某工程区气象资料统计表　　　　表 2-4

湿度	多年平均湿度	湿度<80%天数	湿度<60%天数
	48%	344d	267d
降雨	年降雨总量		最大日降雨量
	681.5mm		43.8mm
温度	多年平均气温		大于 35℃天数
	23.0℃		63d
日照	年日照 2639h		
大风	每年 7 级以上大风天数		7 级以上大风总时长
	9d		4h55min

2.3　地下车站底板现浇混凝土常见裂缝及成因

图 2-34 是城市轨道交通工程地下车站主体结构典型的构造情况。根据受力特点及使用功能，地下现浇车站的主体结构由底板、侧墙、顶板以及中板、梁、柱等内部构件组合而成。本指南以非荷载裂缝作为重点，调研了江苏地区 2 个城市的 2 条轨道交通全线车站底板、侧墙、中板和顶板的混凝土裂缝及渗漏水情况，并进行了汇总统计。再结合 2.1 和 2.2 节关于混凝土收缩裂缝主要形式特征以及现代混凝土开裂加剧原因的阐述，具体分析地下车站主体结构混凝土开裂的成因。首先介绍主体结构底板现浇混凝土的常见裂缝分布及开裂原因。

图 2-34　地下现浇车站主体结构构造实图

2.3.1　底板混凝土裂缝分布

1. 底板与暗梁交界处、底板基底桩处裂缝

如图 2-35 和图 2-36 所示，底板与暗梁交界处、底板基底桩处开裂，通常呈现横向（平行于车站宽度方向）裂缝或围绕基底桩周围出现裂缝。

 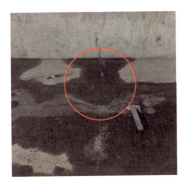

图 2-35　底板与暗梁交界处

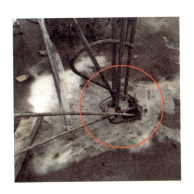 

图 2-36　底板基底桩位置

2. 底板掖角处裂缝

如图 2-37 所示，底板与侧墙掖角处作为施工时的特殊部位，浇筑、振捣和养护均受限，因此容易出现裂缝以及渗漏，有时伴有表面气泡等其他混凝土缺陷。严格来说，该处的混凝土裂缝主要位于侧墙上，但常常会与底板上的裂缝连通。

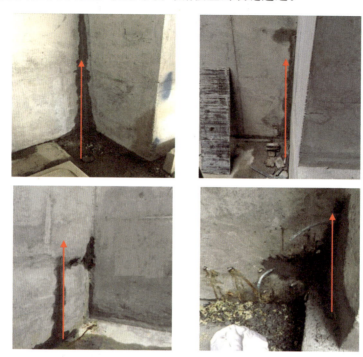

图 2-37　底板掖角裂缝

2.3.2　底板混凝土裂缝成因

对于城市轨道交通地下车站工程底板结构混凝土而言，其收缩变形主要来源于 2 个方面：①塑性阶段：混凝土浇筑后，大暴露面板式结构容易带来水分蒸发加剧，从而引起塑性收缩开裂；②硬化阶段：板式结构混凝土上表面受内约束，下表面受外约束，硬化后收缩变形主要由温度收缩和自收缩引起，温度收缩占主导，如图 2-38 所示。当收缩应力超过混凝土抗拉强度时，出现开裂。但总体而言，当底板厚度不是很大时，其早期散热较好，混凝土温度收缩通常较小，且底板浇筑在垫层上，外约束也较小，一般不容易发生收缩开裂。因此在调研结果中可见地下车站底板结构保湿养护较为容易，混凝土早期收缩裂缝较少，大部分为底板和暗梁、基底桩交接处由应力集中和强约束引起的裂缝，以及底板和侧墙掖角处由于振捣、养护受限等原因引起的裂缝。

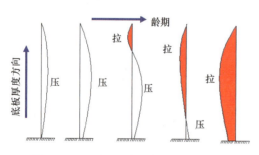

图 2-38　地下工程底板结构混凝土收缩
应力随龄期变化

2.4 地下车站侧墙现浇混凝土常见裂缝及成因

2.4.1 侧墙混凝土裂缝形式

1. 竖向裂缝

车站侧墙裂缝以竖向裂缝为主,有的单独出现,有的整面侧墙出现多条并且间距规整,平行分布,大多为沿高度方向的通长裂缝,裂缝宽度中间大,两头小,呈枣核状,一般都存在渗漏情况,如图 2-39 与图 2-40 所示。侧墙负二层裂缝通常多于负一层,且观测到裂缝的时间距离混凝土浇筑从 1 周至 24 个月不等,有时拆模即可见。

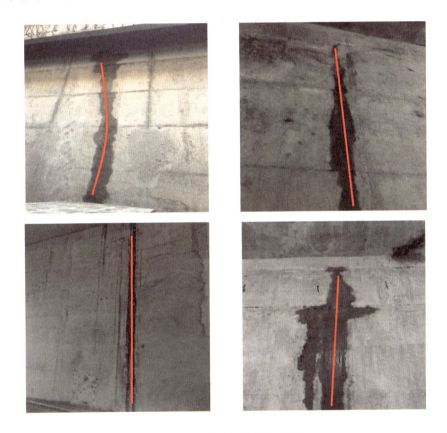

图 2-39 侧墙单独竖向裂缝

从混凝土原材料及配合比角度分析,该线路车站主体结构水泥用量在 252~278 kg/m³,水泥用量较少的车站侧墙裂缝数量少于水泥用量较大的车站。

2. 与顶板交界处裂缝

如图 2-41 和图 2-42 所示,当侧墙与顶板一起浇筑时,在二者相交接位置处,有时会出现垂直于转角分界线,分别向二者板面延伸的裂缝。有的单独出现,有的出现多条。这些裂缝通常都是贯穿的,一般伴随着渗漏现象。

图 2-40 侧墙多条间距规整的竖向裂缝

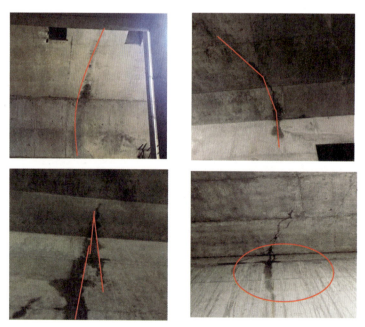

图 2-41 侧墙与顶板转角处单条裂缝

3. 横向冷缝

除纵向裂缝外,侧墙还会出现横向冷缝,冷缝是由于施工不当造成的,出现在新旧混凝土交界面的位置。冷缝通常没有固定的走向,其与混凝土浇筑方向、布料方式和分层厚度有直接关联,可能为斜向,可能为水平,一般情况下是接近水平状态,如图 2-43 所示。当侧墙出现明显冷缝时,容易形成渗水通道,发生渗漏现象。

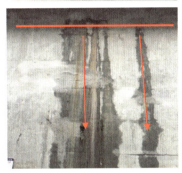

图 2-42　侧墙与顶板相交接处多条裂缝

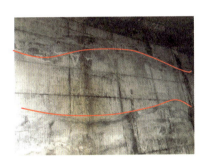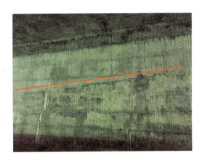

图 2-43　侧墙横向冷缝

4. 端部斜向裂缝

侧墙在端部及靠近施工缝的位置会出现斜向裂缝，斜向裂缝通常为 45°或 75°走向，大部分裂缝长度接近墙面高度，中部较宽，两端逐渐变细，如图 2-44 所示。斜向裂缝一般会引起侧墙渗漏现象。

2.4.2　侧墙混凝土裂缝成因

1. 竖向及与顶板交界处裂缝

对于侧墙混凝土结构，其收缩变形主要发生于硬化阶段，温度收缩占主导，叠加自收缩。相较于底板混凝土，侧墙混凝土与其浇筑的龄期差通常超过 2 个星期甚至在 1 个月以上，因此底板结构早期变形已基本完成，后浇的侧墙结构将受到来自于先浇的底板和吊模段等老混凝土的强大外约束；同时，侧墙结构一面为地连墙，另一面为模板，早期混凝土

图 2-44 侧墙斜向裂缝

温升阶段散热条件较底板不利，相同混凝土配合比、相同结构厚度下的温升通常更高且更为剧烈，温降同样如此，因而早期收缩开裂风险将显著提升，收缩主应力方向一般为水平向，极易在拆模前或拆模后的极短时间内就引发开裂，裂缝走向以竖向为主，间距规整，且大多为贯穿性裂缝并引发渗漏。

图 2-45 是一个夏季施工的长 25m，高 5m，厚度 0.7m 的地下车站侧墙结构混凝土的温度监测结果。由图可见，虽然侧墙的厚度只有 0.7m，但是由于模板的保温作用，侧墙混凝土在 1d 龄期内温度很快到达顶点，温升超过 35℃；之后模板虽然并未拆除（浇筑 6d 时才拆除），侧墙混凝土还是发生了急剧的降温，在不到 4d 的时间内降温幅度高达 30℃，降温速率达到了 8℃/d，远超过大体积混凝土的温控速率要求（不大于 2℃/d）。图 2-46 则是一个同样长度，厚度 1.0m 的地下车站底板混凝土温度监测结果，由图可见，由于底板的上表面暴露在空气中，具有较之侧墙更好的散热条件，因此其最高温升只有 27℃左右，降温速率则不超过 3℃/d。

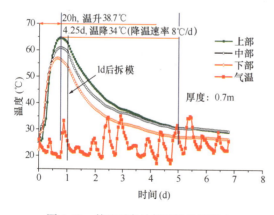
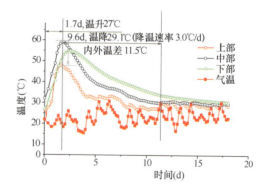

图 2-45 某地下车站侧墙结构混凝土温度监测结果

图 2-46 某地下车站底板结构混凝土温度监测结果

从监测的结果可以看出，侧墙混凝土在拆模以前就经历了急剧的温升和温降过程，其降温速率尤为突出，温降收缩与自收缩叠加的同时，侧墙混凝土所受约束也远远超过底板结构，这是其发生拆模前裂缝的关键，而内外温差的影响则相对较小。这一监测结果值得反思，普通模板的保温能力并不强，但为什么在侧墙部位出现了这么严重的温升、温降？

其关键的原因还是在于混凝土材料自身组成和性能的变化。正如 R. W. Burrows 所总结，一味快速施工的需求导致了水泥在半个世纪以来细度增加了不止 1 倍，如图 2-47 所示。水泥细度增加，早期水化速度明显加快，因此虽然增加了早期强度，却导致早期的放热速率也急剧增加。如图 2-48 所示，当水泥细度从 160m²/kg 增加到 300m²/kg 时，半天的放热比率（占 28d）从 30% 增加到近 70%；1d 的放热比率从 40% 增加到近 75%。这么集中的早期放热速率，再加上模板的部分保温作用，使得侧墙的温度在 1d 左右就升到很高的温度。之后水泥放热速度逐渐减慢，模板的散热作用逐渐占据主导，侧墙又开始进入快速的降温阶段，在降温过程中剧烈的温缩再加上早期水化自收缩的叠加，导致了侧墙在拆模以前就出现了裂缝，这种裂缝通常都是贯穿的，给结构带来很大的危害。城市轨道交通工程中侧墙混凝土厚度一般在 0.6m 以上，温升与温度收缩较为显著。

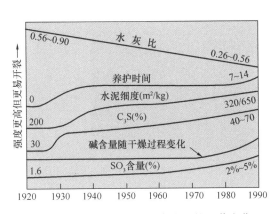

图 2-47　水泥半个世纪以来发生的显著变化

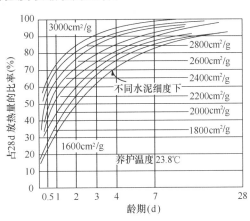

图 2-48　水泥细度对其水化放热曲线的影响

2. 横向冷缝

侧墙冷缝是混凝土在浇筑过程中因突发不可预料因素而导致的混凝土浇筑中断且间隔时间超过混凝土的初凝时间，但小于混凝土的终凝时间而在混凝土结构中形成的一种薄弱面，新旧混凝土在该处收缩不同，从而产生裂缝。冷缝的产生主要来自于施工管理不当，因此混凝土的搅拌、运输、浇筑、振捣和养护等均应严格遵守施工验收规范和操作规程的规定。

3. 端部斜向裂缝

侧墙的温度收缩及自收缩等受到约束，会沿墙体长度方向产生较大的收缩应力。在墙体端部以及施工缝附近，墙体所受约束较小，其主应力方向不一定为墙体长度方向。因此在端部墙体所受主应力方向通常为斜向，引起端部的斜向裂缝。端部斜向裂缝的主要成因与竖向裂缝相同，主要由温度收缩和自收缩引起。

2.5　地下车站中板和顶板现浇混凝土常见裂缝及成因

2.5.1　顶板和中板混凝土常见裂缝形式与特点

1. 板面横向裂缝或板角斜向裂缝

如图 2-49 和图 2-50 所示，当侧墙与顶板分开浇筑时，容易出现平行于车站宽度方向

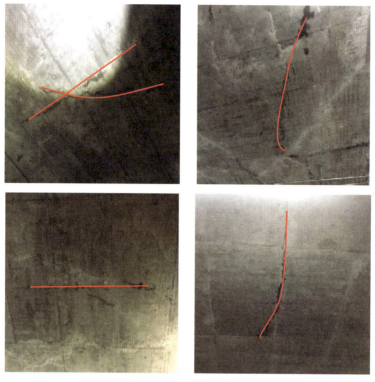

图 2-49 顶板横向裂缝

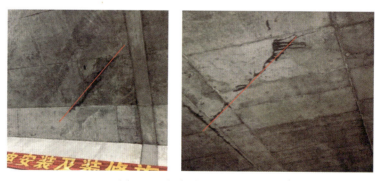

图 2-50 板角位置斜向裂缝

或斜向分布,向顶板中间逐渐延伸的裂缝,裂缝起始于侧墙与顶板交界处,一般不会横穿整个板面,但厚度方向通常贯穿,多有渗漏情况出现。

2. 板面不规则网状裂缝

如图 2-51～图 2-53 所示,顶板、底板或中板表面有时会出现不规则的网状裂缝,长度几十厘米至一米多,裂缝深度通常不超过钢筋保护层,但严重时会贯通。调研结果发现,采用蓄水养护的板式结构表面裂缝数量显著少于洒水养护。

3. 板面"井"字型裂缝

如图 2-54 所示,地铁车站板面有时会出现"井"字型裂缝,裂缝分布沿钢筋走向,横平竖直,规律性较强,且更易在较薄的中板结构中出现,一般是贯穿的,车站回土或降雨后往往会渗漏。

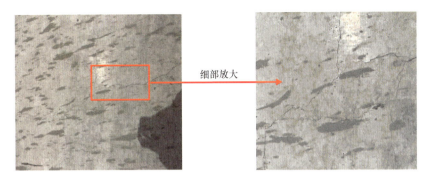

图 2-51 顶板网状裂缝

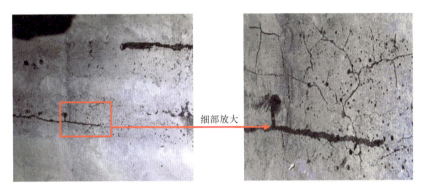

图 2-52 底板网状裂缝

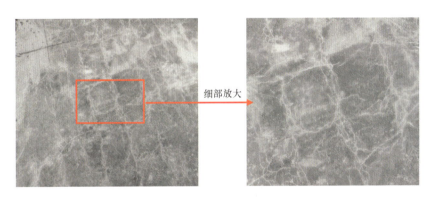

图 2-53 中板网状裂缝

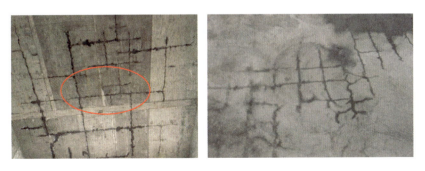

图 2-54 板面"井"字型裂缝

4. 预埋件及预留孔洞位置处裂缝

车站主体预埋件及预留孔洞根据使用功能主要有：地铁系统（通信信号、接触网等），车站风水电，自动扶（电）梯、屏蔽门安装要求，人防、防淹门安装，盾构始发、接收和过站要求。不同功能的预埋件及预留孔洞对应的尺寸形状、设计和施工方法均有不同。如图 2-55～图 2-57 所示，这些部位作为整体板式或墙结构的应力集中区域，对钢筋布置、混凝土浇筑施工等也有一定影响，更加容易发生开裂问题。裂缝多沿着开孔对角线方向或平行于短边方向分布。

图 2-55　检修孔周边裂缝

 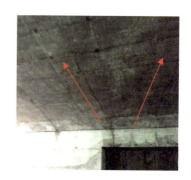

 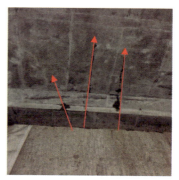

图 2-56　预留孔洞周边裂缝

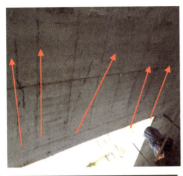 

图 2-57　预留吊装孔周边裂缝

如图 2-58 所示，对于预留吊装孔或出土孔侧面钢筋接驳器位置处，也容易发生混凝土开裂渗漏，有时伴有混凝土孔洞等其他质量缺陷。这个部位需要钢筋施工质量、混凝土施工质量、防水结构施工 3 个环节均规范施工，任何一个环节施工质量不过硬，如钢筋接驳器锈蚀，拔出后重新安装造成混凝土缺陷，混凝土施工质量差产生孔洞或是防水结构施工不规范，均有可能造成该位置的开裂渗漏。

图 2-58　预留吊装孔侧面裂缝等病害

2.5.2　中板和顶板混凝土裂缝成因

中板结构混凝土上下表面均可散热，相较于顶板混凝土厚度较薄，且较易养护，混凝土无明显水化温升，后期干缩占主导。顶板结构混凝土相对较厚，外约束较小，内约束起主要作用，早龄期内外温差引起的温度收缩占主导。顶板结构混凝土的早期收缩除自收缩和温度收缩外,还包括塑性收缩,而其外部约束主要为长度方向上两侧的顶板混凝土,以及宽度方向上两侧的侧墙混凝土,这不同于侧墙结构的主要约束为筏板混凝土。

针对实际工程中常见的4种中板、顶板主要裂缝形式,具体分述如下:

1. 板面横向或板角斜向裂缝

板式结构浇筑在墙体上,其收缩变形受到先浇筑墙体的约束,通常主应力方向沿着车站长度方向,因此容易出现沿板面横向分布的收缩裂缝;当裂缝出现位置位于施工缝附近时,因接近自由端,其走向容易发生倾斜,即成为"外八字"状的斜向裂缝,如图2-59所示。

2. 板面不规则网状裂缝

该裂缝主要由顶板混凝土早期塑性收缩引起。混凝土处于塑性状态时,由于水分蒸发过快,泌水率小于表面水蒸发率,引起表面水分蒸发过快,表面变干之后,进一步水分蒸发将产生弯液面,引起孔隙负压并产生收缩。塑性收缩开裂在城市轨道交通工程中多发生于大暴露面板式结构中,如底板、中板和顶板,裂缝形式以乱向分布的浅表型为主,处于强光照、低湿度、大风等环境中发生几率显著上升。

3. 板面"井"字型裂缝

当混凝土拌合物坍落度过大乃至离析时,比重较小的水泥浆体上浮,比重较大的砂石骨料下沉,下沉的砂石骨料受到钢筋约束,容易在此处堆积引起裂缝,裂缝走向通常沿着钢筋且是贯穿的。

4. 预埋件及预留孔洞位置处横向或斜向裂缝

预留孔洞处顶板混凝土收缩变形的产生原因与施工缝处类似,但孔洞处相当于自由端,对混凝土无约束,即约束和由此产生的拉应力主要位于长度方向(垂直于施工缝),产生的裂缝则主要沿宽度方向(横向)分布,如图2-60所示。

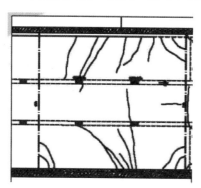 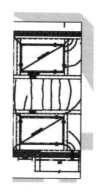

图2-59 施工缝处45°斜裂缝　　图2-60 预留孔洞间横向裂缝

第3章 城市轨道交通工程地下车站现浇混凝土裂缝控制理论与抗裂性设计方法

与试验室单一因素、标准条件不同，实际工程结构混凝土的变形受到环境温、湿度变化和内、外约束的影响。一方面，混凝土的体积变形是其内部水化及温、湿度状态变化的反映，其本质是湿、热、化学变化。考虑湿、热、化学现象中两者或三者的交互作用，进而建立相关的数学模型分析这种交互作用已成为当前研究的趋势。另一方面，约束条件下的收缩变形产生拉应力，当拉应力超过混凝土的抗拉强度时，便会产生开裂。对于硬化早期各项性能快速变化的现代混凝土，如何实时准确表征与开裂相关的弹性模量、抗拉强度、徐变松弛等也是当前研究的难点和热点。

本章系统阐述了硬化阶段混凝土收缩开裂过程中的湿、热、化学交互作用，采用水化度作为内部状态表征参数，考虑现代混凝土胶凝体系的复杂性，提出了复杂胶凝体系下水化活化能计算方法，解决了室内标准条件与现场复杂环境无法对应的问题，建立了基于"水化－温度－湿度－约束"耦合作用机制的现代混凝土收缩开裂评估模型，实现了结构混凝土早期收缩开裂风险量化预测，给出了混凝土早期收缩开裂风险的具体计算方法以及抗裂性设计基本步骤，主要内容在附录A中给出；并介绍了基于多场耦合的混凝土结构早期开裂风险评估软件及其在轨道交通工程中的使用方法。在此基础上结合城市轨道交通工程地下现浇结构混凝土的具体工况条件，计算了地下车站不同部位的开裂风险，并与实际监测结果进行了对比验证；最终，基于抗裂性设计计算方法定量分析了材料、设计及施工参数对混凝土抗裂性能的影响，提出了结构混凝土开裂风险控制及抗裂性能提升的基本措施。

3.1 混凝土多场耦合收缩开裂机制及其评估模型

3.1.1 混凝土水化－温度－湿度－约束多场耦合作用机制

1. 水化、温度、湿度、约束耦合现象

混凝土早期开裂主要是硬化之后的化学收缩、自收缩、干燥收缩和温度收缩综合作用的结果，而这些体积变形则来源于混凝土硬化过程中的水化反应和温湿度变化。众多的研究表明，混凝土硬化过程中，水化、温度、湿度三者之间存在着复杂的交互作用。胶凝材料水化过程中的复杂物理化学反应伴随着混凝土的自身放热（温度变化）、自干燥和干燥过程（湿度变化），与此同时，上述效应和环境作用（环境与混凝土间湿热交换作用）一起也显著影响水化过程。正是因为多场耦合作用的存在，以往基于单一因素的大部分研究结果都与实际情况存在较大差异。

另一方面，与试验室中的混凝土试块不同，实际混凝土结构不是自由的，而是处于约束状态下，其收缩变形受到周围结构的约束从而产生收缩应力。结合上述分析，可认为混凝土早期收缩开裂是受到水化、温度、湿度交互作用和约束影响下的结果，将这一影响称为"水化－温度－湿度－约束"耦合作用，具体示意如图3-1所示。因此，近年来，许多学者将混凝土看作是多相的多孔材料，开展了多场耦合作用下混凝土早期收缩变形的理论模型、数值计算等相关研究。其中做出具有代表性工作的有 Cervera 等、Gawin 等以及 Luzio 等。

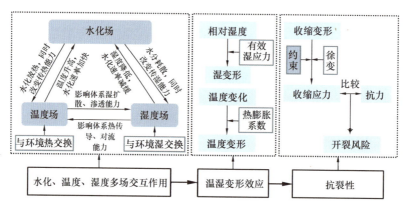

图 3-1　混凝土水化－温度－湿度－约束多场耦合示意图

具体到城市轨道交通地下主体结构中，不论何种部位结构混凝土，其变形开裂主要是叠加不同类型的收缩（温度收缩，自收缩，干燥收缩）共同受约束作用的结果。以其中数量最多、危害最大、治理难度最高的侧墙结构为例，现代混凝土胶凝材料水化放热导致的温度裂缝占主导作用，同时存在自收缩开裂问题，而早期干燥收缩引起的变形开裂相较于前二者居次要地位；侧墙结构主要来自底板、顶板、梁、柱以及外侧土层等的约束，开裂风险最大，强约束条件下温降收缩与自收缩叠加是开裂的关键原因，主体结构侧墙的变形开裂实际上也是多因素耦合作用的问题，其变形开裂过程一直处于水化、温度、湿度、约束耦合作用的环境中。

基于以上分析可知，研究混凝土多场耦合作用机制，基于理论研究和数学方法建立起完整的"水化－温度－湿度－约束"多场耦合模型，有助于更准确地预测早期收缩和开裂情况，对实际工程结构混凝土具有重要的指导意义。

2. 水化－温度－湿度－约束多场耦合机制

混凝土中水化、湿、热之间的相关性非常大，"水化－温度－湿度"间的耦合属于强耦合问题，而"约束"和水化、湿、热三者之间的相关性较弱，属于弱耦合问题。

研究多场耦合的机制，用于描述混凝土温度、湿度和水化状态的变量的选取至关重要。所选变量不仅需要可以唯一的表征物质的热力学状态，还需易于测量以及便于使用的数学模型进行表达。温度作为混凝土热学状态的研究变量一般是统一的，但湿度的状态变量选取比较多样化。以往的研究中采用的湿度状态变量主要有相对湿度、单位含水量、孔隙水饱和度、毛细孔压力。在本模型中，鉴于测量的便捷性，选择相对湿度作为描述湿状态的主要变量，而得益于孔隙负压监测仪器的开发，可以实现自浇筑成型开始的湿度的全过程测量。基于 Kelvin 公式，也可以实现相对湿度和毛细管压力的转化。

对于水化状态的描述，通常采用等效龄期成熟度来描述温度对水化进程的影响，但Gavin指出这一概念没有考虑到温度（和/或相对湿度）对水化速度的影响会受到水化程度的约束作用。本模型直接水化度作为内部状态变量，主要原因如下：①混凝土早期性能的发展均源于水化，水化程度是描述"水化－温度－湿度"耦合作用的最本质的状态量；②不同混凝土结构，由于环境、尺寸及施工条件的不同，从时间尺度分析，水化历程、温湿度历程、力学性能发展均不同；采用成熟度分析，不能有效描述早期非线性模型中水化、温度、含水量（或相对湿度）之间复杂的依赖性；采用水化程度分析，则水化程度与性能之间的关系基本固定，将外界环境的影响作为边界条件，从而可以建立标准条件下混凝土试件性能和现场复杂环境下结构混凝土性能之间的联系。

基于以上分析，提出水化－温度－湿度－约束多场耦合机制如下：水泥基材料"水化－温度－湿度"交互作用及结构形式等因素对其性能的影响的本质在于"基于水化程度的性能演变"，而环境、结构形式、养护方式的影响体现为初始和边界条件的变化，从而实现实际工程中复杂服役环境、不同结构形式及施工工艺下混凝土收缩开裂性能的量化研究。

3.1.2 基于多场耦合机制的混凝土收缩开裂评估模型

1. 水化－温度－湿度耦合模型控制方程

总结以往的混凝土多场耦合结果，对其加以进一步的研究和修正，得到本指南所使用的早龄期混凝土水化－热－湿多场耦合控制方程如下：

（1）温度/湿度耦合条件下水化历程控制方程

混凝土水化速率表达为与温度、相对湿度和水化度相关的影响因子乘积形式，具体计算公式如式（3-1）～式（3-4）所示。

$$\dot{\alpha}_c = A_c(\alpha_c)\beta_h(h)\exp(-E_{a_c}/RT) \tag{3-1}$$

$$A_c(\alpha_c) = A_{c1}\left(\frac{A_{c2}}{\alpha_c^\infty} + \alpha_c\right)(\alpha_c^\infty - \alpha_c)e^{-\eta_c\alpha_c/\alpha_c^\infty} \tag{3-2}$$

$$\alpha^\infty = \frac{1.031 \cdot w/cm}{0.194 + w/cm} + 0.50 \cdot P_{Fa} + 0.30 \cdot P_{Slag} \leqslant 1.0 \tag{3-3}$$

$$\beta_h(h) = [1 + (a - ah)^b]^{-1} \tag{3-4}$$

式中 $\dot{\alpha}_c$——水化反应速率；

$A_c(\alpha_c)$——归一化化学亲和力；

h——相对湿度；

$\beta_h(h)$——湿度对水化的影响函数；

E_{a_c}——水化活化能；

R——普适气体常数；

T——温度；

α_∞——最大水化程度；

η_c，A_{c1} 和 A_{c2}——材料常数，可通过水化放热试验获得；

w/cm——水胶比；

P_{Fa} 和 P_{Slag}——粉煤灰和矿粉的质量百分率；

a 和 b——材料参数，可通过分析试验数据标定，但一般取常数 $a=5.5$，$b=4$。

(2) 热传输控制方程

混凝土的热量传递包括了导热和对流两种形式。将混凝土和其所处环境看做一个密闭体系，根据能量守恒定律，混凝土的热传导方程可表达为式（3-5）：

$$\rho c_t \frac{\partial T}{\partial T} + \nabla \cdot (-\lambda \nabla T) = Q = \dot{\alpha}_c c \widetilde{Q}_c^\infty \tag{3-5}$$

式中 ρ——混凝土质量密度；

λ——导热系数；

c_t——混凝土等压热容（比热）；

c——水泥含量；

$\widetilde{Q}_c^\infty$——单位质量水泥水化反应潜热。

(3) 湿度传输控制方程

硬化中的混凝土的水以多种形式存在，包括毛细水、水蒸气、吸附水等，如果具体考虑每一种水分形式的传输机制，难以建立数学模型。由于混凝土早期相对湿度一般在80%以上，孔隙几乎处于饱和状态。因此等温条件下混凝土整体水分传输可认为满足FICK定律和质量守恒方程。那么湿度传输方程可表达为式（3-6）：

$$\frac{\partial w(\alpha_c, h)}{\partial t} + \nabla \cdot (-D_h \nabla h) = 0 \tag{3-6}$$

式中 $w(\alpha_c, h)$——蒸发水和非蒸发水的总和；

D——湿度扩散系数。

2. 耦合条件下收缩变形计算方法

随着水泥水化的进行，硬化水泥石中形成了大量的微孔，自由水逐渐减少，混凝土内部的相对湿度逐渐降低。毛细孔中的水由饱和变为不饱和状态，毛细孔中产生弯月面，毛细孔曲率半径减小，硬化水泥石受负压作用产生自干燥收缩。根据第1条温湿耦合下的控制方程，可以计算出水化-温度-湿度耦合条件下混凝土内部的水化历程以及温度场和湿度场。基于湿度场计算结果，可以计算得到收缩变形。

混凝土的温度变形以下式表示：

$$d\varepsilon_T = \beta_T dT \tag{3-7}$$

式中 β_T——热膨胀系数；

dT——温度增量。

3. 混凝土早期力学性能

混凝土早期力学性能可以通过式（3-8）进行计算：

$$f_M(\alpha) = f_M^\infty \left(\frac{\alpha - \alpha_0}{1 - \alpha_0} \right)^a \tag{3-8}$$

式中 $f_M(\alpha)$——不同水化程度 α 下的力学性能（弹性模量、抗拉强度）；

α_0——初始水化程度，无试验测试数据时，C30~C40可取0.15~0.20，C40~C50可取0.10~0.15，C50~C60可取0.05~0.10；

a——指数常数，无试验测试值时，计算弹性模量时可取0.5，计算抗拉强度时可取1.0；

f_M^∞——达到最大水化程度时的弹性模量或抗拉强度，无试验数据时，f_M^∞可按下式进行计算：

$$\begin{cases} f_{\text{ctm}} = 0.3\,(f_{\text{ck}})^{2/3} & f_{\text{ck}} \leqslant 50\text{MPa} \\ f_{\text{ctm}} = 2.12\ln(1+0.1(f_{\text{ck}}+\Delta f)) & f_{\text{ck}} > 50\text{MPa} \end{cases} \quad (3\text{-}9)$$

$$E_{\text{cm}} = 4734 f_{\text{cm}}^{0.5} \quad (3\text{-}10)$$

$$f_{\text{cm}} = f_{\text{ck}} + \Delta f \quad (3\text{-}11)$$

式中　f_{ctm}——抗拉强度平均值（MPa）；

　　　E_{cm}——弹性模量平均值（MPa）；

　　　f_{ck}——抗压强度设计值（MPa）；

　　　f_{cm}——抗压强度平均值（MPa）。

需要注意的是，现代混凝土由于组成复杂以及大掺量矿物掺合料的使用，实际抗拉强度测试值远比由式（3-9）计算出来的结果小。据试验结果统计，在大掺量矿物掺合料情况下，降幅能达到30%~50%，这在计算时需要考虑。

4. 混凝土徐变

徐变计算主要参照"微预应力－固结"理论，总的徐变速率张量，$\dot{\varepsilon}_c$ 被分解成两个部分：黏弹性变形速率 $\dot{\varepsilon}_v$ 及黏滞性应变速率 $\dot{\varepsilon}_f$，如式（3-12）~式（3-16）所示。

$$\dot{\varepsilon}_c = \dot{\varepsilon}_v + \dot{\varepsilon}_f \quad (3\text{-}12)$$

$$\dot{\varepsilon}^v(t) = \frac{\dot{\gamma}(t)}{v(t)} \quad (3\text{-}13)$$

$$\gamma(t) = \int_0^t \Phi(t-\tau)\dot{\sigma}(\tau)\mathrm{d}\tau \quad (3\text{-}14)$$

式中　$\Phi(t-\tau) = q_2\ln[1+(\zeta/\lambda_0)^n]$；$\zeta = (t-\tau)/\lambda_0$；$v(t)^{-1} = (\lambda_0/t)^m + \alpha$

$$\dot{\varepsilon}^f(t) = \sigma(t)/\eta \quad (3\text{-}15)$$

$$\frac{1}{\eta(s)} = cpS^{p-1} \quad (3\text{-}16)$$

式中　S——微观预应力，满足 $\dot{S} + c_0 S^p = -c_1 \dot{h}/h$。

5. 开裂风险系数计算方法

定义结构混凝土开裂风险计算方法如式（3-17）所示：

$$\eta = \frac{\sigma(t)}{f_t(t)} \quad (3\text{-}17)$$

式中　$\sigma(t)$——t 时刻的混凝土最大拉应力；

　　　$f_t(t)$——t 时刻的混凝土抗拉强度。

混凝土开裂风险评判准则：一般认为 $\eta \geqslant 1.0$ 时混凝土一定会开裂；考虑材料性能波动，认为 $0.7 \leqslant \eta < 1.0$ 时混凝土存在较大的开裂风险；$\eta < 0.7$ 时混凝土基本不会开裂，即保证率不低于95%。这些开裂风险控制阈值的选取参考了国内外的相关规范提出，也是作者研究团队长期以来研究成果的总结。

6. 开裂风险系数阈值选取

选择合适的指标评价混凝土的抗裂性对于混凝土的裂缝控制至关重要。国内外的一些规范中对混凝土抗裂性评价指标有不同的表述，我国的《混凝土重力坝设计规范》SL 319—2005 中采用安全系数（混凝土极限拉伸值×弹性模量/各种温差所产生的温度应力之和）作为温度裂缝控制依据，安全系数控制在 1.5～2.0；《水运工程大体积混凝土温度裂缝控制技术规程》JTS 202—1—2010 以混凝土温控抗裂安全系数（劈裂抗拉强度和拉应力比值）作为控制裂缝的依据，控制安全系数≥1.4；《大体积混凝土施工标准》GB 50496—2018 采用防裂安全系数（混凝土抗拉强度标准值与约束拉应力的比值）作为温度裂缝控制依据，防裂安全系数≥1.15。日本规范要求混凝土劈裂抗拉强度与计算温度应力比不得小于 1.25～1.5。欧洲一般采用开裂风险系数的概念，即混凝土计算拉应力与对应龄期劈裂抗拉强度的比值。厄勒海峡隧道和丹麦大带桥要求计算温度应力与劈裂抗拉强度之比不大于 0.7，现场监测结果表明混凝土没有出现温度裂缝，温控效果良好。

从上述分析可以看出，已有的工程或规范在控制裂缝过程中基本采取劈裂抗拉强度作为计算依据，而需要严格控制裂缝时，即不开裂保证率达到 95% 以上，一般要求劈裂抗拉强度与计算温度应力比值大于 1.5。研究表明，混凝土的轴心抗拉强度一般小于劈裂抗拉强度，二者的比值一般在 0.8～1.0 之间，此外，我国工程中一般采取立方体试块测试劈裂抗拉强度，进一步增加了两种抗拉强度之间关系的不确定性。基于上述考虑，本模型直接以抗拉强度进行计算，并采用开裂风险系数的概念评价混凝土产生收缩裂缝的可能性。在文献调研的基础上，依据大量工程计算和监测结果对比的统计结果，提出 0.70 作为开裂风险系数控制阈值。工程实践统计结果表明，采取 0.70 作为控制阈值，可以较好地预测实际工程开裂情况。以某地下结构墙体混凝土和某水工大体积混凝土为例，开裂风险预测结果和实测开裂情况如图 3-2 和图 3-3 所示。图 3-2 中左侧图为某地下结构 0.7m 厚墙体开裂风险预测结果，6d 左右开裂风险系数达到 0.70，右侧图为该工程混凝土实测变形监测结果，由变形突变点可知混凝土在 6～7d 间发生开裂；图 3-3 中左侧图为某工程大体积混凝土开裂风险预测结果，23d 左右开裂风险系数达到 0.7，右侧图为该工程混凝土实测变形结果，22.5d 出现变形突变点，表明发生开裂。

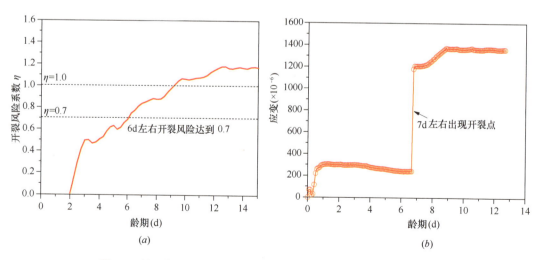

图 3-2 某工程 0.7m 厚墙体开裂风险预测结果和实测开裂结果对比
(a) 计算结果；(b) 实际监测结果

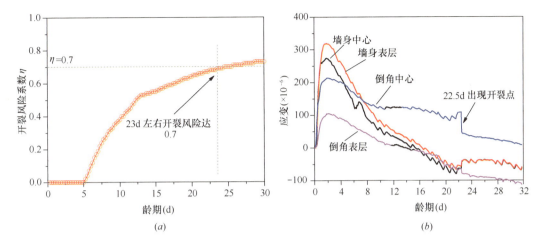

图 3-3 某工程 2.3～2.7m 厚大体积混凝土开裂风险预测结果和实际开裂结果对比
(a) 计算结果；(b) 实际监测结果

3.2 混凝土抗裂性设计方法

3.2.1 基本流程及主要步骤

指南 3.1 节中的早龄期温度－湿度－水化－约束多场耦合收缩开裂模型给出了早龄期收缩开裂预测的基本理论和计算公式。但没有阐述针对具体工程的开裂风险求解步骤和相关计算参数的取值范围，也尚未提出如何利用收缩开裂评估结果进行抗裂措施设计。因此，本节针对城市轨道交通工程地下车站主体结构，介绍抗裂性设计的具体方法。

针对城市轨道交通地下车站实际结构混凝土的抗裂性设计基本流程如图 3-4 所示，基于"水化－温度－湿度－约束"多场耦合机制的结构混凝土抗裂性评估理论与方法，通过对混凝土早期水化、热、力学及变形性能的测试分析，获得关键材料参数并代入评估模型，结合具体工程结构形式及施工季节，进行混凝土水化场、温度场、应力场的计算，再基于"应力准则"计算结构混凝土开裂风险；当开裂风险＞0.7 时，进一步考虑采用优化混凝土配合比（调整绝热温升）、优化施工工艺（调整

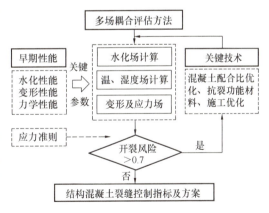

图 3-4 城市轨道交通工程地下现浇
混凝土抗裂性设计基本流程

入模温度和浇筑长度）、掺加抗裂功能材料（调整自收缩）等技术措施，直至开裂风险＜0.7；在上述流程基础上，基于技术先进、经济合理、安全适用的原则，最终提出针对实际工程的结构混凝土裂缝控制成套技术方案。

对于混凝土早期开裂评估计算，由于多场耦合模型中温、湿度传输控制方程均为非线

性的偏微分方程，难以通过解析方法求解，必须采用数值计算方法进行求解。有限元具有精度高、适用性强的特点，是目前土木工程领域内最常用的数值模拟方法。基于有限元法的商业软件较多，如 Ansys、Abaqus、COMSOL Multiphysics 等。这些商业软件应用范围广泛，研究者可以利用其预置功能进行问题的分析求解，也可采用自定义的方式针对特殊研究对象进行算法的二次开发，非常适合多场耦合模型控制方程这种具有复杂多参数问题的求解。因此本指南中多场耦合控制方程采用有限元方法进行求解。

混凝土结构开裂风险计算的主要过程为先求解温、湿度场，再将温、湿度变化结果转化为变形，作为荷载施加于结构上，考虑徐变影响，结合结构具体约束形式进行应力计算，最后将各时刻的应力结果除以该时刻的抗拉强度即得到开裂风险结果。计算过程温度场的关键参数包括混凝土绝热温升、导热系数和比热，以及散热系数和环境温度。湿度计算关键参数包括混凝土湿度扩散系数、散湿系数和环境湿度。应力计算则需考虑混凝土早期力学性能（弹性模量、抗拉强度、徐变）、自收缩以及约束程度等关键参数。

轨道交通工程地下车站的开裂风险计算及抗裂性设计的基本步骤简述如下：

（1）确定地下车站所用混凝土的绝热温升曲线，可采用试验结果或使用推荐公式计算。

（2）地下车站结构温度场计算。包括建立底板、侧墙、顶板等结构的有限元模型，确定混凝土热学参数、初始浇筑温度、散热边界条件，采用有限元法求解各浇筑结构的温度场分布和历程。

（3）根据水化度原理确定地下车站混凝土早龄期力学性能参数曲线，包括抗拉强度和弹性模量。

（4）收缩变形计算。根据混凝土热膨胀系数和经验公式计算混凝土温度变形和收缩变形（包括自收缩和干燥收缩），累加得到混凝土总变形。

（5）计算混凝土徐变度或徐变系数。

（6）计算收缩应力。利用混凝土温度和收缩变形计算结果、约束条件以及早龄期弹性模量发展曲线和徐变函数，通过有限元法计算结构产生的收缩应力。

（7）计算开裂风险系数并不断优化材料与工艺措施，进行混凝土抗裂性设计。

具体的混凝土开裂风险计算与抗裂性设计过程以及相关参数取值方法可参考附录A。

3.2.2 基于多场耦合模型的数值模拟元软件

为便于对"水化－温度－湿度－约束"多场耦合模型的数值分析，作者团队提出基于 Visual Basic 调用 Ansys 二次开发程序的多场耦合收缩开裂的数值模拟方法，并根据不同工程结构类型及特点，开发了系列软件模块。

1. 软件概述

采用 Visual Basic 语言及 APDL 参数化设计语言开发的基于多场耦合作用的结构混凝土早期开裂风险评估分析软件 SCE-V1.0，主要用于计算和分析结构混凝土在"水化－温度－湿度－约束"多场耦合作用下的早龄期温度、应力和开裂风险随龄期变化。软件主程序包含了前、后处理的所有功能。前处理功能用于根据用户输入的数据建立有限元分析模型。后处理功能则用于将计算结果用图形的形式显示出来。使用时，用户只需根据界面提示，输入尺寸、材料、施工养护等相关参数信息，就可获得温度、应力和开裂风险系数随龄期的发展变化，结果直观，易于理解，用户无需具备有限元专业知识。

根据结构特点，软件设置了多种计算模块，包括城市轨道交通侧墙结构混凝土早期开裂风险评估模块（简称轨道交通侧墙）、受围岩约束衬砌混凝土早期开裂风险评估模块（简称围岩衬砌结构）、超长结构混凝土早龄期收缩开裂风险评估模块（简称超长结构）等，如图3-5所示。在轨道交通工程抗裂性设计中主要使用轨道交通侧墙模块，建模采用的侧墙结构剖面示意图如图3-6所示。复合墙体系中内衬墙与地下连续墙之间铺设一层防水卷材，由于防水卷材为柔性结构，因此假设施工期复合墙体系中地下连续墙和内衬墙仅存在热量的交换与传递，而内衬墙长度方向上并不受地下连续墙的约束作用，仅受到底板基础的约束。

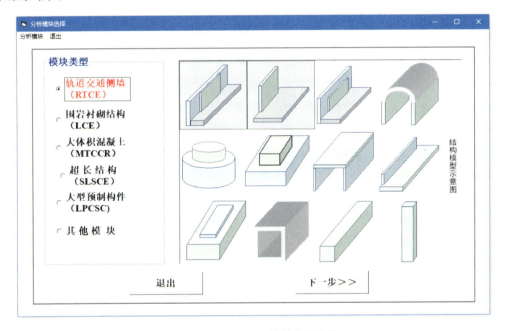

图 3-5　SCE-V1.0 软件主要模块

2. 软件模块主要使用步骤

本节针对轨道交通工程侧墙早期开裂风险的计算，简要介绍 SCE-V1.0 软件城市轨道交通侧墙模块的使用步骤：

（1）安装 Ansys 软件，安装在默认目录 C:\PROGRAM FILES 目录下。将软件包"SCE-V1.0"放在任意磁盘根目录下，并解压至 SCE-V1.0 文件夹下。

（2）打开 SCE-V1.0.exe 程序文件，选择"轨道交通侧墙"模块，进入"结构类型选择"界面，如图3-7所示，选择所要计算的具体结构部位——复合墙。

（3）进入模型尺寸输入界面，如图3-8所示，

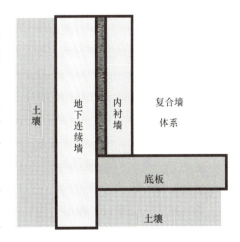

图 3-6　城市轨道交通地下现浇侧墙结构形式剖面示意图

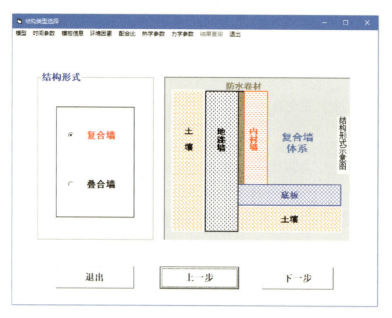

图 3-7 复合墙的结构形式选择

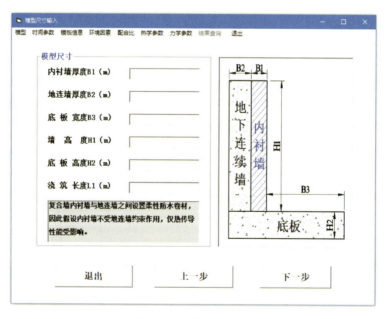

图 3-8 尺寸输入界面

输入尺寸参数包括底板宽度、底板高度、地连墙厚度、内衬墙厚度、墙高度、浇筑长度。

(4) 进入时间参数输入界面，如图 3-9 所示，时间参数包括计算总时间、计算步长、拆模时间、保温时间。

(5) 进入模板信息输入界面，如图 3-10 所示，模板信息包括模板材料、模板厚度、有无保温材料、保温材料厚度。

(6) 进入环境参数输入界面，如图 3-11 所示，环境信息包括当月平均气温、入模温度、风速等，当有气温实测数据时，可直接导入实时数据。

图 3-9　时间参数输入界面　　图 3-10　模板信息输入界面

图 3-11　环境参数输入界面

（7）进入内衬墙混凝土配合比参数输入界面，如图 3-12 所示，选择混凝土强度等级，并输入具体配合比参数。

（8）进入侧墙混凝土热学参数输入界面，如图 3-13 所示，参数包括混凝土重力密度、比热容、导热系数、拆模前散热系数、拆模后保温时的散热系数、不保温时的散热系数以及混凝土绝热温升。常量参数可采用软件内置的默认值，也可根据实际资料输入；绝热温升当有试验数据时，可直接导入试验数据。

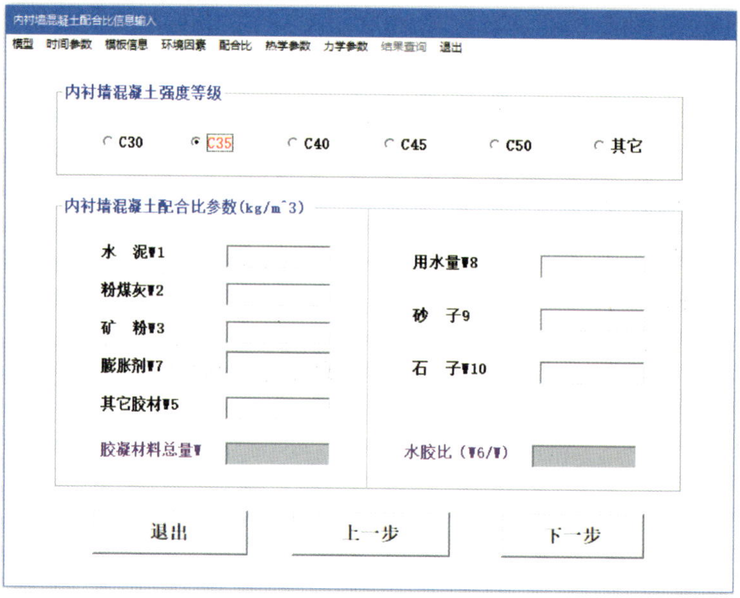

图 3-12　配合比参数输入界面

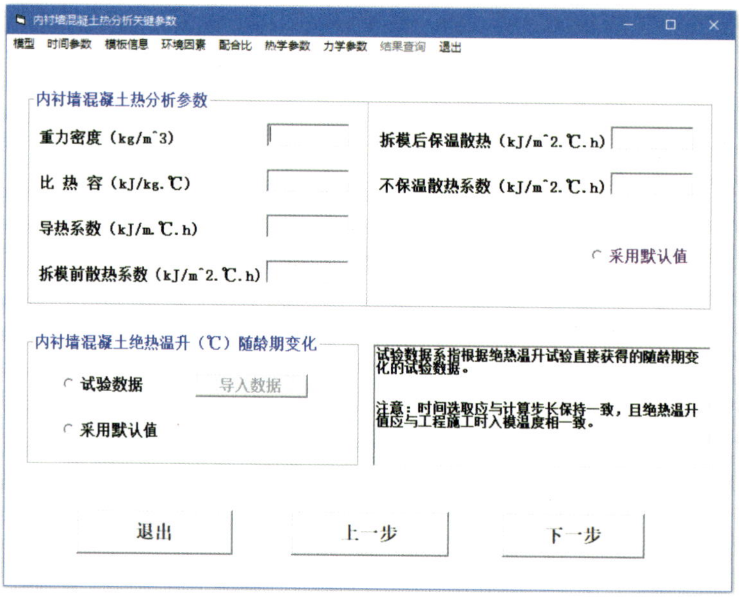

图 3-13　热学参数输入界面

（9）进入内衬墙结构分析参数输入界面，如图 3-14 所示，包括抗拉强度、弹性模量、泊松比、收缩变形等。当有不同龄期下力学性能和收缩变形的试验数据时，可直接导入试验数据或输入 28d 测试值，当无试验数据时，采用软件内部针对不同强度等级混凝土设置的 28d 力学性能和收缩变形默认值，软件计算过程中再根据 3.1.2 节内容获得不同水化度或不同时刻的力学性能和收缩变形数据。

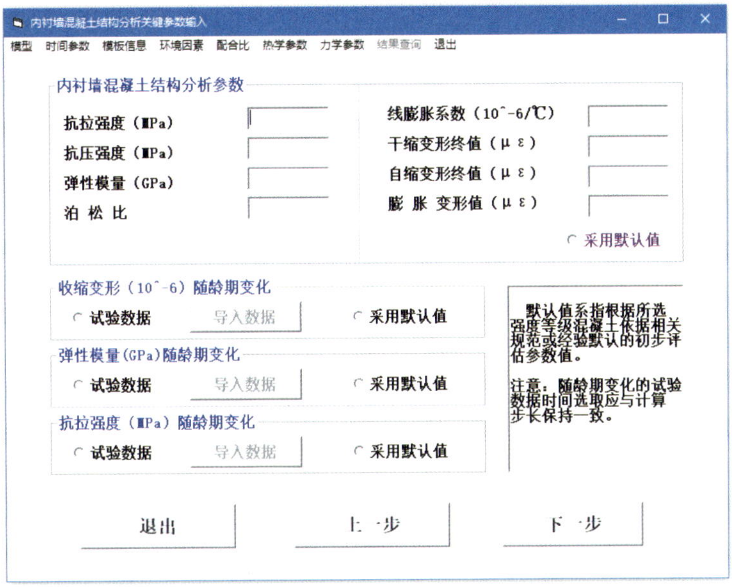

图 3-14 结构分析参数输入界面（内衬墙）

（10）输入底板和地下连续墙的热分析参数和结构分析参数，如图 3-15 和图 3-16 所示，包括混凝土强度等级、导热系数、比热容、抗拉强度、弹性模量、泊松比、线膨胀系数等。

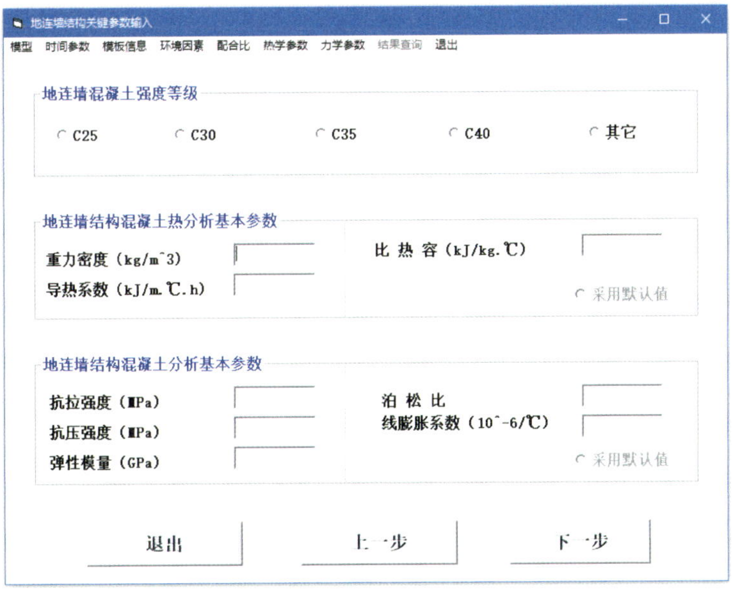

图 3-15 地下连续墙相关参数输入界面

（11）确定参数输入全部完成后，进入计算界面，点击"确定"按钮后，软件自动调用计算主程序模块进行计算，计算完成并确认后点击查看结果即可进入相应后处理界面。

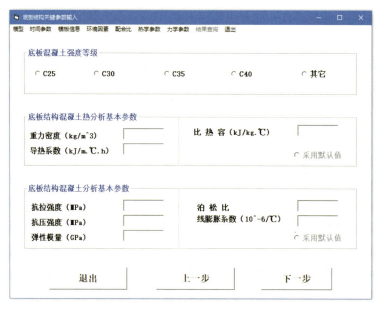

图 3-16 底板相关参数输入界面

（12）程序软件部分后处理界面如图 3-17 所示，选择需要查询结构的内容及部位，右侧图形框中将显示相应部位相应查询内容的结果随龄期变化的曲线图；鼠标右击曲线图，可查看当前查询内容的结果数据，以此可得到相应部位的温度、应力和开裂风险随龄期变化的曲线图和原始数据。

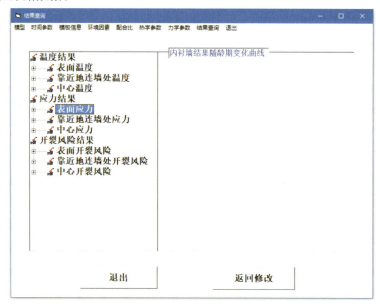

图 3-17 后处理界面

3.2.3 地下车站主体结构不同部位混凝土收缩开裂风险计算分析

采用混凝土开裂风险计算与抗裂性设计方法和结构混凝土早期开裂风险评估分析软件

SCE-V1.0，以常州地铁 1 号线新桥站为例，对城市轨道交通工程地下车站主体结构的开裂风险进行量化计算。工程实际采用的 C35P8 混凝土配合比见表 3-1，基于该配合比，采用混凝土绝热温升测试仪、毛细管负压测试技术、双圆环法、温度应力试验机及早龄期非接触收缩测试系统进行了混凝土早期热、力学及变形性能的测试，测试结果如图 3-18 所示，为地下车站主体结构混凝土开裂风险的计算评估提供基本参数。

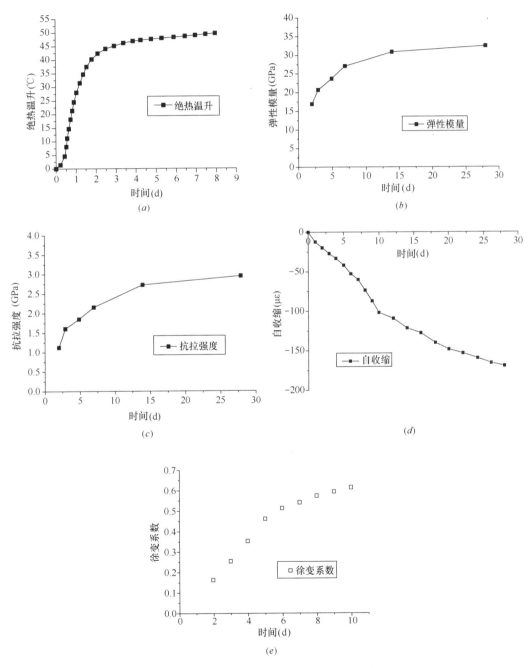

图 3-18 结构混凝土早期热、力学及变形性能
(a) 绝热温升；(b) 弹性模量；(c) 抗拉强度；(d) 自收缩；(e) 徐变系数

常州地铁 1 号线新桥站 C35P8 混凝土配合比（kg/m³）　　　　表 3-1

原材料	水泥	粉煤灰	矿粉	砂	石子	水	减水剂
用量	250	70	90	744	1032	171	6.6

计算过程中所用到的其他参数见表 3-2。

其他计算参数　　　　表 3-2

名称	取值
混凝土密度，ρ	2365kg/m³
侧墙模板对流散热系数	20kJ/(m²·K·h)
混凝土比热，C_t	1kJ/(kg·K)
导热系数，λ	8.6kJ/(m·K·h)
混凝土表面对流放热系数	82kJ/(m²·K·h)
垫层比热	1kJ/(kg·K)
地基初温	25℃

基于对上述室内试验结果的拟合分析，结合城市轨道交通工程车站主体结构形式，模拟计算了夏季浇筑的车站底板（厚度 1.0m）、侧墙（厚度 0.7m）和顶板（厚度 0.9m）结构混凝土的温度、应力、开裂风险系数随时间变化关系，底板、侧墙和顶板的分段浇筑长度均为 35m。模拟结果如下：

1. 底板结构

基于混凝土"水化－温度－湿度"耦合模型，计算得到底板混凝土中心温度发展历程如图 3-19（a）所示。在温度场计算基础上，结合该过程中的水化、自收缩及约束条件，采用基于"应力准则"的开裂风险计算方法，得到的底板混凝土开裂风险计算结果如图 3-19（b）所示。

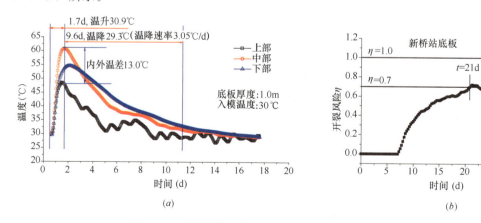

图 3-19　底板结构混凝土温度历程及开裂风险计算结果
（a）不同位置处混凝土温度历程；（b）开裂风险

从图 3-19（a）可以看出，1.0m 厚的底板结构混凝土中部温升最高，上部温升最低。中部在 1.7d 达到最高温度 60.9℃，最大温升为 30.9℃，在降温阶段的温降速率为 3.05℃/d；上部在 1.5d 达到最高温度 48.5℃；下部在 2.1d 时刻达到最高温度 54.6℃；

中部和上部最大温差达 13.0℃。从图 3-19（b）可以看出，夏季浇筑的底板混凝土开裂风险在 21d 龄期达到 0.7 左右，位于临界点，材料、施工因素的波动可能使风险上升，而带来开裂隐患。

2. 顶板结构

顶板结构混凝土开裂风险计算结果如图 3-20 所示，顶板开裂风险大于底板，超过 0.7 但小于 1.0，当材料性能、施工工艺等发生波动时，存在较大开裂可能。

3. 侧墙结构

侧墙结构混凝土中心温度发展历程如

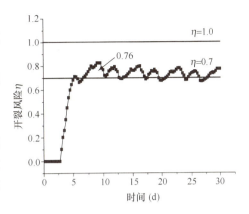

图 3-20 顶板温度及开裂风险计算结果

图 3-21（a）所示。0.7m 厚的侧墙上部温度最高，在 1d 时达到最高温度 63.1℃，最大温升为 37.1℃；中部温升与上部基本一致；而下部温升略低；在降温阶段，上部温降速率达 9.38℃/d。上部和中部温升模拟结果相差不大是因为在模拟中考虑到实际施工过程中，中板与侧墙是一次性施工的，上部同时也受到来自于中板的热量传递，与外界热交换差。

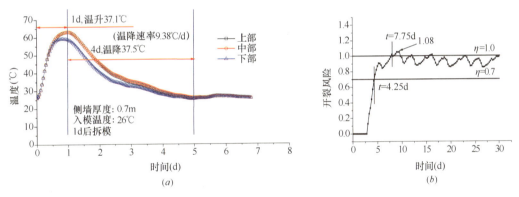

图 3-21 侧墙结构混凝土温度历程及开裂风险计算结果
(a) 不同位置处混凝土温度历程；(b) 开裂风险

侧墙混凝土开裂风险计算结果如图 3-21（b）所示。同样的分段长度下，侧墙结构混凝土开裂风险远远超过底板和顶板结构，在 4.25d 龄期开裂风险就超过 0.7，在 7.75d 龄期达到开裂风险峰值 1.08。且由图 3-21（b）结果可以认为，0.7m 厚侧墙结构混凝土夏季施工必然开裂，且裂缝间距很小。

在上述地下车站主体结构底板、侧墙和顶板不同部位混凝土开裂风险计算评估的基础上，配合实际施工过程，实时监测了常州地铁新桥站主体结构现场混凝土的温度、变形发展历程；并将理论分析结果与现场检测结果进行了对比分析，以验证理论评估的可靠性。

4. 温度计算结果与实体结构监测结果对比

常州地铁 1 号线新桥站底板上部、中部、下部温度计算结果与监测结果的对比如图 3-22 所示。从图中可以看出，底板上部升温阶段计算结果与监测结果曲线基本吻合，均在 1.5d 达到最高温度 48℃左右；中部和下部的计算结果和监测结果在升温段稍有差别，在降温段基本吻合。可能导致计算结果与实测结果间稍有偏差的原因主要包括以下几个方面：现场与试验室材料本身差异，传感器本身导致测试结果偏差，模板散热系数、导热系数、比热等参数选取差异，以及养护等现场条件等的影响。各测点最高温升出现时间和最高温度值的计算结果和监测结果列于表3-3中。从表中可以看出，各测点最高温度值偏差不大于3%，最高温升出现时间的偏差不大于0.3d。

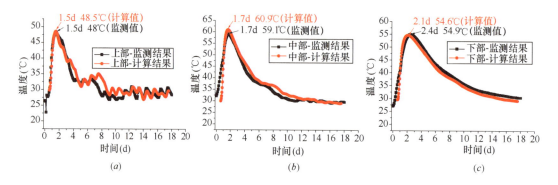

图 3-22　地下车站底板混凝土温度历程计算结果与监测结果对比

地下车站底板各测点计算结果与监测结果对比　　　　表 3-3

位置	最高温升出现时间			最高温度值		
	计算值（d）	监测值（d）	偏差（d）	计算值（℃）	监测值（℃）	偏差
上部	1.5	1.5	0	48.5	48	1.0%
中部	1.7	1.7	0	60.9	59.1	3.0%
下部	2.1	2.4	0.3	54.6	54.9	0.5%

新桥站侧墙上部、中部、下部温度计算结果与监测结果的对比分别如图3-23所示。从图中可以看出，不同部位计算结果和监测结果在升温段基本吻合，在降温段有一定偏差。可能导致计算结果与实测结果间稍有偏差的原因主要包括以下几个方面：现场与试验室材料本身差异，传感器本身导致测试结果偏差，模板散热系数、导热系数、比热等参数选取差异，养护等现场条件等的影响，以及与侧墙一起连续浇筑的中板混凝土的放

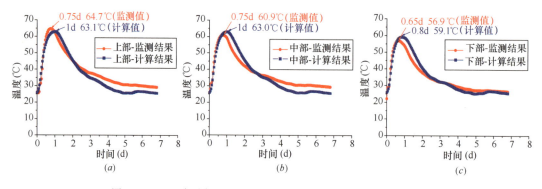

图 3-23　地下车站侧墙混凝土温度历程计算结果与监测结果对比

热影响等。各测点最高温升出现时间和最高温度值的计算和监测结果见表3-4。从表中可以看出，各测点最高温度值偏差不大于4%，最高温升出现时间的偏差值不大于0.25d。

地下车站侧墙各测点计算结果与监测结果对比　　　　　　　　　　　　表3-4

位置	最高温升出现时间			最高温度值		
	计算值（d）	监测值（d）	偏差（d）	计算值（℃）	监测值（℃）	偏差
上部	1	0.75	0.25	63.1	64.7	2.5%
中部	1	0.75	0.25	63.0	60.9	3.4%
下部	0.8	0.65	0.15	59.1	56.9	3.9%

5. 开裂风险计算结果与实际观测结果对比

于2016年6月对包括新桥站在内的常州城市轨道交通1号线20个在建地下车站结构混凝土的180余处裂缝的相关情况以及该处混凝土原材料和配合比进行了调研、统计与分析，用以对比计算结果（图3-19b和图3-21b）和实际的地下车站开裂情况（表3-5和表3-6）。从计算与统计结果的对比可以看出，开裂渗漏主要由混凝土早期收缩开裂引起，占到85%以上，其余施工缝处理不到位或非荷载裂缝等因素所致。调研结果与项目组关于开裂风险的分析、评估结果呈现出良好的相关性，主要结论如下：

（1）地下车站结构混凝土开裂主要出现在侧墙上，占裂缝总量的比例达到83.9%，且一般呈竖平行分布，其次为顶板，占比13.9%。调研发现的裂缝2/3已存在不同程度渗漏现象。

（2）从裂缝所在处混凝土的浇筑季节来看，春秋、夏和冬季占比分别为39.4%、23.4%和37.2%，究其原因，与目前主体结构施工主要从2015年9月份以后开始，夏季施工的情况还较少密切相关，后续关于2016年夏季施工结构（如新桥站）的裂缝观测结果也证实了这一点，几乎每隔3~5m即可发现一条竖向平行裂缝。

（3）从裂缝所在处混凝土的分段浇筑长度来看，当其超过15m时，裂缝出现几率大大增加，达到94.2%，与预测结果高度吻合。

（4）出现的裂缝主要为结构混凝土开裂引起，占裂缝总量的85.3%，其余主要为施工缝处理不到位，占比14.7%；有68%的裂缝长度超过1m。

（5）裂缝所在处混凝土浇筑后的带模养护时间一般从3d到7d不等，裂缝出现时间一般是3d以后的混凝土降温期，拆模时即可发现裂缝。

（6）已发现裂缝的主要处理方式为化学注浆封闭，处理效果短期较好，一般可以止住渗漏；施工缝处理方式主要为预埋镀锌钢板止水带或钢边橡胶止水带，实施效果与各标段操作工艺水平密切相关。

（7）各标段主体结构混凝土所用水泥均为P·O42.5普通硅酸盐水泥，粉煤灰Ⅱ级以上，矿粉S95级。

（8）各标段主体结构混凝土水泥用量为230~250kg/m³的比例达到54.5%，250~270kg/m³的比例为27.3%，胶凝材料粉煤灰比例10%~20%的占比72.7%，矿粉比例10%~20%的占比达90.9%，水胶比多为0.40~0.45，占比81.8%。

常州地铁在建地下车站主体结构混凝土裂缝调研、统计与分析

表 3-5

站名	裂缝数量及其占比				裂缝处混凝土浇筑季节			裂缝处分段长度 (m)			是否施工缝		是否渗漏		裂缝长度 (m)		拆模时间 (d)	裂缝出现时间 (d)	裂缝处理措施	施工缝措施
	底板	侧墙	中板	顶板	春秋	夏	冬	≥15	10~15	<10	是	否	是	否	≥1	<1				
新龙	0	0	0	4	3	1	1	4	0	0	1	3	—	—	4	0	≥6	≥7	化学注浆	镀锌钢板、钢边橡胶止水带
科教城南	0	12	0	0	3	9	0	2	4	6	2	10	9	3	3	9	≥6	≥7	化学注浆	钢边橡胶止水带
沿江城际	1	10	0	0	4	7	0	11	0	0	5	6	11	0	8	3	≥6	≥7	化学注浆	钢边橡胶止水带
延政大道	0	7	3	0	5	5	0	10	0	0	1	9	—	6	10	0	4	3~7	薄涂覆盖	镀锌钢板、钢边橡胶止水带
广电路	0	10	0	0	8	2	10	10	0	0	1	10	4	6	5	5	4	3~7	化学注浆	镀锌钢板
长虹路	0	10	0	0	1	0	10	10	0	0	1	9	—	—	9	1	≥6	≥7	化学注浆	钢边橡胶止水带
茶山	1	6	1	1	3	6	0	9	0	0	2	7	2	7	7	2	2~3	≥7	化学注浆	钢边橡胶止水带
清凉寺	0	6	0	0	1	0	6	7	0	0	2	6	2	5	3	4	1	≥7	化学注浆	钢边橡胶止水带
翠竹	0	5	1	3	5	0	4	—	0	0	0	7	9	—	8	1	≥6	3~7	化学注浆	钢边橡胶止水带
奥体中心	0	16	0	1	5	0	12	17	0	0	2	—	9	—	9	8	4~5	≥7	化学注浆	钢边橡胶止水带
市民广场	0	8	0	0	7	0	1	8	0	0	0	8	4	4	8	0	≥6	≥7	化学注浆	钢边橡胶止水带
河海大学	0	4	3	0	0	0	7	7	0	0	1	6	7	0	4	3	3~4	≥7	化学注浆	钢边橡胶止水带
龙虎塘	0	17	0	0	11	0	6	17	0	0	3	14	—	5	17	0	2	≥7	薄涂覆盖	钢边橡胶止水带
黄河路	0	14	0	5	8	0	11	19	0	0	5	14	14	0	6	13	≥6	≥7	薄涂覆盖	镀锌钢板、钢边橡胶止水带
常州北	0	4	0	0	1	3	0	4	0	0	0	4	0	4	3	1	≥6	≥7	开槽封闭	镀锌钢板、钢边橡胶止水带
北郊中学	0	4	0	0	2	0	2	4	0	0	0	4	0	4	1	3	≥6	≥7	开槽封闭	镀锌钢板、钢边橡胶止水带
新桥	0	3	0	0	0	3	0	3	0	0	0	3	1	2	3	0	≥6	≥7	化学注浆	钢边橡胶止水带
旅游学校	0	11	0	0	0	10	1	11	0	0	0	11	4	0	11	0	—	—	化学注浆	钢边橡胶止水带
聚湖路	0	1	0	3	0	0	4	4	0	0	0	4	0	0	—	—	3	3~7	化学注浆	镀锌钢板、钢边橡胶止水带
定安路	0	3	1	0	4	0	0	4	0	0	0	4	4	0	—	—	3	3~7	化学注浆	镀锌钢板、钢边橡胶止水带
合计	2	151	2	25	71	42	67	161	4	6	24	139	80	40	117	55	—	—		
占比(%)	1.1	83.9	1.1	13.9	39.4	23.4	37.2	94.2	2.3	3.5	14.7	85.3	66.7	33.3	68.0	32.0	—	—		

表 3-6 常州地铁在建地下车站主体结构混凝土原材料与配合比调研、统计与分析

站名	水泥（kg/m³）			粉煤灰占胶材比例（%）		矿粉占胶材比例（%）		水胶比		
	≥270	250~270	230~250	20~30	10~20	20~30	10~20	≥0.45	0.40~0.45	0.35~0.40
科教城南	0	0	1	0	1	1	0	0	1	0
沿江城际	1	0	0	0	1	0	1	0	1	0
茶山	1	0	0	0	1	0	1	0	1	0
清凉寺	0	1	0	0	1	0	1	0	1	0
翠竹	0	0	1	0	1	0	1	1	0	0
奥体中心	0	0	1	1	0	0	1	1	0	0
市民广场	0	1	0	0	1	0	1	0	1	0
新桥	0	1	0	0	1	0	1	0	1	0
旅游学校	0	0	1	0	1	0	1	0	1	0
聚湖路	0	0	1	1	0	0	1	0	1	0
定安路	0	0	1	1	0	0	1	0	1	0
合计	2	3	6	3	8	1	10	2	9	0
占比（%）	18.2	27.3	54.5	27.3	72.7	9.1	90.9	18.2	81.8	0

3.2.4 地下车站侧墙混凝土开裂风险影响因素定量评估与分析

由混凝土多场耦合理论及其抗裂性设计计算方法可知，混凝土早期收缩开裂受到多种因素影响，包括混凝土自身的绝热温升和体积变形，环境温湿度状态，结构形式，施工的入模温度、分段浇筑长度以及养护条件等。在实际工程中为了设计混凝土配合比、制订施工工艺和养护措施，需明确各个因素对工程开裂风险的具体影响规律和影响程度。因此本节以城市轨道交通工程地下车站最易开裂的侧墙结构为例，将影响侧墙开裂风险的因素归为三大类别，分别为材料因素、施工因素、设计因素，采用基于多场耦合模型的开裂风险计算方法，对以上三类参数的影响规律做出定量分析，找出其中对侧墙收缩开裂影响最明显的关键参数，为工程结构早期收缩开裂控制的最优化方案的提出提供依据。

1. 工况选取

地下车站侧墙结构混凝土开裂风险定量计算评估的基本工况为：侧墙厚度为0.7m，分段长度为5~30m，采用木模板，取冬季、春秋季及夏季施工时入模温度分别为：15℃、25℃和35℃，对应的当时的平均气温分别取为：10℃、20℃和30℃。计算中采用的其他混凝土相关参数如下：密度2400kg/m³，比热为1kJ/(kg·K)，导热系数为8.6kJ/(m·K·h)，木模散热系数20kJ/(m²·K·h)，裸露混凝土表面散热系数82kJ/(m²·K·h)，拆模时间7d，底板温度与下部地温取当月平均气温。假定研究某一因素影响时，除主要影响参数发生变化外，其他参数均不变，均按基本工况取值。

结合该工程的结构设计尺寸、原材料、配合比、环境条件和施工工艺等影响因素，考虑了参数变化及各种参数的不同组合，见表3-7，总共计算了400余种工况条件，采用混凝土收缩开裂评估方法定量分析了这些工况条件下侧墙结构混凝土的早期收缩开裂风险。

计算工况　　　　　　　　　　　　　　　表 3-7

类别	影响因素	影响指标	取值选择
材料	水胶比	强度等级	C35、C40、C50、C60
	水化历程	绝热温升	速率调控
	自生体积变形	收缩降低率（%）	0%、5%、10%、15%、20%
	膨胀变形	掺量（%）	6、8、10、12
施工	浇筑季节	入模温度、气温	夏、春秋、冬
	入模温度	入模温度（℃）	夏季（20、25、30、35）
	模板	拆模时间（d）	1、3、5、7
		模板种类	钢模、木模
设计	结构尺寸	长度（m）	5、10、15、20
		厚度（m）	0.5、0.7、0.9、1.1

2. 材料因素

（1）混凝土强度等级

在基本工况的基础上，改变混凝土强度等级，分别计算 C35、C40、C50 和 C60 的温度和开裂风险情况。侧墙中心温度和最大开裂风险计算结果如图 3-24(a)、(b) 所示。由

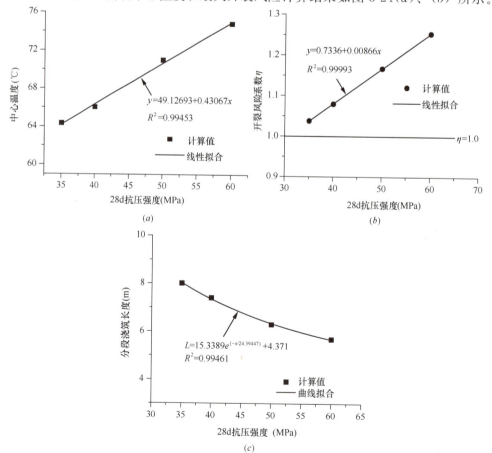

图 3-24　强度等级影响

（a）中心温度随强度变化关系；（b）开裂风险随强度变化关系；（c）不开裂时侧墙最大分段浇筑长度随强度变化关系

图可见，混凝土强度等级越高，胶凝材料用量越大，水胶比越低，由此导致混凝土绝热温升和自收缩均增大，侧墙实体结构中心温度越高，最大开裂风险也越大，且最大温度、开裂风险与混凝土强度等级基本上呈线性关系。图 3-24(c) 给出了侧墙最大分段浇筑长度和混凝土强度等级的关系及拟合公式，拟合公式中 R^2 值达到 0.99 以上，因此工程中可用该公式来计算不同强度等级下保证侧墙结构不开裂时的最大分段浇筑长度，为施工单位制订施工方案提供依据。

(2) 混凝土绝热温升

在基本工况的基础上，研究不同的混凝土绝热温升历程即胶凝材料不同水化速率对侧墙混凝土早期收缩开裂的影响。混凝土 5 种不同绝热温升曲线如图 3-25(a) 所示，混凝土在不同时间内达到相同的绝热温升终值。图 3-25(b)、(c) 为计算得到的侧墙中心温度和开裂风险结果，由结果可知，水化速率越快，侧墙可以达到的温峰值越高，温峰出现时间也越早，相应地，混凝土开裂风险也越高。从图 3-25 的结果可知，减缓混凝土早期放热速率，实现对水化温升历程的调控，可有效降低混凝土结构的早期收缩开裂风险。

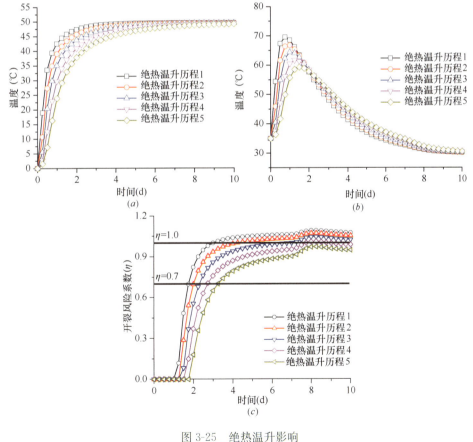

图 3-25 绝热温升影响
(a) 绝热温升；(b) 侧墙中心温度；(c) 开裂风险

(3) 混凝土自生体积变形

在绝热温升、浇筑环境和施工工艺相同的情况下，进一步研究了混凝土不同自生体积变形性能对侧墙结构早期收缩开裂风险的影响，计算结果如图 3-26 所示。图 3-26(a) 计算结果显示，总体上混凝土自收缩的降低比例越高，侧墙开裂风险越低。但从数值结果上来分析，自收缩降低比例从 0 增加到 20%，开裂风险仅从 1.02 下降至 0.96 左右，降低幅度仅为 5%。因此混凝土自收缩对开裂风险的影响程度相比于温度收缩较小。图 3-26(b) 结果表明，当混凝土掺加膨胀剂，自生体积变形表现为膨胀时，膨胀量越大，开裂风险越低，且降低幅度比较明显。由此可见，混凝土掺加膨胀剂且膨胀历程与混凝土收缩历程匹配较好时，可以有效地控制侧墙结构混凝土早期收缩开裂风险。

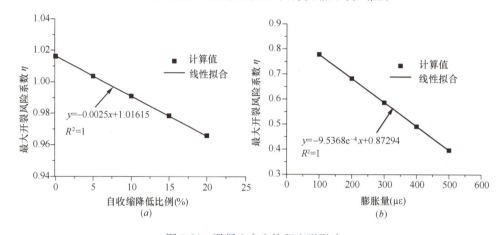

图 3-26 混凝土自生体积变形影响
(a) 混凝土自收缩与开裂风险关系；(b) 补偿收缩混凝土膨胀量与开裂风险关系

3. 施工因素

（1）混凝土浇筑季节

由于入模温度和环境气温的不同，侧墙混凝土在不同季节浇筑，其开裂风险也有明显变化。分别选取夏季 35℃入模（气温 30℃），冬季 15℃入模（气温 10℃），春、秋季 25℃入模（气温 20℃）3 种工况计算侧墙结构混凝土早期收缩开裂风险。图 3-27(a)、(b)、(c) 为不同季节下侧墙混凝土的中心温度历程，由计算结果可知，气温越高，混凝土在入模温度基础上的温升值越高，导致后期降温幅度与降温速率也越大。图 3-27(d)、(e)、(f) 展示了不同浇筑季节下保障侧墙不开裂时的最大分段浇筑长度，结果统计见表 3-8。结果显示，夏季允许浇筑长度最小，仅为 5m，春秋季次之，冬季最大，可以达到 14.7m。可见浇筑季节对侧墙开裂风险和浇筑长度的影响非常明显。

不同季节施工时侧墙结构混凝土不开裂最大允许分段浇筑长度　　表 3-8

施工季节	夏季 （日平均气温 30℃）	春、秋季 （日平均气温 20℃）	冬季 （日平均气温 10℃）
混凝土入模温度（℃）	35	25	15
最大允许分段浇筑长度（m）	5	12.6	14.7

（2）混凝土入模温度

在固定浇筑季节条件下，进一步研究了不同入模温度对混凝土早期收缩开裂风险和分段浇筑长度的影响。以风险较高的夏季为例，日均气温为 30℃，选择 15℃、20℃、25℃、

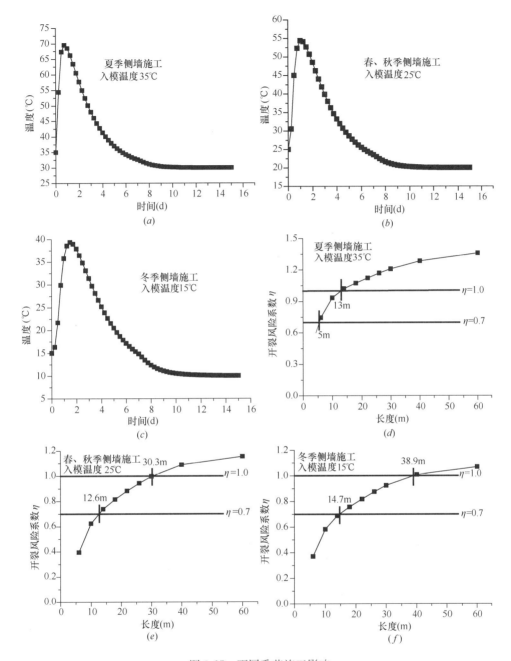

图 3-27 不同季节施工影响

(a) 夏季施工侧墙混凝土温度历程;(b) 春、秋季施工侧墙混凝土温度历程;
(c) 冬季施工侧墙混凝土温度历程;(d) 夏季施工侧墙混凝土开裂风险;
(e) 春、秋季施工侧墙混凝土开裂风险;(f) 冬季施工侧墙混凝土开裂风险

30℃和35℃共5个入模温度,计算了侧墙结构混凝土的温度历程和开裂风险如图 3-28 (a)、(b) 所示。由结果可知,入模温度对侧墙结构混凝土早期收缩开裂风险影响非常显著,入模温度降低,侧墙结构混凝土早期收缩开裂风险显著下降。进一步计算了以开裂风险控制在 0.7 以下为目标,不同入模温度下的混凝土最大允许分段浇筑长度,结果如

图 3-28(c) 所示。由结果可知，入模温度越高，侧墙结构混凝土分段浇筑长度越小，且入模温度与分段浇筑长度存在着一定的幂次关系，R^2 值大于 99%。所以可以用图中公式来计算夏季施工时不同入模温度下保证不开裂的侧墙结构混凝土最大允许分段浇筑长度，或已知浇筑长度的情况下，入模温度降低到多少时可保证不开裂。例如：若分段浇筑长度为 13m，则需控制混凝土入模温度不高于约 27℃。

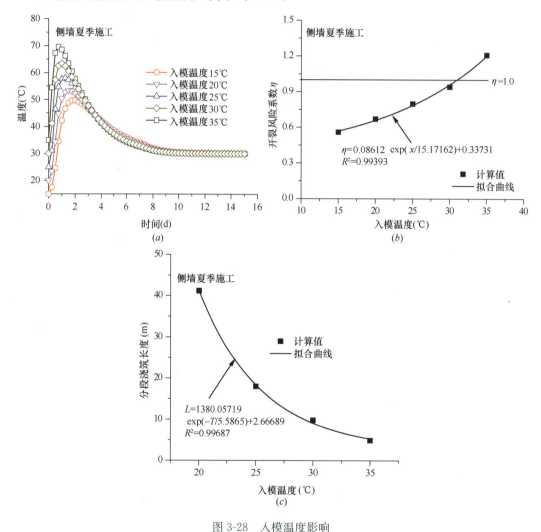

图 3-28 入模温度影响
(a) 不同入模温度下侧墙混凝土中心温度历程；(b) 同入模温度下侧墙混凝土开裂风险；
(c) 不开裂时侧墙最大分段浇筑长度随入模温度变化关系

(3) 混凝土拆模时间

根据规范规定，混凝土拆模时间主要受到混凝土强度发展影响，只要结构混凝土强度达到相关标准便可拆除模板。实际工程中由于模板高周转的需要，拆模时间更是根据施工经验来确定，往往混凝土浇筑完很快就拆模完毕。但从控制混凝土收缩开裂的角度来看，混凝土模板具有一定的保温保湿效果，特别是拆模后不及时进行养护，会加快混凝土降温速率，影响内外温差。因此过早拆除模板对混凝土收缩开裂存在一定影响。对混凝土抗裂设计而言,需针对具体结构提出合适的拆模时间。因此以夏季施工为例,在入模温度35℃工况下,计算使用木模板时,不同拆模时间对侧墙开裂风险的影响,结果如图3-29所示。结果表明:当夏季施工时,侧墙结构混凝土的温度一般在7d左右降低到常温(35℃),当拆模时间超过5d,混凝土开裂风险为1.0左右,位于开裂的临界点。当拆模时间提前,模板保温效果丧失,混凝土温降速率提高,开裂风险增加。1d以前拆模,侧墙最大开裂风险可达到1.2以上,推迟拆模时间有利于开裂风险的降低。因此,在实际工程中应在条件许可的情况下,可适当延长侧墙结构混凝土的拆模时间,以降低开裂风险。

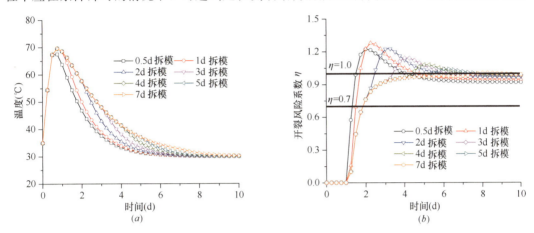

图 3-29 拆模时间对侧墙结构混凝土温度历程与开裂风险的影响
(a) 不同拆模时间下侧墙结构混凝土温度历程;(b) 不同拆模时间下侧墙结构混凝土开裂风险

(4) 混凝土模板类型

实际工程中,通常采用木模板或钢模板进行支护浇筑,前者模板价格低廉,但散热效果不好,在夏季施工时常由于结构散热较慢导致结构温升较高;后者结构组装复杂且价格相对较高,但散热效果良好,能有效降低结构混凝土的最大温升,但也相应加大了降温阶段结构混凝土的温降速率。本节针对夏季施工中这两种模板类型对侧墙结构混凝土的开裂风险影响进行了研究,结果如图3-30和表3-9、表3-10所示。结果表明:当浇筑长度为

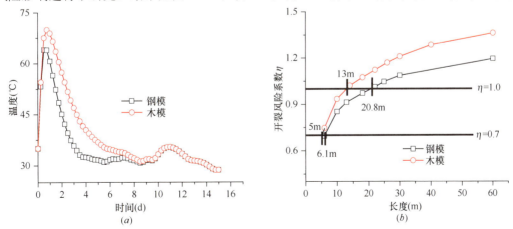

图 3-30 模板类型对侧墙结构混凝土温度历程及早期开裂风险的影响
(a) 不同模板类型下侧墙混凝土温度历程;(b) 不同模板类型下侧墙混凝土分段浇筑长度与开裂风险关系

13m且采用钢模板支护时,其最大温升要比采用木模板支护时降低5~6℃;当采用木模板支护且分段浇筑长度为13m时,侧墙混凝土的开裂风险已经在1.0左右,而采用钢模板支护且一次浇筑25m时,侧墙的开裂风险才达到1.0。因此,对于城市轨道交通工程地下车站侧墙结构混凝土而言,使用散热更好的钢模板对于早期收缩裂缝控制更为有利。

夏季施工时不同模板类型下侧墙结构混凝土中心温度历程　　　表3-9

模板类型	一次浇筑长度(m)	中心温度(℃)
钢模板	13	64.05
木模板	13	69.94

夏季施工时不同模板类型下侧墙结构混凝土早期收缩开裂风险　　　表3-10

模板类型	一次浇筑长度(m)	最大开裂风险
钢模板	13	0.9
木模板	13	1.0
钢模板	25	1.0
木模板	25	1.2

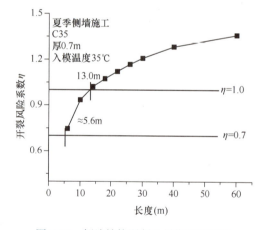

图3-31　侧墙结构混凝土早期收缩开裂风险随分段浇筑长度变化关系

4. 设计因素

(1)墙体分段浇筑长度

在材料因素、施工因素相同条件下,研究了夏季施工时不同分段浇筑长度下0.7m厚侧墙结构混凝土温度历程和开裂风险随长度的变化规律,如图3-31所示,结果表明:分段浇筑长度对混凝土开裂风险的影响非常显著,具体表现为,当分段长度从10m增加到40m时,侧墙开裂风险从0.9左右上升到1.3以上。但开裂风险随浇筑长度增加的增幅逐渐减小,当浇筑长度达到一定范围时,开裂风险趋于稳定,变化较小,据此可计算得到其他条件确定时,基本不开裂情况下侧墙结构最大允许分段浇筑长度。

(2)墙体厚度

与上述对侧墙结构分段浇筑长度影响的分析类似,在混凝土材料性质、浇筑季节、施工工艺等因素相同的情况下,进一步计算了墙体结构混凝土厚度对其开裂风险的影响,结果如图3-32所示。由图可见,侧墙厚度越大,混凝土中心温度越高,开裂风险也随之增加。基本不开裂情况下不同厚度墙体对应的最大分段浇筑长度如图3-32(c)所示,由图可见,侧墙厚度与分段浇筑长度的关系符合幂指数公式,且R^2值在99%以上,该式可用以计算特定工况下不同墙体厚度下的最大分段浇筑长度。

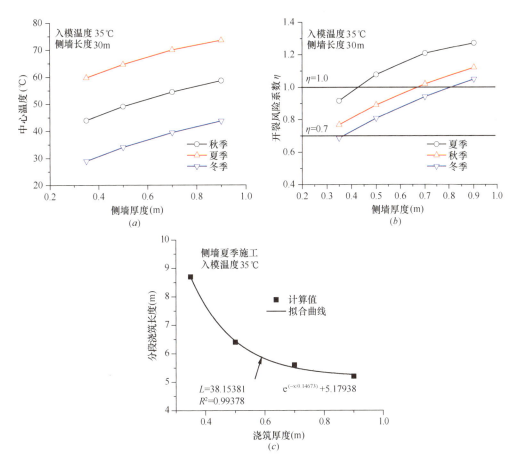

图 3-32 墙体厚度对其温度历程及早期收缩开裂风险的影响
（a）不同厚度墙体中心温度历程；（b）不同厚度墙体早期收缩开裂风险；
（c）不开裂时墙体最大分段浇筑长度随厚度变化关系

5. 影响程度对比及对应措施

根据上述城市轨道交通工程地下车站主体结构侧墙混凝土早期收缩开裂风险影响因素分析计算结果，比较各因素对开裂风险影响的程度见表 3-11。由表可见，侧墙混凝土自身材料性能、施工工艺、设计的结构尺寸等参数的变化均会导致其抗裂性能的变化，相比较而言，混凝土绝热温升、入模温度、分段浇筑长度等因素对开裂风险影响较其他因素更为显著，基于此侧墙混凝土抗裂性能提升可采取如下一些技术措施：

（1）在满足工作性能、力学性能要求的前提下，尽量减小混凝土绝热温升，降低放热总量，优化放热历程；

（2）通过添加抗裂功能材料，产生有效膨胀，优化膨胀历程，尤其是在降温阶段产生有效膨胀来补偿混凝土收缩；

（3）条件允许情况下，尽可能降低混凝土入模温度，使用钢模板施工，以达到减小结构温升和温降速率的目的；

（4）在所有参数都给定的情况下，需要根据计算结果合理选择分段浇筑长度，不宜超过控制阈值。

各种因素对收缩开裂风险影响程度的分析比较　　表 3-11

影响程度	影响因素
显著☆☆☆☆☆	环境温度、入模温度、分段浇筑长度、水化放热等
较显著☆☆☆☆	混凝土自生体积变形、模板类型等
一般☆☆☆	内外温差、拆模时间（钢模板时）等

3.3 城市轨道交通工程地下车站现浇混凝土抗裂性设计关键指标

城市轨道交通地下车站现浇混凝土硬化阶段抗裂性能设计指标应按附录 A 计算得出，当不具备试验参数和计算条件时，C35 强度等级混凝土抗裂性设计指标可按表 3-12 选取并作出相应要求，地下车站施工工艺及实体结构温控指标可按表 3-13 选取并作出相应要求。

城市轨道交通工程地下车站混凝土抗裂性能指标　　表 3-12

结构部位	控制指标			
	绝热温升（℃）	混凝土 1d 绝热温升与 7d 绝热温升比值（%）	混凝土 7d 自生体积变形（με）	混凝土 28d 变形（με）
底板	≤45	—	≥−100	≥−250
侧墙、顶板		≤50%	≥200	≥50

注：1. 混凝土 1d 绝热温升与 7d 绝热温升比值按本指南附录 B 的试验方法进行测试；
2. 7d 自生体积变形和 28d 变形按本指南附录 C 的试验方法进行测试；
3. 收缩变形"+"表示膨胀，"−"表示收缩；
4. "—"表示可以不作技术要求。

地下车站施工工艺及实体结构温控指标　　表 3-13

日均气温（℃）	≥25		10～25	<10
混凝土入模温度（℃）	28～35	≤28	≤日均气温+8 且≤28	5～18
分段浇筑长度（m）	≤15	≤25	≤25	≤35
混凝土温升（℃）	≤32		≤28	≤24
混凝土里表温差（℃）	墙体结构≤15，板式结构≤20			
混凝土温降速率（℃/d）	≤3（温峰后 7d 内均值）			

在设计时可根据开裂风险控制及表 3-13 要求，合理使用水分蒸发抑制剂、减缩型聚羧酸减水剂、合成纤维、混凝土水化温升抑制剂、膨胀剂等抗裂功能材料或布设冷却水管，宜满足表 3-14 要求。

抗裂性提升功能材料或措施选用建议　　表 3-14

结构部位	塑性阶段裂缝抑制		硬化阶段裂缝抑制			
	水分蒸发抑制剂	合成纤维	减缩型聚羧酸	水化温升抑制剂	膨胀剂	冷却水管
底板	△	△	○	△	○	—
侧墙	—	—	○	○	○	△
顶板	△	△	○	○	○	—

注：○宜采用，△可采用，— 一般不采用。

3.4 工 程 实 例

3.4.1 常州轨道交通

常州市是江苏省内继南京、苏州、无锡之后第4个获批建设轨道交通的城市，其轨道交通1号线是南北向骨干线，规划总长42km，结构主要构件设计使用寿命为100年。其中一期工程全长33.837km，地下线31.486km，高架线2.161km，过渡段0.19km；共设站29座，其中地下站27座，高架站2座，平均站间距1.2km。

基于该市城市轨道交通工程建设的具体工况条件，采用混凝土"水化-温度-湿度-约束"多场耦合模型对地下车站主体结构混凝土的早期收缩开裂风险进行了定量评估，计算结果在3.2.3节中已有具体展示。将计算结果与全线20余个地下车站实体结构开裂情况统计结果进行了对比，结果列于表3-15中，计算评估结果与调研结果吻合较好。这些结果表明，已浇筑的地下车站均存在不同程度的渗漏现象，部分是由于接缝（变形、诱导、施工缝）防水处理不到位引起，而大部分是由于混凝土变形开裂引起。控制混凝土收缩开裂是提升结构防水性能的关键。

地下车站主体结构混凝土开裂风险系数计算结果和工程调研结果对比　　表3-15

项目	计算评估结果	调研结果
开裂部位	底板：开裂风险较小，一般≤0.7 侧墙：开裂风险突出，≥1.0 顶板：开裂风险介于0.7~1.0之间	侧墙混凝土开裂占裂缝总量的83.9%，一般为贯穿性裂缝，顶板次之，底板极少
开裂时间	侧墙在浇筑后4~5d时开裂风险即达到或超过0.7	裂缝出现时间一般是浇筑3d以后的降温期
不同施工季节侧墙浇筑长度（开裂风险<0.7）	最大浇筑长度：夏季<5m；春秋季<13m；冬季<15m	分段长度超过15m，裂缝出现几率达94.2% 施工时气温越高，裂缝出现几率越大 夏季浇筑的混凝土，每间隔3~5m即可发现一条竖向平行裂缝

针对常州轨道交通工程实际情况，对混凝土配合比进行优化，在混凝土中掺加抗裂功能材料，并对相应的施工工艺提出要求。基于抗裂性设计方法，计算了采取优化混凝土配合比、施工工艺、掺加抗裂功能材料等技术措施对底板（厚度1.0m，分段长度35m）、中板、顶板（厚度0.9m，分段长度35m）和侧墙（厚度0.7m，不同分段长度）结构混凝土开裂风险的影响。

各影响因素优化后，以结构形式与混凝土材料类似的1号线新桥站、河海大学站、文化宫站为例，夏季底板、中板和顶板结构混凝土开裂风险系数对比计算结果如图3-33所示。从图3-33可以看出，原工况下，分段浇筑长度不超过35m时，夏季施工时底板结构混凝土开裂风险在0.7左右，位于临界点，材料、施工因素的波动可能带来风险上升，可掺加混凝土抗裂功能材料进一步降低开裂风险，使风险可控；中板结构混凝土开裂风险总体较小；顶板结构混凝土开裂风险超过0.7，介于底板和侧墙之间，应采用掺加混凝土抗裂功能材料的措施。

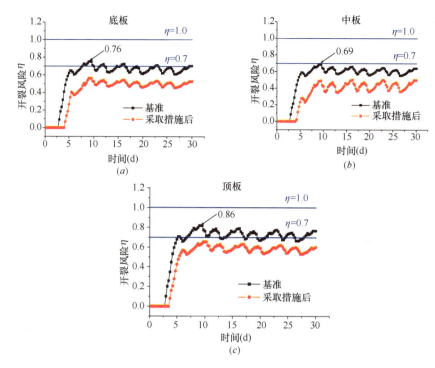

图 3-33 常州市城市轨道交通地下车站板式结构混凝土开裂风险系数随龄期变化规律
（a）底板结构混凝土；（b）中板结构混凝土；（c）顶板结构混凝土

地下车站主体结构侧墙混凝土开裂风险与分段浇筑长度关系如图 3-34 所示。从图 3-34 可以看出，在同样的分段长度下，侧墙结构混凝土开裂风险远远超过底板、中板和顶板等板式结构。不掺加抗裂剂时，0.7m 厚度的侧墙结构混凝土夏季高温季节施工时施工最大分段长度只有 5m 左右；掺加抗裂剂并优化混凝土配合比后，分段浇筑长度显著增加，达到了约 12.7m。

对于开裂风险较高的侧墙结构混凝土，进一步计算了采取抗裂措施后，不同季节施工时其开裂风险与分段浇筑长度的关系，结果如图 3-35 所示。由计算结果可知，侧墙开裂

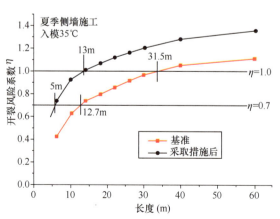

图 3-34 常州市城市轨道交通地下车站侧墙结构混凝土夏季施工时开裂风险系数与分段长度间关系

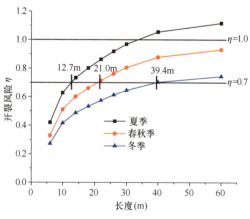

图 3-35 不同施工季节侧墙结构混凝土分段浇筑长度与开裂风险系数间关系

风险在夏季最高,春秋季次之,冬季最低,冬季的最大分段浇筑长度远远高于夏季,达到了近 40m。

3.4.2 徐州轨道交通

徐州轨道交通是服务于江苏省徐州市的城市轨道交通系统。2013 年 2 月 22 日,经国务院批准,国家发展改革委正式批复,徐州成为江苏第 5 座、全国第 35 座获批建设轨道交通的城市。

徐州轨道交通同步推进建设 1、2、3 号线一期工程、3 号线二期工程、4 号线、5 号线及 6 号线,总规模为 171.8km,127 座车站。徐州地铁远景线网由 7 条城市轨道普线和 4 条城市轨道快线构成,总规模 323.1km,177 座车站,其中换乘车站 31 座,包含 2 座三线换乘车站。

在徐州市城市轨道交通有限责任公司支持下,选择了 2 号线市政府站作为裂缝控制技术方案的试点应用车站,如图 3-36 所示。该站位于昆仑大道与汉风路交叉口,沿昆仑大道北侧东西向敷设,为明挖地下两层 11m 宽岛式站台车站,标准段为单柱双跨钢筋混凝土箱型结构,净宽 18.3m,站厅层净高 4.95m,站台层净高 4.65m。车站有效站台中心里程处底板埋深约 16.6m,净长 203m,主体结构底板厚 1.0m,侧墙厚 0.7m,中板厚 0.5m,顶板厚 0.9m,采用明挖顺做法施工。

图 3-36 徐州轨道交通 2 号线市政府站

徐州轨道交通 2 号线市政府站主体结构底板、顶板、中板和侧墙等的尺寸,尤其是厚度、宽度等与 3.4.1 节常州轨道交通新桥站、河海大学站、文化宫站等类似,但其混凝土使用的水泥、粉煤灰等原材料品质与后者相比有较大差异,尤其是水泥的比表面积等,这使得徐州轨道交通地下车站用混凝土的绝热温升与自收缩均低于后者,有利于实体结构的裂缝控制(详见 4.4.2 节)。采用本章提出的地下车站主体结构混凝土开裂风险评估方法,针对徐州地铁 2 号线市政府站工程实际工况条件,设计低收缩、高抗裂混凝土配合比并对相关施工控制措施进行优化,在此基础上,计算评估地下车站主体结构混凝土开裂风险。该站主体结构施工时间为 2016 年 9 月下旬至 2016 年 12 月底。

徐州地铁 2 号线市政府站底板、顶板和中板结构混凝土开裂风险系数发展规律与常州地铁类似,重点关注侧墙结构混凝土,不同季节浇筑时,其温度历程计算结果如图 3-37 所示,分段浇筑长度与开裂风险系数间的关系如图 3-38 和表 3-16 所示。从图 3-37 可以看出，施工时日均气温越高，主体结构侧墙混凝土入模温度越高，其温升值、温升速率及后期温降值也越大，温峰出现时间同样提前。由图3-38和表3-16可见，与施工季节（施工时日均气温）对混凝土温度历程影响的计算结果类似，高温季节施工时，地下车站主体结构侧墙混凝土不同分段浇筑长度下的开裂风险均明显提升，夏季最高，春秋季次之，冬季相对较低；为控制侧墙结构混凝土开裂风险≤0.70，在其他条件给定的工况下，应减小其分段浇筑长度，即施工时气温越高，对应的分段浇筑长度越小。对于本工程而言，地下车站主体结构夏季、春秋季和冬季对应的最大分段浇筑分别约15.2m、24.7m和46.1m，实际施工过程中，也是照此对市政府站主体结构的分段浇筑方式进行了划分。

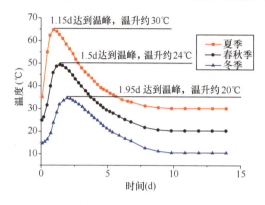

图3-37 市政府站主体结构侧墙混凝土不同施工季节时温度历程

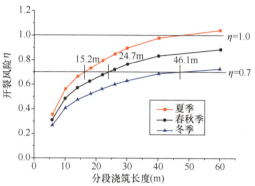

图3-38 市政府站主体结构侧墙混凝土不同施工季节时开裂风险系数与浇筑长度间关系

不开裂时侧墙结构混凝土不同施工季节最大分段浇筑长度 表3-16

施工季节	夏季 （日均气温30℃）	春、秋季 （日均气温18℃）	冬季 （日均气温5℃）
混凝土入模温度（℃）	35	25	15
分段浇筑长度（m）	≤15	≤25	≤45

第4章 城市轨道交通工程地下现浇混凝土收缩裂缝控制材料措施

如何采取有效措施来降低现代混凝土的收缩，抑制其开裂风险是进一步推广使用现代混凝土必须解决的问题。导致现代混凝土早期收缩开裂加剧的主要因素之一是其自身原材料和配合比的改变，如现代混凝土中水泥细度的增加造成了混凝土水化放热速率的提高，骨料含泥量的改变、混凝土中粉煤灰及矿渣的掺入以及高强混凝土所需的低水胶比，均会造成收缩变形的增加，这些因素都会提高混凝土早期收缩开裂风险。因此，对混凝土原材料进行品质控制，优化混凝土配合比设计是早期抗裂成套措施的重点内容之一。但现代混凝土结构复杂，约束增强，依靠原材料品质控制和配合比的优化仅是解决收缩开裂问题的手段之一，且往往效果有限，无法从根本上解决这一问题。因此，开发功能性抗裂外加剂，从材料自身性能改善的角度抑制各种收缩变形也是解决现代混凝土收缩开裂的重要途径。

但是，现有抗裂功能材料的使用同样存在膨胀与实际收缩不匹配、使用效果不佳的问题。因此，以降低水化温升和收缩为目标，对混凝土原材料进行品质控制和配合比优化，开发高效的抗裂功能外加剂，现已成为研究与工程应用的热点。

本章针对城市轨道交通工程地下车站主体结构现浇混凝土具体特点，在其抗裂性专项设计的基础上提出专门的材料措施，给出了水泥、骨料、外加剂、矿物掺合料及拌用水的具体要求，并针对传统抗裂功能材料存在的局限性，介绍了混凝土塑性阶段水分蒸发抑制剂、硬化阶段减缩型聚羧酸减水剂、水化温升抑制剂、钙镁复合膨胀剂等新型抗裂功能材料的作用原理及效果，在此基础上进一步给出了抗裂混凝土配合比设计的具体方法及其关键抗裂性能控制指标，最后对裂缝控制材料措施的相关工程应用进行了介绍。

4.1 混凝土原材料性能要求

4.1.1 水泥

（1）水泥应选用符合现行国家标准《通用硅酸盐水泥》GB 175 有关规定的硅酸盐水泥或普通硅酸盐水泥，其性能控制指标见表 4-1；另依据《混凝土结构耐久性设计与施工指南》CCES 01—2004，其中 C_3A 含量不应高于 8.0%，比表面积不宜高于 $350m^2/kg$。

水泥检验项目及性能控制指标 表 4-1

序号	检测项目	性能指标	测试标准
1	比表面积（m^2/kg）	≥300，且宜≤350	GB/T 8074—2008
2	凝结时间（min）	初凝≥45，终凝≤600；硅酸盐水泥终凝≤390	GB/T 1346—2011

续表

序号	检测项目	性能指标	测试标准
3	MgO含量（质量分数）（%）	≤5.0	GB/T 176—2017
4	SO$_3$含量（质量分数）（%）	≤3.5	GB/T 176—2017
5	安定性	沸煮法合格	GB/T 1346—2011
6	Cl$^-$含量（质量分数）（%）	≤0.06	GB/T 176—2017
7	烧失量（质量分数）（%）	≤5.0(P·O)，≤3.0(P·Ⅰ)，≤3.5(P·Ⅱ)	GB/T 176—2017
8	碱含量（质量分数）（%）	≤0.6	GB/T 176—2017

（2）所用水泥进场温度不宜高于60℃，不得使用温度超过50℃的水泥拌制混凝土。

（3）水泥进场时应对水泥品种、强度等级、包装或散装仓号、出厂日期等进行检查，并对其强度、安定性、凝结时间、水化热等性能指标及其他必要的性能指标进行复检。

（4）宜选用与外加剂具有良好适应性的水泥，不应使用流动性损失过快和严重泌水的水泥。

（5）水泥存储不宜超过三个月。对存储超过三个月的水泥，应重新进行物理性能检验，并按复验的结果降级使用或弃用。

（6）严禁使用有结块的水泥。严禁不同品牌和强度等级的水泥混用。

4.1.2 矿物掺合料

（1）粉煤灰应符合现行国家标准《用于水泥和混凝土中的粉煤灰》GB/T 1596的要求，其性能控制指标见表4-2，应选用氧化钙含量不大于10%的F类粉煤灰，质量等级不低于Ⅱ级，且烧失量宜小于5%。

粉煤灰主要性能指标及其测试方法　　　表4-2

序号	检测项目	性能指标 Ⅰ	性能指标 Ⅱ	测试标准
1	细度（45μm方孔筛筛余）（%）	≤12.0	≤30.0	GB/T 1596—2017
2	需水量比（%）	≤95	≤105	GB/T 1596—2017
3	烧失量（Loss）（%）	≤5.0	≤8.0	GB/T 176—2017
4	含水量（%）	≤1.0		GB/T 1596—2017
5	三氧化硫质量分数（%）	≤3.0		GB/T 176—2017
6	游离氧化钙（f-CaO）质量分数（%）	≤1.0		GB/T 176—2017
7	二氧化硅（SiO$_2$）、三氧化二铝（Al$_2$O$_3$）和三氧化二铁（Fe$_2$O$_3$）总质量分数（%）	≤10		GB/T 176—2017
8	密度（g/cm^3）	≥70.0		GB/T 208—2014
9	安定性（雷氏法）（mm）	≤5.0		GB/T 11346—2018
10	强度活性指数（%）	≥70.0		GB/T 1596—2017

（2）粉煤灰与外加剂应具有良好的适应性，掺入粉煤灰后应不明显降低混凝土流动性。严禁使用脱硫灰、脱硝灰等为降低有害气体排放而经特殊工艺获得的粉煤灰用于混凝

土中。

（3）粒化高炉矿渣粉应符合现行国家标准《用于水泥、砂浆和混凝土中的粒化高炉矿渣粉》GB/T 18046 的要求，其性能控制指标见表 4-3，应选用 S95 及以上级别，比表面积不宜大于 450m²/kg。

（4）粉煤灰主要控制项目应包括细度、需水量比、烧失量和三氧化硫含量，粒化高炉矿渣粉的主要控制项目应包括比表面积、活性指数和流动度比，并按相关标准进行检测。

粒化高炉矿渣粉主要性能指标及其测试方法　　　　　表 4-3

序号	检测项目		性能指标	测试标准
1	表观密度（g/cm³）		≥2.8	GB/T 208—2014
2	比表面积（m²/kg）		400～450	GB/T 8074—2008
3	活性指数（%）	7d	≥70（其他条件都满足时可放宽至 65）	GB/T 18046—2017
		28d	≥95	
4	流动度比（%）		≥95	GB/T 18046—2017
5	初凝时间比（%）		≤200	GB/T 18046—2017
6	含水量（质量分数）（%）		≤1.0	GB/T 18046—2017
7	SO_3 含量（质量分数）（%）		≤4.0	GB/T 176—2017
8	Cl^- 含量（质量分数）（%）		≤0.06	GB/T 176—2017
9	烧失量（质量分数）（%）		≤1.0	GB/T 18046—2017
10	不溶物（质量分数）（%）		≤3.0	GB/T 176—2017
11	玻璃体含量（质量分数）（%）		≥85	GB/T 18046—2017
12	放射性		I_{Ra}≤1.0 且 I_r≤1.0	GB 6566—2010

4.1.3　砂石骨料

（1）骨料应存放在封闭式或半封闭式的高塔式骨料仓或地仓式堆场中，不得直接露天堆放、暴晒；应尽可能避免骨料含水率的大幅波动，夏季高温时宜采取预冷措施以控制混凝土的出机与入模温度。

（2）粗骨料应选用级配合理、粒形良好、质地坚固、线膨胀系数小的洁净碎石，压碎值根据混凝土强度等级和岩性不同选取，如采用沉积岩配制 C35 混凝土时应小于 16%，吸水率不大于 2%，应符合国家现行标准《建筑用卵石、碎石》GB/T 14685、《普通混凝土用砂、石质量及检验方法标准》JGJ 52 的要求，其性能控制指标见表 4-4。

（3）粗骨料可选用连续级配或间断级配，最大公称粒径不宜超过钢筋的混凝土保护层厚度的 2/3，且不得超过钢筋最小间距的 3/4。

（4）细骨料应选用级配合理、质地均匀坚固、吸水率低、空隙率小的洁净天然中粗河砂，不得使用海砂、山砂及风化严重的多孔砂。

（5）细骨料宜选用优质天然砂，应符合国家现行标准《建筑用砂》GB/T 14684、《普通混凝土用砂、石质量及检验方法标准》JGJ 52 的要求，其性能控制指标见表 4-5。宜选用细度模数为 2.3～3.0 的Ⅱ区中砂，且配制泵送混凝土的砂中 0.315mm 以下颗粒含量宜控制在 12%～20%范围内。

（6）粗骨料质量主要控制项目应包括颗粒级配、针片状颗粒含量、含泥量、泥块含量、压碎值指标和坚固性，用于高强混凝土的粗骨料主要控制项目还应包括岩石抗压强度。细骨料质量主要控制项目应包括颗粒级配、细度模数、含泥量、泥块含量、坚固性、氯离子含量和有害物质含量，并按相关标准进行检测。

石子主要性能指标及其测试方法　　　　　　　　　　表 4-4

序号	检测项目	性能指标	测试标准
1	含泥量（质量分数）（%）	≤1.0	GB/T 14685—2011
2	泥块含量（质量分数）（%）	≤0.5	GB/T 14685—2011
3	针片状颗粒总含量（质量分数）（%）	≤15	GB/T 14685—2011
4	碎石压碎值（%）	≤16	GB/T 14685—2011
5	表观密度（g/cm³）	≥2.6	GB/T 14685—2011
6	松散堆积孔隙率（%）	≤47	GB/T 14685—2011
7	吸水率（%）	≤2	GB/T 14685—2011

砂主要性能指标及其测试方法　　　　　　　　　　表 4-5

序号	检测项目	性能指标	测试标准
1	含泥量（质量分数）（%）	≤3.0	GB/T 14684—2011
2	泥块含量（质量分数）（%）	≤1.0	GB/T 14684—2011
3	坚固性（硫酸钠溶液法）（%）	≤8.0	GB/T 14684—2011
4	表观密度（g/cm³）	≥2.5	GB/T 14684—2011
5	松散堆积密度（g/cm³）	≥1.4	GB/T 14684—2011
6	空隙率（%）	≤44	GB/T 14684—2011

（7）近年来，由于天然砂资源过度开采后的日益短缺，以及国家环境保护力度的不断加大，人工机制砂的使用量逐步增加。研究表明，机制砂的掺入通常会增大混凝土收缩，尤其石粉含量甚至泥含量较高时，因此，在城市轨道交通工程地下车站主体结构混凝土配制中，可以使用机制砂，但必须对其品质进行限定，除需要满足现行国家标准《建筑用砂》GB/T 14684 的相关要求外，尚宜满足表 4-6 和表 4-7 的控制指标。

机制砂级配要求　　　　　　　　　　表 4-6

公称粒径（mm）	5.00	2.50	1.25	0.63	0.315	0.160	0.08	<0.08
方孔筛尺寸	4.75	2.36	1.18	0.60	0.30	0.15	0.075	筛底
特优级	0～10	10～15	10～25	20～31	20～30	8～20	0～10	0～10
优级	0～10	5～25	5～30	15～36	15～35	3～25	0～10	0～10

机制砂主要物理性能控制指标　　　　　　　表 4-7

项目	控制指标				
	14684 建筑用砂			高性能混凝土用骨料	
	Ⅰ	Ⅱ	Ⅲ	特优	优
石粉含量（%）		≤10.0		≤10.0	≤8.0
泥块含量（%）	≤0.5	≤1.0	≤2.0	0	≤0.5
MB 值	≤0.5	≤1.0	≤1.4	≤2.0（石粉）	2.0～4.0（石粉）
石粉流动度比（%）		—		≥110	100～110

4.1.4 混凝土减水剂

（1）混凝土减水剂应采用与水泥相容性好、减水率高、坍落度损失小、适量引气、减小收缩且质量稳定的聚羧酸高性能减水剂，应符合现行国家标准《混凝土外加剂》GB 8076、《混凝土外加剂应用技术规范》GB 50119 及有关环境保护的规定，其主要性能控制指标见表 4-8，其中 28d 干燥收缩率比宜小于 100%。

（2）减水剂质量控制项目应包括掺减水剂混凝土性能和减水剂匀质性两方面。混凝土性能方面的主要控制项目应包括减水率、凝结时间差、抗压强度比和干燥收缩率比；匀质性方面的主要控制项目应包括 pH 值、氯离子含量和碱含量，并按相关标准进行检测。

混凝土减水剂主要性能指标及其测试方法　　　　　　　表 4-8

序号	检测项目		性能指标	测试标准
1	减水率（%）		≥25	GB 8076—2008
2	含气量（%）		≤6	GB 8076—2008
3	抗压强度比（%）	7d	≥140	GB 8076—2008
4		28d	≥130	GB 8076—2008
5	凝结时间差（min）	初凝	≥90	GB 8076—2008
6		终凝	—	GB 8076—2008
7	氯离子含量（质量分数）（%）		不超过厂控指标，建议≤0.6（折固计）	GB 8077—2012
8	28d 干燥收缩率比（%）		≤100	GB 8076—2008
9	pH 值		应在生产厂控制范围内	GB 8077—2012
10	碱含量（质量分数）（%）		不超过厂控指标，建议≤10（折固计）	GB 8077—2012
11	泌水率比（%）		≤70	GB 8076—2008

4.1.5 拌合用水

混凝土拌合用水应符合现行行业标准《混凝土用水标准》JGJ 63 的有关规定，不得使用海水、工业用水和 pH 值小于 5 的酸性水。

4.2 抗裂功能材料种类及性能要求

4.2.1 塑性混凝土水分蒸发抑制剂

由本指南 2.1.1 节塑性收缩原理可知,混凝土处在暴晒、大风或干燥环境中,表面水分蒸发速率大于泌水速率,毛细管负压产生的收缩应力超过混凝土塑性抗拉强度则会在混凝土表面产生塑性收缩裂缝。针对这一类型裂缝,当无法采取有效的表面覆盖保湿措施时,使用混凝土塑性阶段水分蒸发抑制剂可起到良好的塑性裂缝控制效果。

1. 基本原理和适用范围

混凝土塑性阶段水分蒸发抑制剂是一种喷洒于已成型尚处于塑性阶段的水泥净浆、水泥砂浆或混凝土的表面,形成单分子膜,能有效抑制其表面水分蒸发的材料。单分子膜水分蒸发抑制技术广义上是指利用两亲性化合物在气液界面自组装形成一定结构减少液体蒸发速率的一种技术手段。应用于塑性混凝土的水分蒸发抑制剂,主要利用两亲性化合物在混凝土表面泌水层形成单分子膜来降低水分蒸发,减少由于失水过快而引起的混凝土塑性收缩开裂、结壳和发黏等现象,从而达到改善混凝土质量、提高服役性能的目的。

混凝土塑性阶段水分蒸发抑制剂适用于蒸发速率大于泌水速率的塑性混凝土表面,尤其适用于高温、强日照、大风和低湿等恶劣环境条件下,无法有效保湿养护的大面积和大尺寸薄板等结构混凝土在塑性阶段的养护。

2. 性能指标和实施效果

混凝土塑性阶段水分蒸发抑制剂的匀质性指标和性能指标见表 4-9 和表 4-10,产品检测方法按现行行业标准《混凝土塑性阶段水分蒸发抑制剂》JG/T 477 进行。

混凝土塑性阶段水分蒸发抑制剂的匀质性指标   表 4-9

项目	指标
密度 (g/mL)	生产厂控制值±0.02
pH 值	≥6.0,生产厂控制值±1.0
氯离子含量 (%)	≤0.2
挥发性有机化合物含量 (VOC) (g/L)	≤50

混凝土塑性阶段水分蒸发抑制剂的性能指标   表 4-10

项目		指标
水分蒸发抑制率 (%)		≥25
抗压强度比 (%)	7d	≥100
	28d	≥100
磨耗量降低率 (%)		≥30
总开裂面积降低率 (%)		≥80
混凝土表面外观		无结壳或起皮

混凝土塑性阶段水分蒸发抑制剂通过有效抑制水分蒸发,从而大大降低混凝土表层和

内部水分的浓度梯度，避免塑性混凝土表面起皮和结壳等现象；其减少混凝土塑性阶段的水分蒸发效果与多因素有关：

（1）环境温湿度：环境温度升高和相对湿度的降低，均会使水分蒸发速率加大，但采用水分蒸发抑制剂的水分蒸发抑制效果更为凸显。

（2）水胶比：混凝土水胶比越小，抑制水分蒸发的效果越明显。

（3）掺合料：粉煤灰和矿粉的掺入会加快表面的水分蒸发速率，降低水分蒸发抑制效果。

（4）喷洒次数：增加喷洒次数可提高水分蒸发抑制效果。

（5）减缩剂的使用：水分蒸发抑制剂与减缩剂复合使用，效果更加明显。

除抑制水分蒸发，减少塑性裂缝外，混凝土塑性阶段水分蒸发抑制剂不影响分层浇筑的混凝土界面性能，且有助于提升混凝土的抹面性能，降低施工难度。同时，在混凝土表面形成的单分子膜对水分蒸发的抑制也为表层混凝土的水泥水化提供了必要的湿度条件，有效提升了水泥基材料表层的水化程度，优化了孔结构，对提升水泥基材料耐久性具有重要意义。

3. 使用方式及注意事项

混凝土塑性阶段水分蒸发抑制剂应按照厂家指定的比例稀释后使用，如未指定稀释比例，一般稀释比例为 1∶4。

稀释液使用前应充分搅拌均匀，可使用普通农用喷雾器或类似喷涂设备，喷雾的压力不能太小，避免雾化不良，一般压力以 0.3～0.5MPa 为宜。

喷涂时，宜沿一个固定方向移动喷头，喷嘴应平直于混凝土表面，喷嘴与混凝土表面的距离以 20～30cm 为宜。

为确保均匀喷涂于塑性混凝土表面，喷涂时，下一道宜压住上一道的 1/4 左右，避免漏喷现象。

在室外空旷的地方喷涂时，要注意风向，操作者宜站在上风向。

喷涂用量应根据混凝土所处的环境条件确定，一般情况下，1 升稀释液可喷洒 5～10m^2。在混凝土表面水分蒸发量极大的恶劣条件下，可重复使用水分蒸发抑制剂。

因冷冻分层后将无法恢复，因此施工温度不得低于 5℃。

混凝土塑性阶段水分蒸发抑制剂不能用来解决混凝土初凝以后的养护问题，不能代替初凝以后的养护材料和工艺。

4.2.2 减缩型聚羧酸高性能减水剂

1. 基本原理和适用范围

聚羧酸减水剂主要通过在水泥颗粒表面的吸附作用与分子自身的静电排斥或空间位阻作用实现新拌混凝土的高效分散，而传统低分子减缩剂（SRA）主要通过在孔溶液中稳定存在并降低表面张力来减少硬化混凝土的收缩。两者在作用空间和时间上都存在明显差异，难以实现减水和减缩的有机统一。减缩型聚羧酸高性能减水剂（SR-PCA）是在羧酸类接枝共聚物基体上，结合毛细管张力理论、吸附学说和空间位阻理论，采用原位接枝方法将特种活性两亲性聚醚单体接枝到聚合物主链中，有效解决了吸附分散与降低孔溶液表面张力间的矛盾，使得聚合物分子同时具有高减水、低收缩和高抗裂等特点，是最新一代

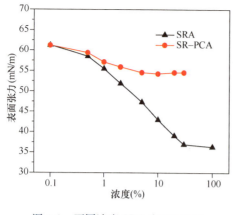

图 4-1 不同浓度 SRA 和 SR-PCA 对合成孔溶液表面张力的影响

多功能液体减缩抗裂型超塑化剂。

对于传统低分子减缩剂 SRA，其减缩机理在于它的存在明显降低了孔溶液的表面张力，如图 4-1 所示，从而在未显著影响水泥水化的情况下使体系内部 RH 维持在相对较高的水平，如图 4-2 所示。相应地，体系的孔隙负压在各个龄期相比基准体系则相对较低，如图 4-3 所示；此外，相比 SR-PCA 体系，SRA 体系具有更高的结晶压力（主要由氢氧化钙的结晶引起），如图 4-4 所示，同时硬化体系在早期具有较高的晶体含量和较低的孔隙率，因此总体上呈现出较高的膨胀应力并在水泥水化早期（约 26h 内）可以克服毛细收缩应力使体系首先产生膨胀现象，而后期呈现缓慢的收缩趋势，如图 4-6 所示。对于含有减缩型聚羧酸 SR-PCA 的体系来说，相比传统 SRA 体系，由于 SR-PCA 在水泥颗粒表面的吸附调节了水泥的水化进程，如图 4-5 所示，进而使得体系内具有较高的内部 RH，如图 4-2 所示。因此尽管其对孔溶液表面张力的降低效果有限（明显差于 SRA），如图 4-1 所示，相同含量下其对体系内孔隙负压的降低效果与 SRA 相当，如图 4-3 所示。同时，相比基准体系，由于 SR-PCA 的存在同样提高了体系内膨胀应力的水平，如图 4-6 所示，同样对体系早期的收缩起到一定的补偿作用。

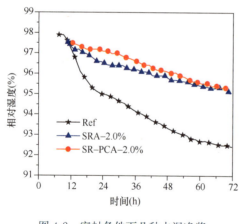

图 4-2 密封条件下几种水泥净浆试件早期内部 RH 的发展

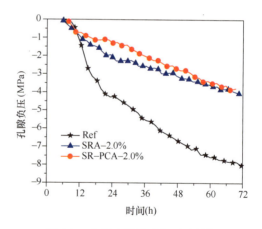

图 4-3 水泥净浆孔隙负压随龄期发展的趋势

SR-PCA 主要适用于隧道、地铁车站、城市综合管廊以及工业与民用建筑的底板、侧墙、顶板等对抗裂防渗要求高但持续保湿养护又比较困难的地下工程结构。

2. 主要性能指标及应用效果

（1）匀质性指标

减缩型聚羧酸高性能减水剂的匀质性要求应符合表 4-11 的规定。表 4-11 中性能指标反映了减缩型聚羧酸高性能减水剂本身的物理、化学性质，对保证产品在实际应用中准确

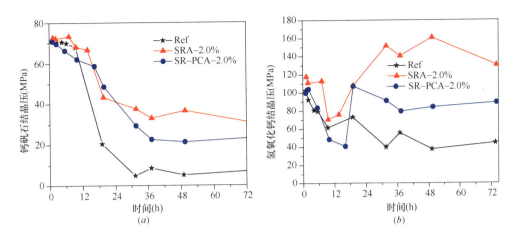

图 4-4 晶体相结晶压随龄期的变化
（a）钙矾石；（b）氢氧化钙

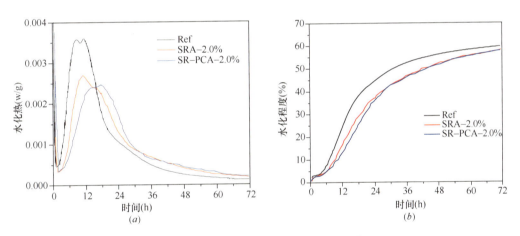

图 4-5 水泥净浆水化行为随龄期的变化
（a）水化热；（b）水化程度

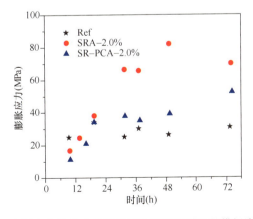

图 4-6 水泥净浆体系内部膨胀应力随龄期增长的模拟演化趋势

计量及控制混凝土中有害离子含量具有指导作用。匀质性指标规定了减缩剂的氯离子含量和总碱量,使设计人员在钢筋混凝土、预应力混凝土中掺用减缩型聚羧酸高性能减水剂时,能够正确计算混凝土氯离子总量,防止内部氯离子腐蚀钢筋。同时,当混凝土中含有活性骨料时,可有效控制混凝土总碱量。

减缩型聚羧酸高性能减水剂的匀质性指标　　　　　表 4-11

试验项目	性能要求
外观	均匀不分层
密度（g/cm³）	$D>1.1$ 时,要求为 $D\pm0.03$ $D\leqslant1.1$ 时,要求为 $D\pm0.02$
含固量（%）	不超过生产厂控制值
氯离子含量（%）	不超过生产厂控制值
总碱量（%）	不超过生产厂控制值

注：1. 生产厂应在产品说明书中明示产品匀质性指标的控制值；
　　2. 对相同和不同批次之间的匀质性和等效性的其他要求,可由供需双方商定；
　　3. 表中 D 为密度的生产厂控制值。

(2) 掺减缩型聚羧酸高性能减水剂的混凝土性能要求

掺加减缩型聚羧酸高性能减水剂的混凝土性能应符合表 4-12 的要求。该表规定了掺减缩型聚羧酸高性能减水剂混凝土减水率、凝结时间、含气量、抗压强度和减缩率的具体技术要求。基于多次的全国范围内对比试验数据,对掺减缩型聚羧酸高性能减水剂的混凝土凝结时间差进行了规范,要求在 -90~120 之间,是为了保证混凝土的可操作时间可控。为保证混凝土具有良好的体积稳定性,该表对早期减缩率和后期减缩率均作了相应规定,与普通聚羧酸减水剂作用效果的对比如图 4-7 所示。另外,SR-PCA 克服了传统减缩剂会导致混凝土强度下降的缺陷,如图 4-8 所示。同时,该表规定了含气量的控制指标,由于减缩型聚羧酸高性能减水剂具有一定的引气性能,有可能对混凝土强度、工作性和耐久性产生影响,因此为了避免含气量增大带来的负面影响,限定混凝土含气量控制在 5% 以内。

掺减缩型聚羧酸高性能减水剂混凝土性能要求　　　　　表 4-12

试验项目		性能要求
减水率（%）,≥		15
凝结时间之差（min）		-90~120
含气量（%）,≤		5
抗压强度比（%）,≥	7d	100
	28d	110
减缩率（%）,≥	7d	25
	28d	20
	60d	15

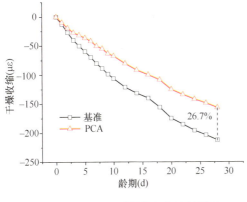

图 4-7 SR-PCA 对混凝土收缩的影响

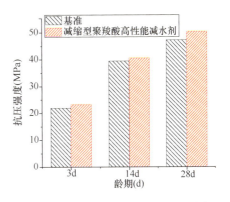

图 4-8 SR-PCA 对混凝土强度的影响

表 4-11 中匀质性指标通过肉眼观察产品外观确定，密度、氯离子含量、总碱量按照现行国家标准《混凝土外加剂匀质性试验方法》GB/T 8077 规定的试验方法进行检测，检测时使用的混凝土材料与配合比应符合现行国家标准《混凝土外加剂匀质性试验方法》GB 8076 的规定，基准混凝土与受检混凝土的配合比应符合现行国家标准《混凝土外加剂匀质性试验方法》GB 8076 的规定，包括：水泥用量 360kg/m³，砂率 36%～40%，用水量为将坍落度控制在 210±10mm 时的最小用水量，包括液体外加剂、砂、石材料中所含的水量，减缩型聚羧酸减水剂掺量为生产厂家的推荐掺量。混凝土的搅拌、成型和养护按照现行国家标准《混凝土外加剂匀质性试验方法》GB 8076 的规定执行，混凝土试验项目和数量见表 4-13。

混凝土试验项目及数量　　　　　　　　　　表 4-13

试验项目	试验类别	试验所需试样数量			
		混凝土拌合批数	每批取样数目	基准混凝土总取样数目	受检混凝土总取样数目
减水率	新拌混凝土	3	1 个	3 次	3 次
凝结时间之差	新拌混凝土	3	1 个	3 次	3 次
含气量	新拌混凝土	3	1 个	3 次	3 次
抗压强度比	硬化混凝土	3	6 块	18 块	18 块
减缩率	硬化混凝土	3	3 条	9 条	9 条

表 4-13 中的减水率按照现行国家标准《混凝土外加剂匀质性试验方法》GB 8076 的要求进行试验和计算；凝结时间之差按照现行国家标准《混凝土外加剂匀质性试验方法》GB 8076 的要求进行试验和计算；含气量按照现行国家标准《混凝土外加剂匀质性试验方法》GB 8076 的要求进行试验和计算；基准混凝土与受检混凝土的抗压强度按照现行国家标准《混凝土物理力学性能试验方法标准》GB/T 50081 的规定进行试验和计算，抗压强度比的计算按照现行国家标准《混凝土外加剂匀质性试验方法》GB 8076 进行；减缩率按照现行国家标准《普通混凝土长期性能与耐久性试验方法标准》GB/T 50082 规定的接触式方法进行基准混凝土和受检混凝土试样收缩率的检验及计算，检验龄期为 7d、28d 和 60d；减缩率按式下式计算，精确至 1%。

$$R_{\text{SRC}} = \frac{\varepsilon_{\text{rc}} - \varepsilon_{\text{tc}}}{\varepsilon_{\text{rc}}} \times 100\% \tag{4-1}$$

式中 R_{SRC}——待检减缩剂 7d、28d、60d 减缩率（%）；
ε_{rc}——基准混凝土 7d、28d、60d 的收缩率（%）；
ε_{tc}——受检混凝土 7d、28d、60d 的收缩率（%）。

每盘混凝土拌合物取三条试样，以三条试样减缩率的平均值作为计算结果，并列出单值。

3. 使用方式及注意事项

(1) 常用掺量（按重量计）为胶凝材料用量的 0.4%～1.0%，最佳掺量应根据混凝土原材料情况、环境气温、施工要求等，经试验确定。

(2) 减缩型聚羧酸高性能减水剂不得与萘系、氨基磺酸盐系和三聚氰胺系等高效减水剂混合或复合使用。当与其他外加剂品种（如缓凝剂、早强剂、引气剂等）同时使用时，应预先进行混凝土相容性试验。

(3) 在应用减缩型聚羧酸高性能减水剂配制混凝土前，需确认混凝土搅拌机、混凝土运输罐车、泵车及泵送管道等施工设备已清洗干净，并确保清洗水已排净，以免由于其他类型减水剂或水的残留影响减缩型聚羧酸高性能减水剂的应用效果。

(4) 掺减缩型聚羧酸高性能减水剂的混凝土生产过程中，应严格控制砂石含水率稳定性，当含水率发生波动时应及时调整骨料用量及拌和水量，以防混凝土新拌性能及硬化性能发生变化，影响工程应用。

(5) 检验。检验分为型式检验和出厂检验两种。有下列情况之一时，应进行型式检验：①新产品或老产品转厂生产的试制定型鉴定；②正式生产后，如材料、工艺有较大改变，可能影响产品性能时；③正常生产时，一年至少进行一次检验；④产品长期停产后，恢复生产时；⑤出厂检验结果与上次型式检验有较大差异时。出厂检验：除氯离子及总碱量项目每 3 个月至少检验一次外，出厂检验项目包括外观、密度、含固量、减水率。

(6) 判定规则。型式检验判定：指标符合表 4-9 和表 4-10 全部项目时应判断为合格品。出厂检验判定：型式检验报告在有效期内，且出厂检验结果符合表 4-9 的技术要求，可判定出厂检验合格。

(7) 产品说明书。产品出厂时应提供产品说明书，产品说明书至少应包括下列内容：①生产厂名称；②产品名称及类型；③产品性能特点、主要成分及技术指标；④适用范围；⑤推荐掺量；⑥贮存条件及有效期，有效期从生产日期算起，由企业根据产品性能自行测定，超过有效期应重新进行检验，检验合格方可使用；⑦使用方法、注意事项（应明确与其他外加剂的相容性问题）、安全防护提示等。

(8) 包装。液体减缩型聚羧酸高性能减水剂应采用塑料桶、金属桶包装或用槽车运输。包装净质量误差不超过 1%。产品也可根据用户要求进行包装。所有包装容器上均应在明显位置注明以下内容：产品名称和分类、型号、产品执行标准、商标、净质量或体积、生产厂家、有效期限。生产日期和出厂编号应在产品合格证中予以说明。

(9) 出厂。凡有下列情况之一者，不得出厂：技术文件（产品说明书、合格证、检验报告）不全、包装不符、质量不足、产品变质以及超过有效期限。产品匀质性指标的控制值应在相关的技术资料中明示。生产厂随货提供技术文件的内容应包括：产品名称及型号、出厂日期、特性及主要成分、适用范围及推荐掺量、总碱量、氯离子含量、安全防护提示、储存条件及有效期等。

（10）运输。减缩型聚羧酸高性能减水剂在运输、贮存时应采用塑料、玻璃钢、不锈钢等材质容器，不宜采用铁质容器；容器应保持清洁、干净。

（11）储存。高温季节，减缩型聚羧酸高性能减水剂宜置于阴凉处，防止暴晒；低温季节，应对其采取保温、防冻措施。

4.2.3 混凝土水化温升抑制剂

本指南2.3~2.5节中对地下车站不同部位混凝土开裂原因分析可知，温度开裂是最主要的开裂形式，在侧墙结构中尤为明显。本指南2.1.4节中详述了温度收缩产生的原因，要控制温度开裂其核心是控制混凝土结构温升及内外温差，即减少水化放热或增加结构散热降低结构混凝土温升，以及通过保温减少结构混凝土内外温差。

对于结构混凝土温升及温差控制，《大体积混凝土施工标准》GB 50496—2018，《水运工程大体积混凝土温度裂缝控制技术规程》JTS 202—1—2010，美国混凝土协会ACI207.1R-05《Guide to Mass Concrete》（大体积混凝土指南）总结了常用的控制措施如下：

（1）水泥水化放热方面：选用中低热水泥减少水化热，具体性能指标要求可参考现行国家标准《中热硅酸盐水泥、低热硅酸盐水泥》GB/T 200；减少单方胶凝材料用量以及使用矿物掺合料替代水泥，具体措施也可参考本指南4.3节中配合比设计方法。除了控制水泥水化热总量，还可以通过加冰、控制原材料温度，降低入模温度，降低水泥水化放热速率，进而降低温升，如图4-9所示，具体措施也可参考本指南5.4.2的入模温度控制方法。

（2）增加结构散热方面：合理的分层浇筑，减少混凝土结构体积；采用预埋冷却水管方法增加散热降低混凝土结构温度，具体措施也可参考本指南5.6节侧墙混凝土中布设冷却水管方法。

（3）控制内外温差方面：主要是合理的选用模板、控制拆模时间，并根据环境气温，选用合理的养护及保温措施，具体措施也可参考本指南5.8、5.9节。

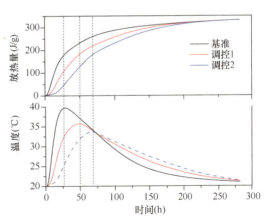

图4-9 胶凝材料水化放热历程与结构温升的关系（模拟结果）

除了上述常用的措施，近年来出现一项新的混凝土结构温控方法，其通过掺加化学外加剂调控水泥放热历程，降低早期放热量，进而降低混凝土结构温升，达到如图4-9所示效果。混凝土水化温升抑制剂（concrete temperature rise inhibitor，CTRI）是一类可以有效降低水泥水化加速期水化速率，且基本不影响水化总放热量的外加剂。CTRI从开始报道研究已经有近30年历史，2010年左右国内开始有产品应用，该类产品的建材行业标准已在报批阶段。目前该类产品已经在城市轨道交通工程地下车站现浇混凝土结构中得到广泛应用,并取得了良好的混凝土结构温控抗裂效果。

1. 基本原理和适用范围

混凝土水化温升抑制剂是一类可以有效降低水泥水化加速期水化速率,且基本不影响水化总放热量的外加剂,其对水泥水化的过程影响如图4-10和表4-14所示,掺加CTRI后,水泥水化诱导期有一定幅度的延长,但水化速率的峰值大幅降低,早期加速放热不明显,整个水化过程放热更均匀;图4-11为CTRI对尺寸为400mm×400mm×400mm、外部用50mm聚苯板保温的模拟小构件混凝土中心温度历程及温降收缩的影响,由于CTRI减少了早期水化放热量,配合一定的散热条件,其能够降低混凝土结构温升及温降收缩。

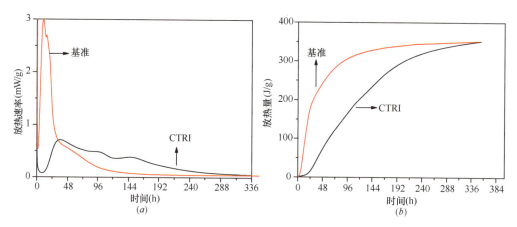

图4-10　TRI对普通硅酸盐水泥水化的影响（w/c为0.4,20℃恒温条件）

20℃下掺加TRI的普通硅酸盐水泥浆体不同龄期水化放热量与基准组的比值　表4-14

龄期（d）	放热量占比（%）	龄期（d）	放热量占比（%）
1	9	7	80
2	30	12	98
3	43	14	100
5	63		

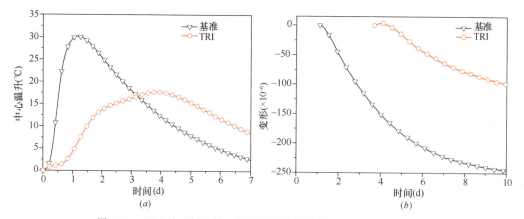

图4-11　TRI对混凝土结构温升及温降收缩的影响（半绝热条件）

混凝土水化温升抑制剂适用于具有高温升、快温降易形成温度裂缝的结构形式，尤其适用于胶凝材料放热量大，但结构尺寸较小或散热条件优良的结构形式。由于CTRI基本不降低水化放热总量，因此用于绝热环境或没有冷却水管等散热条件的超大体积近绝热结构中时，对温升几乎无影响。

2. 性能指标与测试方法

混凝土水化温升抑制剂的通用指标和性能指标见表4-15和表4-16，测试方法参照附录D。

通用指标　　　　　　　　　　　　　　　　　　　　　　　　表4-15

检验项目	指标
外观	颜色均匀的粉末
细度	不超过生产厂控制值
氯离子含量（%）	不超过生产厂控制值
含水率（%）	不超过生产厂控制值

性能指标　　　　　　　　　　　　　　　　　　　　　　　　表4-16

检验项目		指标
水化热降低率（%）	24h[1]	≥30
	7d[2]	≤15
凝结时间之差（min）	初凝	—[3]
抗压强度比（%）	7d	—[3]
	28d	≥90

[1] 24h水化热降低率，时间起点以水化放热量达到30.0J/g时开始计算。
[2] 7d水化热降低率，时间起点以加水后7min开始计算。
[3] 是否需要测定凝结时间之差、7d抗压强度比项目及性能指标，由供、需双方协商确定。

混凝土水化温升抑制剂其主要特点是调控水泥水化历程，降低水泥水化加速期水化速率，且基本不影响最终放热量，因此其可能延长混凝土凝结时间，会减少早期水化放热量，进而使得强度发展变慢。对于CTRI产品，其最重要的指标包括凝结时间之差，水化热降低率以及抗压强度比。

考虑到检测方法的便利性，并排除水灰比对水化反应的影响，水化热试验时将水灰比固定为0.4，其他步骤均按照《水泥水化热测定方法》GB/T 12959—2008中直接法进行。

温度是影响水化速率一个重要因素，温度越高，水化速率越快。一般情况下，温度每上升10℃，水泥早期水化速率基本要提高一倍，即在水泥水化早期，放出等量的水化热，温度每升高10℃，所需要的时间约减少一半。在工程应用中，实际的环境温度和混凝土浇筑温度均可能与试验室标准条件相差较大，特别是夏季炎热条件下，高温会加速水泥水化，导致混凝土温升增高，增加混凝土结构温度开裂风险；为了更好地符合工程实际情况，应用于日均气温≥25℃炎热气候的产品检测时，宜将砂浆初始温度控制在30±2℃，试验期间水槽内的水温设置为30±0.1℃，或也可由供需双方根据工程实际条件，商定检测条件。

在整个水泥水化过程中放热更均匀，特别是水化早期（加速期）水化速率大幅度降低，才能有效地降低结构混凝土温升，因此设立一个反映 CTRI 对加速期水化速率的影响指标——24h 水化热降低率。另外，评价 CTRI 对后期水化程度的影响，设立了 7d 水化热降低率指标。

水泥水化一般分为：快速溶解期，诱导期，加速期，减速期以及稳定期。水泥凝结后，水化进入加速期，会急速放出大量水化热，这也是结构混凝土早期快速温升的本质原因。由于直接法测试时体系温度会升高，因此无法确定直接法测试砂浆的凝结时间。经大量试验研究表明，当水泥初凝时其水化放热不会超过 30.0J/g，因此取 30.0J/g 作为水化加速期的起点；另外，调查实际工程中混凝土结构一般会在 1.2~1.5d 达到温峰，扣除混凝土 6~12h 的凝结时间，混凝土结构快速升温过程也基本在 24h 左右。综上所述：试验时以放热量达到 30.0J/g 为时间起点，之后 24h 内的放热量的大小来评价 CTRI 的水泥水化调控性能。

为更好地反映工程实际情况，凝结时间之差和抗压强度比参照现行国家标准《混凝土外加剂》GB 8076，使用混凝土进行测试。

凝结时间与工程需求有关，特别是夏季炎热气候，或者一次性浇筑较大方量时，为了保证混凝土工作性，混凝土凝结时间均需要适当延长；另外，凝结时间的延长不会对混凝土温升带来负面影响，因此凝结时间之差指标可根据实际工程需求而定。

CTRI 会影响混凝土早期强度发展，且一般情况下，其对水泥水化的调控效果越好，对早期强度的影响也越大。根据实际工程对温控的需求，供需双方协商确定是否检测 7d 抗压强度比项目及性能指标。

3. 使用方式及注意事项

混凝土水化温升抑制剂的检验分为出厂检验和型式检验。出厂检验至少包括外观、细度、含水率和 24h 水化热降低率；型式检验包含表 4-15 和表 4-16 中所有要求。

混凝土水化温升抑制剂可以采用袋装或散装，袋装需具备防潮功能。所有包装上均应在明显位置注明以下内容：产品名称、执行标准、商标、净质量、推荐掺量、使用方法、生产厂名、有效期限、注意事项、安全防护提示等；散装时应提交与袋装标志相同内容的卡片。

生产厂随货提供的技术文件包括：产品说明书、合格证、检验报告等。产品通用指标的控制值应在相关的技术资料中明示。搬运时应轻拿轻放，防止破损，运输时应避免淋雨、吸潮。CTRI 应存放在专用仓库或固定的场所妥善保管，以易于识别和便于检查、提货为原则。

结构混凝土温升与水泥水化放热和结构散热条件有关，因此 CTRI 控温效果与诸多因素有关：

（1）混凝土配合比：水泥用量越大、胶材放热越大的配比，在掺加 CTRI 后水化速率、结构温升的降低效果会更明显。

（2）入模、环境温度：温度越高会加速水泥水化，但采用 CTRI 后，一般情况下控温效果会越明显。

（3）散热条件：预埋冷却水管等增加散热速率的方法都会提升 CTRI 控温效果。

（4）结构尺寸：尺寸越小（薄）的结构中，CTRI 控温效果越好。

（5）混凝土水化温升抑制剂可能会有一定的缓凝作用，根据实际工程需求，经适配可适量削减甚至完全去掉减水剂中的缓凝组分。

（6）混凝土水化温升抑制剂调控水泥水化作用效果越好，其对强度发展影响越大，混凝土早期强度也越低，在试验时强度检测、实际工程中，可根据实际情况适当延长拆模时间。在需要高温控效果的工程中，满足国家政策法规的前提下，根据工程实际情况，可利用混凝土60d或90d的强度作为混凝土配合比设计、混凝土强度评定及工程验收的依据。

4.2.4 历程可控膨胀剂

利用膨胀组分在水化过程中产生体积膨胀来补偿水泥基材料的收缩，是抑制混凝土收缩开裂的有效措施之一。在水泥混凝土领域应用较多的膨胀剂的膨胀源主要有3种：硫铝酸钙水化成钙矾石、氧化钙（CaO）水化成氢成氧化钙、氧化镁（MgO）水化成氢氧化镁。不同的膨胀源其水化与膨胀特性各有不同，并不能完全满足各种结构形式的混凝土抗裂需求。

（1）钙矾石类膨胀剂

我国目前市场上流通广泛的膨胀剂当属基于钙矾石膨胀源的硫铝酸盐系膨胀剂，其在高水胶比、低强度等级的混凝土薄壁结构应用上有很多优点，能够在混凝土结构中建立足够的预压应力，抵抗后期收缩，从而有效控制混凝土开裂。但以低水胶比和大掺量矿物掺合料为特征的高性能混凝土，因低渗透性降低了自由水的扩散能力及矿物掺合料的二次火山灰反应大量消耗了体系中Ca(OH)$_2$，以致在某些难以进行湿养护的地方，钙矾石类膨胀剂的掺入反而有增大混凝土收缩开裂的风险。随着混凝土技术发展进入现代混凝土阶段，钙矾石类膨胀剂的应用出现了很多问题，总结起来主要有以下几个方面：

1）水化产物钙矾石是一种物理化学性质很不稳定的结晶体，一般认为在70～80℃就可以分解，造成延迟性钙矾石（DEF）的形成。此外，其稳定性在很大程度上取决于液相中SO_4^{2-}的浓度，当溶液中SO_3的浓度低于1.0g/L时，钙矾石转化为单硫型水化硫铝酸钙。在干燥环境下，钙矾石也不稳定，易脱水。本指南编者团队研究了养护温度等对一种钙矾石类膨胀剂的膨胀变形的影响规律，如图4-12所示。饱水养护条件下，20～40℃时钙矾石膨胀剂的膨胀值随温度升高而增大，28d内可产生持续的膨胀；当温度进一步升高到60℃和80℃时，钙矾石类膨胀剂的膨胀值随温度升高而减小，且明显低于20℃和40℃的膨胀值。密封养护条件下，80℃时钙矾石膨胀剂的膨胀值也明显小于20℃和40℃的膨胀值。实验证实了钙矾石类膨胀剂因高温条件下不稳定、易分解，从而无法产生显著的膨胀。

2）钙矾石的形成需要大量的水分，对早期的养护湿度要求较高，一般需要进行水中养护或湿养护14d以上。本指南编者团队对比研究了养护湿度对一种钙矾石类膨胀剂的膨胀效能的影响。40℃饱水养护下，内掺10%钙矾石类膨胀剂的净浆试件7d的膨胀值约为密封养护条件下的膨胀值的4.7倍。高性能混凝土一方面水胶比低，自身含水量少；另一方面孔隙结构致密，水分难以通过养护从外部补充进入，特别是对于侧墙这一类本身就难以进行早期养护的结构，钙矾石类膨胀剂很难产生足够的膨胀效能来补偿收缩。

3）钙矾石是一种溶解与再结晶能力很强的晶体。席耀忠等在研究延迟钙矾石形成与膨胀混凝土的耐久性中指出，钙矾石是一种溶解与再结晶能力很强的晶体，水泥体系为不

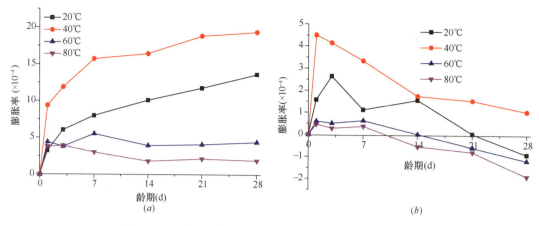

图 4-12　内掺 10% 钙矾石类膨胀剂的净浆试件的变形规律
(a) 饱水养护；(b) 密封养护

均匀不平衡的多相体系，水由高湿向低湿方向迁移，离子和离子团由高浓度向低浓度区域扩散，小尺寸的钙矾石晶体往往被水溶解由小空间迁移到大空间，析出并长成大晶体。钙矾石在压力水作用下，容易发生溶解、迁移和重结晶，这可能会引起混凝土膨胀应力的松弛，导致混凝土结构耐久性的降低。

(2) 氧化钙类膨胀剂

与钙矾石类膨胀剂相比，氧化钙类具有膨胀速度快、膨胀能大；对水养护的依赖程度相对较低；原料来源广、成本低，可节约大量的高品质铝矾土和石膏资源；膨胀相 $Ca(OH)_2$ 在完成膨胀作用之后，可以进一步与高性能混凝土中掺合料所含的活性 SiO_2 反应，生成 C-S-H 凝胶，对补充大掺量掺合料混凝土的 $Ca(OH)_2$、提高其抗碳化性能具有重要作用。但以氢氧化钙作为膨胀源的氧化钙膨胀剂也存在一些不足：水化较快，常温下 3~7d 膨胀就基本发挥完全，对水泥基材料后期收缩的补偿效果不大。膨胀性能的可调整性差，不能根据目标混凝土的收缩特点来调整，设计膨胀性能。

本指南编制团队通过实体结构变形监测表明，不同掺量下 CaO 类膨胀剂的膨胀效果差异主要体现在温升阶段。氧化钙类膨胀剂主要适用于厚度在 500mm 以内，具有补偿收缩、抗裂、防渗要求的侧墙、底板和顶板等 C30 及以上强度等级的混凝土薄壁结构。

(3) 氧化镁膨胀剂

与钙矾石类、CaO 类膨胀剂相比，MgO 膨胀剂具有水化需水量少、水化产物物理化学性质稳定、膨胀过程可调控设计等优点。MgO 具有延迟膨胀的特性已被工程界所认识并应用于补偿水工大体积混凝土的温降收缩。稳定、均匀制备的水化活性值 200~300sMgO 膨胀剂适用于补偿温升值高的大坝基础混凝土温降收缩。

长期研究表明，掺适量的 MgO 膨胀剂能有效地补偿混凝土因温降、干燥等引起的收缩，其长期的体积变形与力学性能是稳定的，膨胀曲线均匀，且无倒缩现象。但体积安定性是掺 MgO 混凝土的一个重要性能。当 MgO 膨胀剂掺量过大或水化活性值过大，则可能产生过度膨胀，从而引起混凝土的体积安定性问题。且常温条件下高活性值 MgO 膨胀剂的水化速率慢，产生的膨胀变形无法与混凝土的自收缩等早期收缩变形相匹配补偿，如图 4-13 所示。

高活性、较低活性值 MgO 膨胀剂，虽能产生早期膨胀部分补偿混凝土的自收缩等早期收缩变形，但完全可以被 CaO 类膨胀剂取代。相比于 CaO 类膨胀剂，相同掺量、较低活性值的 MgO 膨胀剂的膨胀效能低、需水量大、影响混凝土工作性；且高活性 MgO 膨胀剂采用菱镁矿煅烧制备，菱镁矿与石灰石相比资源相对匮乏，生产成本高于 CaO 类膨胀剂。

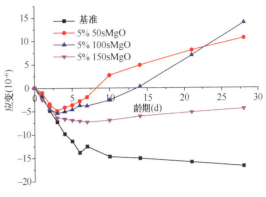

图 4-13　20℃养护条件下外掺 5%MgO 的混凝土自生体积变形

对于厚度大于 500mm、无温控措施、强度等级 C30 以上结构混凝土，内部温度达到峰值的时间约为入模浇筑后的 2～3d。CaO 类膨胀剂在常温 20℃水养条件下膨胀效能 3～7d 即发挥完全。对于上述结构混凝土，CaO 类膨胀剂仅能补偿混凝土的早期自收缩，无法完全补偿温降收缩和后期干燥收缩。钙类膨胀剂在结构混凝土温升阶段产生较大的膨胀变形，可补偿混凝土的自收缩等早期收缩变形并在混凝土中储存预压应力。再利用特定活性反应时间 MgO 膨胀材料的延迟膨胀特性，补偿结构混凝土的温降收缩和后期干燥收缩，从而期望实现分阶段、全过程补偿此类结构混凝土的收缩变形。

与现有膨胀材料相比，由特定活性 MgO 与 CaO 膨胀组分按一定比例复合而成的钙镁复合膨胀剂，目前该类产品已经在城市轨道交通工程地下车站现浇混凝土结构中得到应用，并取得了良好的混凝土结构抗裂效果。为了推动并规范钙镁复合膨胀剂的工程应用，经中国工程建设标准化协会（CECS）批准，江苏省建筑科学研究院有限公司编制了混凝土用钙镁复合膨胀剂的标准，期望促进大体积、大面积和超长地下结构混凝土的抗裂技术提升。

1. 基本原理和适用范围

如前文所述，不同种类膨胀剂水化膨胀特性不同。而在实际工程中，根据实际混凝土温度和水化历程，早期和中期产生的自收缩和温降收缩较大，需要大的膨胀来补偿，后期的自收缩和温降收缩较小，需要微量的微膨胀来补偿，使其不收缩，以稳定早期形成的膨胀预压应力。此时，采用单一类型的膨胀剂往往无法达到有效补偿混凝土不同阶段收缩变形的效果。

基于以上考虑，采用不同膨胀组分的多元复合，制备了钙镁复合膨胀剂，利用特制的氧化钙类膨胀组分实现早期膨胀，利用高活性氧化镁膨胀组分实现中期膨胀，利用低活性氧化镁膨胀组分实现后期膨胀，从而达到全过程补偿混凝土收缩的目的（图 4-14）。

具体而言，混凝土用钙镁复合膨胀剂（Calcium and magnesium oxides based expansive agent for concrete，CME）是由轻烧氧化镁膨胀材料与氧化钙类或硫铝酸钙-氧化钙类膨胀材料按照一定比例复合的混凝土膨胀剂。钙镁复合膨胀剂中 MgO 含量一般在 30%～50% 范围内。所述轻烧氧化镁膨胀剂材料是由菱镁矿经粉磨、轻烧制备而成，活性反应时间在 100～250s 范围内，与水泥、水拌和后经水化反应生成氢氧化镁，使混凝土产生体积膨胀的材料。所述氧化钙类膨胀材料是与水泥、水拌和后经水化反应生成氢氧化钙，使混

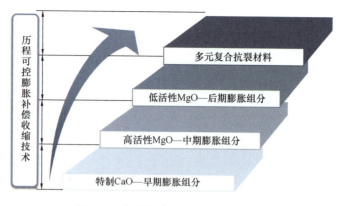

图 4-14 钙镁复合膨胀补偿收缩技术

凝土产生体积膨胀的材料。所述硫铝酸钙-氧化钙类膨胀材料是与水泥、水拌和后经水化反应生成钙矾石和氢氧化钙,使混凝土产生体积膨胀的材料。

温度对钙镁复合膨胀剂在混凝土中膨胀性能的发挥具有较大影响。如图 4-15 所示为一厚度 1000mm、强度等级为 C35 的模拟墙板混凝土构件的温度和变形历程。由图可知,混凝土在浇筑入模后的 2～3d 即达到温峰,而后温度急剧下降。比较基准混凝土与掺加 6% 的钙镁复合膨胀剂混凝土的变形历程发现,膨胀剂在温升温降阶段均产生了显著膨胀,在浇筑后 20d,混凝土就中心温度与环境温度相当,此时混凝土仍处于膨胀状态,仍具有可观的膨胀以补偿后期的自收缩和干燥收缩。

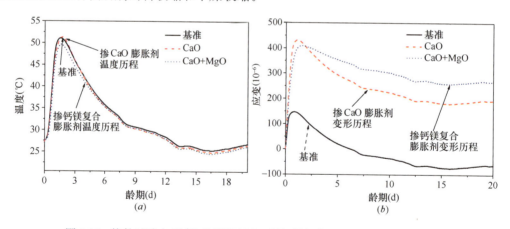

图 4-15 构件试验中 6%CaO 膨胀剂和 6%钙镁复合膨胀剂的温度-应变历程
(a) 实体温度监测;(b) 实体变形监测

具体而言,该混凝土用钙镁复合膨胀剂是指由氧化镁膨胀组分与氧化钙膨胀组分或氧化钙—硫铝酸钙类膨胀组分按照一定比例复合的混凝土膨胀材料,其中氧化镁膨胀组分一般采用活性反应时间在 100～200s 范围内的氧化镁,氧化镁含量一般在 20%～50% 范围内。

钙镁复合膨胀剂可调控性强,能有效补偿混凝土温降收缩、自收缩等早期变形,因此适用范围广泛,工业和民用建筑、市政工程、水利水运工程、桥梁工程等均可应用,在城市轨道交通工程地下车站主体结构混凝土的裂缝控制中同样表现突出,完成了一系列成功案例。

2. 补偿混凝土收缩效果

混凝土用钙镁复合膨胀剂的物理性能指标，见表 4-17。

钙镁复合膨胀剂物理性能指标　　　　表 4-17

项目			指标值	
			Ⅰ型	Ⅱ型
细度	比表面积(m²/kg)	≥	250	
	1.18mm方孔筛筛余（%）	≤	0.5	
	含水率（%）	≤	1.0	
凝结时间 （min）	初凝	≥	45	
	终凝	≤	600	
限制膨胀率 （%）	20℃水中 7d	≥	0.035	0.050
	20℃空气中 21d	≥	−0.010	0.000
	Δε		≥0.015，≤0.060	
抗压强度 （MPa）	7d	≥	22.5	
	28d	≥	42.5	

钙镁复合膨胀剂产品分类主要是为了适应不同的使用对象。对于普通工业与民用建筑中，结构才尺寸不是很大，混凝土温降阶段稍有补偿效果即可满足抗裂要求的，采用Ⅰ型即可。如混凝土结构温升较高，需要补偿的温降收缩较大，此时需使用Ⅱ型品。

本指南中细度要求包括两个方面的内容：比表面积（m²/kg）要求不小于 250；1.18mm方孔筛筛余不大于 0.5%。膨胀组分的细度大小与其水化膨胀速率有直接关系。MgO 具备延迟膨胀特性，其颗粒细小有利于 MgO 早期水化，导致混凝土早期膨胀，补偿较小尺寸结构中的快速温降收缩。<45μm、45～63μm 和 63～80μm 粒度范围内的 MgO 的膨胀性能相差不显著，可用 0.08mm 筛余控制细度。1.18mm 以上粒度 MgO 颗粒的存在，在水泥混凝土中会存在后期局部膨胀和应力集中、导致混凝土剥落和体积稳定性不好，所以需要控制粗颗粒的含量。参考《混凝土膨胀剂》GB/T 23439—2017，可将钙质组分的 80μm 筛余控制在 12% 以下；可降低钙质膨胀组分颗粒的局部膨胀，使浆体的膨胀更加均匀，防止局部应力集中引起胀裂。粗大颗粒规定 1.18mm 筛余不大于 0.5%，与日本 JIS A 6202 产品标准一致，主要考虑粗大颗粒水化较慢，不加控制会导致后期破坏性膨胀。参考 GB/T 23439、JISA 6202，设定复合膨胀剂的比表面积≥250m²/kg 时，钙质组分的 80μm 筛余控制可达 12% 以下。综合考虑，结合钙镁复合膨胀剂的细度及比表面积数据，设定上述参数。

混凝土用钙镁复合膨胀剂主要成分为活性氧化镁，钙质膨胀组分。钙质膨胀组分及氧化镁，极易吸收水分生成氢氧化钙、氢氧化镁，失去体积膨胀性能。为了确保混凝土用钙镁复合膨胀剂的使用效果，必须避免产品吸潮。因此设定含水率限值，与《水工混凝土掺用氧化镁技术规范》DL/T 5296 保持一致。

本指南的凝结时间与《混凝土膨胀剂》GB/T 23439—2017 标准保持一致，以便于推广。实验证实，混凝土用钙镁复合膨胀剂的初凝时间均大于 45min，终凝时间均小于 600min。

区别于《混凝土膨胀剂》GB/T 23439—2017 的限制膨胀率表征方法，结合实际混凝土施工工艺和混凝土温升情况，为突显混凝土用钙镁复合膨胀剂特有的延迟性膨胀特性，本指南采用了20℃养护方式表征钙质膨胀组分的膨胀性能，采用60℃养护方式表征氧化镁的膨胀特性。60℃水养下28d内，随着MgO活性反应时间值增大，MgO的最终膨胀量增大。胶砂28d与3d限制膨胀率差值（$\Delta\varepsilon$），随着MgO活性反应时间值增大，差值增大。

钙镁复合膨胀剂是氧化镁类、钙类及硫铝酸盐类膨胀剂的补充。参照《混凝土膨胀剂》GB/T 23439—2017，设定混凝土用钙镁复合膨胀剂20℃水中7d限制膨胀率≥0.035%，空气中21d的限制膨胀率≥−0.010%，为Ⅰ型品；设定混凝土用钙镁复合膨胀剂20℃水中7d限制膨胀率≥0.050%，空气中21d的限制膨胀率≥0.000%（即28d内无收缩），为Ⅱ型品。混凝土用钙镁复合膨胀剂的Ⅱ型品的膨胀效能要高于《混凝土膨胀剂》GB/T 23439—2017的Ⅱ型品要求。

混凝土用钙镁复合膨胀剂的分类，一方面考虑了补偿收缩材料的行业现状，另一方面又鼓励行业的产品质量革新。混凝土用钙镁复合膨胀剂Ⅱ型品高于我国现行国家标准《混凝土膨胀剂》GB/T 23439、日本《混凝土膨胀剂》JIS A 6202的标准要求。

本指南中胶砂7d抗压强度≥22.5MPa，28d抗压强度≥42.5MPa。其中混凝土用钙镁复合膨胀剂掺量为内掺5%，与《混凝土膨胀剂》GB/T 23439—2017保持一致。

混凝土用钙镁复合膨胀剂的化学成分指标，见表4-18。

钙镁复合膨胀剂化学性能指标　　　　　　　表4-18

项目	指标值	
	Ⅰ型	Ⅱ型
MgO含量（%）	≥30.0，≤50.0	
碱含量（%）	≤0.6	

本指南中MgO含量要求不小于30wt%，且不大于50wt%，主要考虑膨胀的有效性和安全性，GB/T 23439—2017中规定MgO含量不大于5%。混凝土用钙镁复合膨胀剂中MgO含量下限若设置太低，MgO的延迟膨胀补偿效果会不明显；且标准检测中，MgO的性能指标不易表征。混凝土用钙镁复合膨胀剂在混凝土中的掺量一般在6%~12%。综合考虑，本指南中设定MgO含量的下限不小于30wt%。

通过调研，为了防止MgO掺量过高导致大体积混凝土的安定性问题，MgO在水工大体积混凝土中应用一般掺量在4.0%~6.5%。因此，设定混凝土用钙镁复合膨胀剂中MgO含量不大于50wt%。

产品的碱含量以钠当量（$Na_2O+0.658K_2O$）计算值表示，若使用活性骨料，用户要求提供低碱含量的产品时，产品中的碱含量应不大于0.60%，或由供需双方协商决定。

同一编号混凝土用钙镁复合膨胀剂的匀质性指标应符合表4-19的规定。

同一编号混凝土用钙镁复合膨胀剂的匀质性指标　　　　　　　表4-19

项目	指标要求
MgO含量波动范围（%）	$K \pm 2.0$

注：K—产品出厂检验报告单上所列MgO含量。

混凝土用钙镁复合膨胀剂的产品测试方法参照现行《混凝土用钙镁复合膨胀剂》T/CECS 10082试验方法。

3. 使用方式及注意事项

实际工程中，受材料、环境、结构尺寸等诸多因素的影响，不同结构混凝土的温度历程差异很大，因此需根据混凝土实际温度历程，选择合适的氧化镁活性剂钙镁复合比例，以实现不同阶段收缩的有限补偿。使用过程中需注意：

（1）常用掺量为胶凝材料总量的6%～12%（内掺）。最佳掺量应根据原材料情况、环境温度、施工要求等，经现场试验确定。

（2）混凝土用钙镁复合膨胀剂应与水泥、砂、石一同加入搅拌机中。搅拌时间应适当延长至拌和均匀为准（一般强制式搅拌机延长30s左右，双锥或自落式搅拌机延长45s左右）。

钙镁复合膨胀剂出厂检验项目包括：MgO含量、细度、凝结时间、20℃水中7d限制膨胀率、60℃水中28d与3d限制膨胀率差值、7d的抗压强度。

钙镁复合膨胀剂型式检验包括上一节补偿混凝土收缩效果所有内容。有下列情况之一时，应进行型式检验：①正常生产时，每半年至少进行一次检验；②新产品或老产品转厂生产的试制定型鉴定；③正式生产后，如材料、工艺有较大改变，可能影响产品性能时；④产品停产超过90d，恢复生产时；⑤出厂检验结果与上次型式检验有较大差异时。产品经检验，检验结果均符合第5章全部要求，则判定型式检验合格，否则判定不合格。若有不合格项，则判定该批产品不合格，不合格产品不得出厂。

钙镁复合膨胀剂包装袋上应清楚标明：执行标准、产品名称、商标、标记、MgO含量、出厂编号、包装日期、净含量、生产厂家名称及严防受潮等字样。散装时应提交与袋装标志相同的卡片。

产品说明书应包括生产厂家名称、产品名称、适用范围、推荐用量、产品的匀质性指标、贮存条件及有效期、使用方法和注意事项等。

产品在贮存与运输时，不得受潮或混入杂物，不同类型的产品应分别贮存，不得混杂。

产品应存放在专用仓库或固定的场所妥善保管，以易于识别和便于检查、提货为原则。产品自包装日期起计算，在符合标准的包装、运输、贮存的条件下贮存期为180d，过期应重新进行物理性能检验。

4.3 抗裂混凝土配合比设计

城市轨道交通工程地下现浇混凝土配合比应根据实际结构形式、环境条件和施工工艺等进行设计，并应符合现行行业标准《普通混凝土配合比设计规程》JGJ 55的规定，且遵循低用水量、低水泥用量、适当水胶比、最大堆积密度和高性能减水剂等原则，在满足工作、力学与耐久性能前提下，对抗裂性能做出具体的要求。

4.3.1 抗裂混凝土性能要求

地下车站主体结构通常采用的C35P8强度等级混凝土的抗裂性能控制指标见表3-12。表3-12中的混凝土抗裂性能要求基于本指南第3章的结构混凝土抗裂性专项设计提出，如采用不满足表中要求的普通混凝土，则为保障抗裂性，需对施工工艺提出很高要求，如混凝土入模温度很低、分段浇筑长度很短等，事实上无法实施；表中混凝土抗裂性能的提出还考虑了实际可行性，通过适当的混凝土配合比优化与抗裂功能材料的使用是可以实现的，本节指南内容将具体阐述。

4.3.2 抗裂混凝土理论配合比计算

1. 混凝土配制强度

结构混凝土重要功能为承重，因而其抗压强度是主要的技术性能之一，而城市轨道交通实体结构混凝土抗压强度又受到原材料品质、施工条件、结构形式、养护条件等多种因素的影响，使硬化后的混凝土抗压强度有所波动，因而以配制强度作为目标值是合理的，它综合考虑了各种可能出现的因素所引起强度的变化。混凝土配制强度应按式（4-2）确定：

$$f_{cu,0} \geqslant f_{cu,k} + 1.645\sigma \tag{4-2}$$

式中 $f_{cu,0}$——混凝土配制强度（MPa）；

$f_{cu,k}$——混凝土立方体抗压强度标准值，这里取混凝土设计强度等级值（MPa）；

σ——混凝土强度标准差（MPa），一般按施工单位历史统计资料取值，如施工单位无历史统计资料，可按表4-20取值。

标准差 σ 值　　　　　　　　　　　　　　　表4-20

混凝土强度标准值	C30～C45	C50～C55
标准差 σ（MPa）	5.0	6.0

2. 混凝土水胶比

混凝土水胶比宜按式（4-3）计算：

$$W/B = \frac{\alpha_a \cdot f_b}{f_{cu,0} + \alpha_a \cdot \alpha_b \cdot f_b} \tag{4-3}$$

式中 W/B——混凝土水胶比；

α_a、α_b——回归系数；根据工程所使用的原材料，通过试验建立的水胶比与混凝土强度关系式来确定；当不具备上述试验统计资料时，可按表4-21选用；

f_b——胶凝材料28d胶砂抗压强度（MPa），可实测，且试验方法应按现行国家标准《水泥胶砂强度检验方法（ISO法）》GB/T 17671执行。一般来说，抗裂混凝土水胶比不宜高于0.42。

回归系数（α_a、α_b）取值表　　　　　　　　表4-21

粗骨料品种	碎石	卵石
α_a	0.53	0.49
α_b	0.20	0.13

当胶凝材料28d胶砂抗压强度值（f_b）无实测值时，可按式（4-4）计算：

$$f_b = \gamma_f \cdot \gamma_s \cdot \gamma_e \cdot f_{ce} \tag{4-4}$$

式中 γ_f、γ_s——粉煤灰影响系数和粒化高炉矿渣粉影响系数，可按表4-22选用；

γ_e——抗裂剂影响系数，应按实际统计资料确定；当抗裂剂主要成分为膨胀类材料时可按表 4-23 选用（该表是根据前期大量试验数据统计获得）；

f_{ce}——水泥 28d 胶砂抗压强度（MPa），可实测，也可按式（4-5）计算。

粉煤灰影响系数（γ_f）和粒化高炉矿渣粉影响系数（γ_s） 表 4-22

掺量（%）	粉煤灰影响系数 γ_f	粒化高炉矿渣粉影响系数 γ_s
0	1.00	1.00
10	0.85～0.95	1.00
20	0.75～0.85	0.95～1.00
30	0.65～0.75	0.90～1.00
40	0.55～0.65	0.80～0.90
50	—	0.70～0.85

混凝土抗裂剂影响系数（γ_c） 表 4-23

掺量（%）	C30～C45	C50～C55	C60
0	1.00	1.00	1.00
8	0.95～1.05	0.95～1.00	0.95～1.00
10	0.85～0.90	0.85～0.90	0.85～0.90

当水泥 28d 胶砂抗压强度（f_{ce}）无实测值时，可按下式计算：

$$f_{ce} = \gamma_c \cdot f_{ce,g} \tag{4-5}$$

式中 γ_c——水泥强度等级值的富余系数，可按实际统计资料确定；当缺乏实际统计资料时，也可按表 4-24 选用；

$f_{ce,g}$——水泥强度等级值（MPa）。

水泥强度等级值的富余系数（γ_c） 表 4-24

水泥强度等级值	32.5	42.5	52.5
富余系数	1.12	1.16	1.10

3. 混凝土用水量和外加剂用量

每立方米混凝土用水量按式（4-6）计算：

$$m_{w0} = m'_{w0}(1-\beta) \tag{4-6}$$

式中 m_{w0}——计算配合比每立方米混凝土的用水量（kg/m³）；

m'_{w0}——未掺外加剂时推定的满足实际坍落度要求的每立方米混凝土用水量（kg/m³）；

β——外加剂的减水率（%），应经混凝土试验确定。

每立方米混凝土中外加剂用量为：

$$m_{a0} = m_{b0}\beta_a \tag{4-7}$$

式中 m_{a0}——计算配合比每立方米混凝土中外加剂用量（kg/m³）；

m_{b0}——计算配合比每立方米混凝土中胶凝材料用量（kg/m³）；

β_a——外加剂掺量（%），应经混凝土试验确定。

4. 混凝土中矿物掺合料种类及掺量

从配合比优化角度来控制混凝土的水化热及结构温升的主要措施包括减少水泥用量和

掺加大掺量矿物掺合料。

水泥用量的多少直接影响水泥水化热的多少，一般每立方米混凝土，水泥用量每增减10kg，混凝土的温度相应升降1℃左右。因此，在保证混凝土强度等级、和易性、耐久性的情况下，应尽量减少水泥用量，以减少水泥的发热总量，从而降低混凝土内部的最高温度及所引起的温度应力。

在胶材用量不变的情况下，掺加矿物掺合料可以降低水泥用量、进而降低水化热和结构混凝土的温升，从而降低开裂风险。采用微量热法，测试了纯水泥体系、单掺粉煤灰或矿粉、粉煤灰和矿粉双掺条件下胶材的水化放热，如图4-16所示，从图中可以看出：

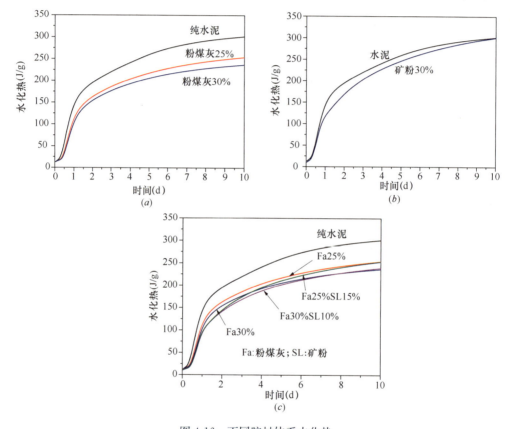

图4-16 不同胶材体系水化热
(a) 粉煤灰掺量影响；(b) 矿粉的影响；(c) 双掺和单掺比较

(1) 单掺粉煤灰可以有效降低放热总量：掺加25%和30%粉煤灰，分别降低放热总量14.7%和24.8%，如图4-16(a)所示。

(2) 矿粉在30%掺量范围内对水化热降低效果有限：掺加30%矿粉，在早期水化热略低，但10d后，其放热总量和纯水泥基本一致，如图4-16(b)所示。这主要是由于相对粉煤灰而言，矿粉其本身水化放热较大，与此同时，由于矿粉的加入，增加了有效水灰比，导致水泥最大水化程度增加，也导致水泥水化热的增加。上述综合效应使得矿粉在低掺量范围内对水化热的影响较小（相比粉煤灰）。

(3) 双掺条件下，"25%粉煤灰+15%矿粉"降低7d水化热的效果和单掺25%粉煤灰基本一致;"30%粉煤灰+10%矿粉"降低 7d 水化热的效果和单掺 30%粉煤灰也基本一致。但双掺条件下 5d 前的水化热低于单掺粉煤灰,如图 4-16(c)所示。

矿粉、粉煤灰的掺加对实体结构混凝土温升的影响如图 4-17 所示。实体结构监测结果同样表明,矿粉在较低掺量(30%以内)时,其对结构混凝土温升速率几乎无影响,对温峰值的调控效果也远低于同掺量的粉煤灰。

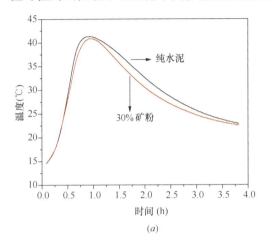 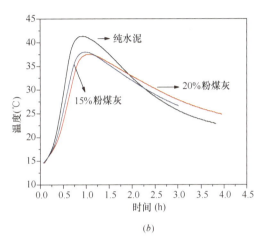

图 4-17 矿物掺合料掺入对结构混凝土温升影响(构件监测结果)
(a)矿粉掺入对结构混凝土温升影响;(b)粉煤灰掺入对结构混凝土温升影响

因此,由上述试验研究与理论分析结果可见,粉煤灰的掺入可有效降低混凝土水化温升,而矿粉则效果较弱,且大多数研究表明,矿粉的使用会增大混凝土收缩,不利于混凝土早期强度增长,且会劣化其抗碳化性能,因此综合考虑到城市轨道交通工程混凝土的力学性能、抗裂性能和耐久性能需求,需控制矿物掺合料最大掺量,宜符合表 4-25 的规定。

混凝土中矿物掺合料最大掺量　　　　表 4-25

矿物掺合料种类	水胶比	最大掺量(%)	
		采用硅酸盐水泥时	采用普通硅酸盐水泥时
粉煤灰	≤0.40	45	35
	>0.40	40	30
粒化高炉矿渣	≤0.40	65	55
	>0.40	55	45
复合掺合料	≤0.40	65	55
	>0.40	55	45

注:1. 采用其他通用硅酸盐水泥时,宜将水泥混合材掺量 20%以上的混合材量计入矿物掺合料;
　　2. 复合掺合料各组分的掺量不宜超过单掺时的最大掺量;
　　3. 在混合使用两种或两种以上矿物掺合料时,矿物掺合料总掺量应符合表中复合掺合料的规定;
　　4. 对于地下车站侧墙、顶板结构混凝土,宜单掺粉煤灰,不掺或少掺矿粉。

在确定矿物掺合料及其掺量前,可先设计多个不同的掺量方案,根据混凝土配置强度、耐久性能和抗裂性能要求,分别计算水胶比、用水量、胶凝材料用量等配合比参数,然后对不同矿物掺合料掺量方案的配合比进行技术经济比较,选取最佳掺量方案的配合比进行混凝土试配和调整，最终确定矿物掺合料种类及其掺量。

5. 混凝土胶凝材料总量和水泥用量

每立方米混凝土的胶凝材料用量按式（4-8）计算：

$$m_{b0} = \frac{m_{w0}}{W/B} \tag{4-8}$$

每立方米混凝土的矿物掺合料用量按4.3.2节制订的原则确定，并代入式（4-9）计算：

$$m_{f0} = m_{b0}\beta_f \tag{4-9}$$

式中 m_{f0}——计算配合比每立方米混凝土中矿物掺合料用量（kg/m³）；

β_f——矿物掺合料掺量（%）。

每立方米混凝土的抗裂剂用量按式（4-10）计算：

$$m_{e0} = m_{b0}\beta_e \tag{4-10}$$

式中 m_{e0}——计算配合比每立方米混凝土中抗裂剂用量（kg/m³）；

β_e——抗裂剂掺量（%），根据抗裂性控制指标确定。

在此基础上，每立方米混凝土的水泥用量按式（4-11）计算：

$$m_{c0} = m_{b0} - m_{f0} - m_{e0} \tag{4-11}$$

式中 m_{c0}——计算配合比每立方米混凝土中水泥用量（kg/m³）。

根据最小水泥用量原则，在满足混凝土强度和工作性的前提下，尽量选择最小水泥用量，增大骨料体积，以减小对混凝土收缩、水化热等产生的负面影响，这是提高城市轨道交通混凝土体积稳定性和抗裂性的一条重要措施。

6. 混凝土砂率及粗细骨料用量

砂率的大小不仅影响混凝土拌合物的保水性、黏聚性、浇筑密实度等一系列工作性能，而且过大的砂率往往也会增大混凝土收缩，因此需要根据实际的混凝土原材料情况确定一个最佳值。根据粗骨料最大堆积密度法则，应优化混凝土中粗骨料的级配设计，获取最大堆积密度和最小空隙率，以便尽可能减少水泥砂浆的用量，从而达到降低砂率、减少用水量和水泥用量的目的。

砂率根据骨料的技术指标、混凝土拌合物的和易性等综合确定。砂率与石子的堆积密度、空隙率、砂子的堆积密度和细度模数、水泥用量等有关，可按式（4-12）计算，并通过混凝土试配试验校核：

$$\beta_s = (0.902 + 0.18M_X - 7.66 \times 10^{-4}C_O + 1.5 \times 10^{-3}T)\frac{\rho_{os}P_g}{\rho_{os}P_g + \rho_{og}} \tag{4-12}$$

式中 ρ_{os}——砂子堆积密度；

ρ_{og}——石子堆积密度；

P_g——石子空隙率。

混凝土粗、细骨料用量用质量法或体积法计算。当采用质量法时，粗、细骨料用量应按式（4-13）计算：

$$m_{c0} + m_{f0} + m_{e0} + m_{g0} + m_{s0} + m_{w0} = m_{cp} \tag{4-13}$$

式中 m_{g0}——计算配合比每立方米混凝土的粗骨料用量（kg/m³）；

m_{s0}——计算配合比每立方米混凝土的细骨料用量（kg/m³）；

m_{cp}——每立方米混凝土拌合物的假定质量（kg/m³），可取2350～2450 kg/m³。

当采用体积法时，粗、细骨料用量应按式（4-14）计算：

$$\frac{m_{c0}}{\rho_c}+\frac{m_{f0}}{\rho_f}+\frac{m_{e0}}{\rho_e}+\frac{m_{g0}}{\rho_g}+\frac{m_{s0}}{\rho_s}+\frac{m_{w0}}{\rho_w}+0.01\alpha=1 \tag{4-14}$$

式中　ρ_c——水泥密度（kg/m^3），可按现行国家标准《水泥密度测定方法》GB/T 208 测定，也可取 2900～3100kg/m^3；

　　　ρ_f——矿物掺合料密度（kg/m^3），可按现行国家标准《水泥密度测定方法》GB/T 208 测定；

　　　ρ_g——粗骨料的表观密度（kg/m^3），应按现行行业标准《普通混凝土用砂、石质量及检验方法标准》JGJ 52 测定；

　　　ρ_s——细骨料的表观密度（kg/m^3），应按现行行业标准《普通混凝土用砂、石质量及检验方法标准》JGJ 52 测定；

　　　ρ_w——水的密度（kg/m^3），可取 1000 kg/m^3；

　　　α——混凝土的含气量百分数，在不使用引气剂或引气型外加剂时，α 可取 1。

4.3.3　抗裂混凝土实验室配合比确定

以上所得的配合比称为计算配合比或初步配合比。在实验室，用气干材料按求得的三组初步配合比进行试拌，其材料用量按计算值乘以系数 1.15。试拌中应测定混凝土拌合料性能，如不能达到所要求的和易性，则需要进行适当调整。校正后的材料用量与原来可能发生变动，再根据其实测容重求得调整后的每方混凝土原材料用量。测定三组混凝土的抗压强度、抗渗等级、自生体积变形、限制膨胀率、胶凝材料水化热，优选和易性、强度、抗裂性和耐久性均满足设计要求且经济合理的最佳组配合比。

通常情况下，最终设计得到的满足表 3-12 提出的抗裂性能要求的城市轨道交通工程地下车站主体结构 C35P8 混凝土配合比中各原材料用量宜在表 4-26 所规定的范围内。

在采用确定的混凝土配合比进行实际工程的浇筑施工时，尚应根据实际使用的混凝土原材料的性能波动情况进行适当调整，如砂含水率变化时，及时变更砂和拌合水的用量，以形成合理的施工配合比。

城市轨道交通工程地下车站现浇 C35P8 混凝土配合比（kg/m^3）　　表 4-26

原材料	水泥	粉煤灰	矿粉	砂	石子	抗裂剂	水	减水剂
底板、中板	230～300	0～60	0～80	750～850	1000～1100	0～23	160～170	适量
侧墙、顶板	230～300	60～120	0～40	750～850	1000～1100	30～32	155～165	

4.4　工　程　实　例

4.4.1　常州轨道交通

常州轨道交通工程基本情况可见 3.4.1 节中介绍。根据本章对低收缩、高抗裂混凝土原材料与配合比的要求，结合常州轨道交通工程实际情况，其实际采用的低收缩、高抗裂混凝土配制技术方案概述如下：

1. 混凝土原材料品质

(1) 常州地区土木建设工程通常采用的水泥品种包括金峰水泥、海螺水泥、盘固水泥、鹤林水泥、杨子水泥等，其主要性能满足现行国家标准《通用硅酸盐水泥》GB 175 的有关规定，其中 C_3A 含量通常在 4%～8%，碱含量不高于 0.6%，比表面积 360～390m^2/kg，可见水泥细度较大，不利于早期水化放热控制。

(2) 常州地区土木建设工程采用的粉煤灰一般来自本市及周边城市的火力发电厂，粉煤灰主要性能基本满足《用于水泥和混凝土中的粉煤灰》GB/T 1596—2017 中关于 Ⅱ 级灰的要求，但烧失量、需水量比等偶有超标，在实际使用过程中，应注意防范品质较差的磨细灰甚至假灰的混入。

(3) 常州地区土木建设工程采用的粒化高炉矿渣粉通常来自江苏地区规模较大的钢铁厂，如南钢、沙钢等，粒化高炉矿渣粉主要性能基本符合现行国家标准《用于水泥和混凝土中的粒化高炉矿渣粉》GB/T 18046 的要求，但 S95 级矿粉 7d 活性指数偶有偏低，比表面积通常不大于 450m^2/kg，可满足本指南要求。

(4) 常州地区土木建设工程中低强度等级混凝土（C60 以下）采用的粗骨料一般为石灰岩碎石，主要性能基本符合国家现行标准《建筑用卵石、碎石》GB/T 14685、《普通混凝土用砂、石质量及检验方法标准》JGJ 52 的要求，但堆积孔隙率往往接近 47% 的要求上限，偶有超出。

(5) 常州地区土木建设工程采用的砂通常为天然河砂或湖砂，来自于长江中下游及其支流地区，但近年来随着天然砂资源的日益短缺和国家环境保护力度的不断加大，机制砂的使用逐步增多。调研发现，天然河砂或湖砂细骨料主要性能基本可以满足国家现行标准《建筑用砂》GB/T 14684、《普通混凝土用砂、石质量及检验方法标准》JGJ 52 的要求，但机制砂品质良莠不齐，尤其是含泥量和细粉含量往往严重超标，在实际工程中应加强监管。

(6) 常州地区土木建设工程，尤其是市政工程通常采用聚羧酸高性能混凝土减水剂，主要性能满足现行国家标准《混凝土外加剂》GB 8076、《混凝土外加剂应用技术规范》GB 50119 及有关环境保护的规定，其 28d 干燥收缩率比一般在 100% 左右。

(7) 为提升混凝土抗裂性能，在示范车站和示范段中应用了复合有混凝土温升抑制剂和钙镁复合膨胀剂的混凝土抗裂剂，其主要性能指标满足表 4-27 的要求。

混凝土抗裂剂性能指标及测试方法　　　　　　　　表 4-27

检测项目		性能指标	测试标准
细度	比表面积（kg/m^3）	≥200	GB/T 8074—2008
	1.18mm 筛筛余（%）	≤0.5	GB/T 1345—2005
抗压强度	7d（MPa）	≥22.5	
	28d（MPa）	≥42.5	GB/T 17671—1999
限制膨胀率	水中 7d（%）	≥0.050	
	空气中 21d（%）	≥0	GB/T 23439—2017
	60℃水中 28d 与 3d 差值（%）	≥0.020	
初凝后水泥水化放热量比	24h（%）	≤50	GB/T 12959—2008
	7d（%）	≥85	

2. 混凝土配合比设计

参考常州轨道交通在建车站主体结构 C35P8 混凝土通常采用的配合比,在提升抗裂性能的要求下,依据本指南确定的原则,进行了如下优化:

(1) 主体结构 C35P8 混凝土胶凝材料用量不高于 400kg/m³,其中水泥用量不宜高于 280kg/m³,水胶比不宜高于 0.42。

(2) 对于主体结构墙体和顶板结构,单掺 25%～35%粉煤灰;其余部位可双掺粉煤灰和矿粉,掺量为 25%～40%;砂率为 38%～42%。

(3) 地下车站主体结构侧墙和顶板混凝土中掺入了占胶凝材料总量 8%的混凝土抗裂剂,对其早期变形与水化放热历程进行优化,混凝土限制膨胀率、自生体积变形、绝热温升等相关性能及其测试方法应满足表 4-26 的要求。

(4) 减水剂采用了减缩型聚羧酸高性能减水剂,掺量应根据实际的混凝土原材料与配合比情况进行调整,通常为胶凝材料总量的 1.5%～2.0%。

基于上述原则,初步设计了系列 C35P8 混凝土配合比进行试验研究,其中有代表性的部分配合比见表 4-28。在试验室中进行混凝土试拌并开展相关性能试验,包括力学性能、绝热温升、自生体积变形、耐久性等,试验过程如图 4-18～图 4-20 所示。试验结果显示,所有组别混凝土抗压强度均满足设计强度要求,抗渗等级和抗碳化深度也均满足要求,且掺加抗裂剂后混凝土抗碳化性能有所提升。

图 4-18　混凝土拌合物性能试验及试件成型

图 4-19　混凝土凝结时间、绝热温升及变形性能试验

图 4-20　耐久性测试用混凝土试件成型及养护

绝热温升测试和自生体积变形测试结果如图4-21和图4-22所示，由结果可知，在相同入模温度条件下，掺加抗裂剂制备的抗裂混凝土与基准混凝土在7d的最终温升值相同，但温升历程不同，掺加抗裂剂可明显降低混凝土放热速率。从图4-22中可以看出，抗裂剂的加入使得混凝土产生了显著的早期自生体积膨胀，且掺量越高，膨胀越大。

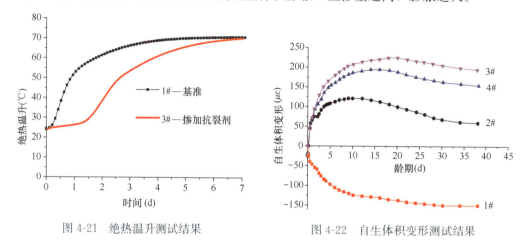

图4-21 绝热温升测试结果　　　　图4-22 自生体积变形测试结果

基于以上混凝土配合比设计和试验室性能测试结果，综合考虑技术效益与经济效益，最终提出的用于地下车站主体结构的混凝土配合比为表4-28中的1#和3#，分别应用于常州轨道交通1号线工程新桥站、河海大学站和文化宫站的底板、中板和侧墙、顶板结构中。

地下车站主体结构混凝土试验配合比（kg/m³） 表4-28

原材料		水泥	粉煤灰	矿粉	砂	石	抗裂剂	水	减水剂	坍落度(mm)	含气量(%)
规格		溧阳金峰P·O 42.5	国电Ⅱ级	国辉S95	赣江中砂	5～31.5mm连续级配	苏博特HME-V	饮用水	苏博特PCA-1		
底板、中板	1#	270	66	50	785	1040	0	164	5.8	180±20	2.7
	2#	270	50	43	785	1040	23	164	5.8	180±20	2.7
侧墙、顶板	3#	255	98	0	790	1047	30	155	6.9	160±20	2.6
	4#	255	90	0	790	1047	38	155	6.9	160±20	2.6

4.4.2 徐州轨道交通

徐州城市轨道交通工程地下车站主体结构用混凝土的工作、力学及耐久性能设计要求与常州地区相近，依据本指南确定的原则，对低收缩、高抗裂混凝土开展原材料优选及配合比设计工作。

1. 混凝土原材料品质

徐州地区土木建设工程通常采用的水泥品种主要是徐州中联水泥和诚意水泥，分别对2种水泥进行了取样分析，徐州中联水泥和诚意水泥表观密度均在3.10～3.15g/cm³之间，另分别采用X射线荧光半定量分析法、XRD-Rietveld无标样定量分析法对其化学组成、矿物组成进行了测试,测试结果如图 4-23、表 4-29、表 4-30 所示；采用勃氏法测得的中联水泥的比表面积为 $347m^2/kg$、诚意水泥的比表面积为 $379m^2/kg$。

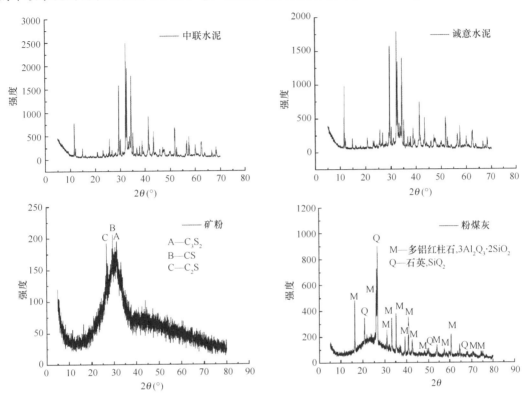

图 4-23 水泥、矿粉、粉煤灰 XRD 图谱

水泥化学组成（%）　　　　　　　　　　　　　　　表 4-29

氧化物	CaO	SiO$_2$	SO$_3$	Al$_2$O$_3$	MgO	Fe$_2$O$_3$	K$_2$O	Na$_2$O	TiO$_2$
中联水泥	57.288	21.960	2.459	6.355	2.243	3.040	0.694	0.183	0.363
诚意水泥	47.204	18.893	2.420	6.351	2.235	2.712	0.559	0.240	0.373

水泥矿物组成（%）　　　　　　　　　　　　　　　表 4-30

矿物相	中联	诚意	矿物相	中联	诚意	矿物相	中联	诚意
C$_3$S	41.9	43.7	K$_2$SO$_4$	0.8	1.3	CaCO$_3$	2.4	3.3
C$_2$S	13.2	14.1	CaSO$_4$·2H$_2$O	1.5	2.9	Ca(OH)$_2$	0.9	1.2
C$_3$A	3.2	5.7	CaSO$_4$·0.5H$_2$O	0.1	0.1	CaMg(CO$_3$)$_2$	—	—
C$_4$AF	8.6	7.4	CaSO$_4$	0.2	0.4	Amorphs	25.9	16.9
MgO	0.6	1.2	SiO$_2$	0.8	1.8			

徐州地区土木建设工程采用的粉煤灰一般来自本市及周边城市的火力发电厂，采用的粒化高炉矿渣粉一般来自江苏地区规模较大的钢铁厂。取样的 2 种在市政工程中常用粉煤灰和矿粉的表观密度分别为 $2.26g/cm^3$ 和 $2.92g/cm^3$，比表面积分别为 $463m^2/kg$ 和 $420m^2/kg$，化学组成见表 4-30，X 射线衍射图谱如图 4-23 所示。矿渣 XRD 谱线呈"驼峰"状分布，玻璃态含量很高，结晶峰较少，主要为少量的钙铝黄长石（C$_2$AS）、CS、

C_2S；粉煤灰 XRD 谱在 $2\theta=10°\sim30°$ 有相当程度的玻璃相的特征峰丘，但玻璃相含量较矿渣低，粉体中的结晶相主要是石英（SiO_2）和莫来石（$3Al_2O_3 \cdot 2SiO_2$）。

《混凝土结构耐久性设计与施工指南》CCES 01—2016 中规定："为改善混凝土的体积稳定性和抗裂性能，硅酸盐水泥或普通过酸盐水泥中的 C_3A 含量一般不宜超过 8%，水泥细度（比表面积）不超过 $350m^2/kg$"，诚意水泥的比表面积高于中联水泥，因水化放热较快导致的混凝土早期温升较高的风险高于后者。表 4-31 所示的粉煤灰各项性能满足《用于水泥和混凝土中的粉煤灰》GB/T 1596—2017 中 F 类 Ⅱ 级粉煤灰技术指标要求。表 4-31 所示的矿粉各项性能满足《用于水泥和混凝土中的粒化高炉矿渣粉》GB/T 18046—2017 中 S95 级矿粉技术指标要求。

粉煤灰、矿粉化学组成（%） 表 4-31

氧化物	CaO	SiO_2	SO_3	Al_2O_3	MgO	Fe_2O_3	K_2O	Na_2O	TiO_2	MnO	Cl
粉煤灰	6.22	47.4	0.849	32.0	0.795	6.12	1.57	0.700	1.63	—	0.744
矿粉	35.7	32.2	2.64	17.9	8.10	0.763	0.660	0.458	0.579	0.373	0.200

徐州地区土木建设工程中低强度等级混凝土（C60 以下）采用的粗骨料一般为石灰岩碎石，主要性能基本符合国家现行标准《建筑用卵石、碎石》GB/T 14685、《普通混凝土用砂、石质量及检验方法标准》JGJ 52 的要求，但堆积孔隙率往往接近 47% 的要求上限，偶有超出。

徐州地区土木建设工程采用的砂通常为天然河砂或湖砂，来自于长江中下游及其支流地区，但近年来随着天然砂资源的日益短缺和国家环境保护力度的不断加人，机制砂的使用逐步增多。调研发现，天然河砂或湖砂细骨料主要性能基本可以满足国家现行标准《建筑用砂》GB/T 14684、《普通混凝土用砂、石质量及检验方法标准》JGJ 52 的要求，且徐州轨道交通市场监管较为严格，用于轨道交通工程的砂品质总体较好，这对于控制混凝土胶凝材料总量和水泥用量起到了良好的作用。

抗裂功能材料采用 HME-V 混凝土（温控、防渗）高效抗裂剂（复合了混凝土钙类膨胀剂与水泥水化热调控材料）与 PCA-I 减缩型聚羧酸减水剂，满足本指南的相应要求。

2. 混凝土配合比设计

根据工程设计文件和《高性能混凝土评价标准》JGJ/T 385—2015，提出徐州城市轨道交通高性能混凝土耐久性控制指标，见表 4-32。

城市轨道交通工程地下车站结构高性能混凝土耐久性控制指标 表 4-32

项目		设计指标	备注
抗渗等级	用于地下车站底板、中板、顶板、侧墙结构	≥P12	按 GB/T 50082—2009 执行
电通量(C)		≤1500	按 GB/T 50082—2009 执行，混凝土 56d 龄期测试值
快速碳化深度（mm）		≤15	按 GB/T 50082—2009 执行，混凝土标养 28d 后，快速碳化至 56d 测试值
实体空气渗透系数（m^2）		$\leq 1.0\times 10^{-16}$	按 DGJ 32/TJ 206—2016 执行

在满足地下车站主体结构 C35P8 混凝土工作、力学及上述耐久性能的基础上，设计并优选低收缩、高抗裂混凝土配合比，其中有代表性的见表 4-33。

地下车站主体结构 C35P8 混凝土试验配合比（kg/m³）　　　表 4-33

原材料	编号	水泥	粉煤灰	矿粉	砂	石子	水	PCA-I	HME-V	结构部位
用量	1#	260	60	80	735	1090	175	适量	0	底板、中板
	2#	260	60	56	735	1090	175	适量	24	
	3#	239	42	78	712	1114	156	适量	31	
	4#	250	109	0	715	1118	148	适量	31	

对表 4-33 所示的配合比进行试验室试拌和相关性能测试，图 4-24 为混凝土自生体积变形试验结果。从图中可以看出，抗裂剂中膨胀组分的掺入使得混凝土产生了显著的早期自生体积膨胀；中联水泥细度较小，因此相较于诚意水泥，制备的混凝土早期强度发展较慢，收缩也较小，更有利于结构混凝土裂缝的控制；此外，对比 3# 和 4# 混凝土的变形发现，矿粉的加入显著增大了混凝土自收缩，降低了膨胀组分的作用效果。对于抗裂性要求较高的侧墙等结构部位，宜优先采用没有矿粉的混凝土配合比；选取表 4-33 中的 4# 配合比，测试了制备混凝土的绝热温升，试验结果如图 4-25 所示。

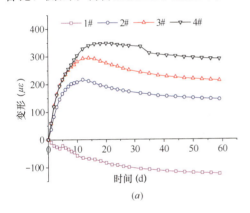
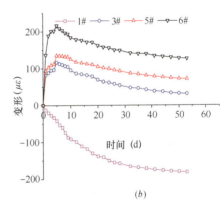

图 4-24　混凝土自生体积变形（以终凝为测试零点）
（a）中联商品混凝土；（b）诚意商品混凝土

选取表 4-33 中的 4# 配合比，使用双圆环法对混凝土早期徐变性能进行了测试，双圆环法测得的应力发展结果如图 4-26（a）所示，计算得到的混凝土的徐变系数随龄期的发展曲线如图 4-26（b）所示。

3. 混凝土构件试验

为保证高性能混凝土在城市轨道交通工程中的顺利实施应用，确保工程实施效果，在室内系统试验的基础上，在徐州诚意商品混凝土站和徐州中联商品混凝土站进行了室外实体构

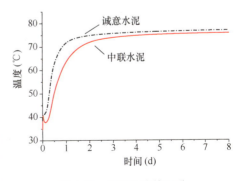

图 4-25　混凝土绝热温升

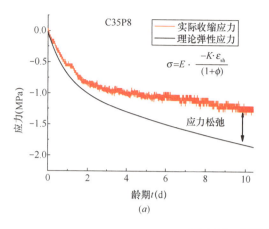
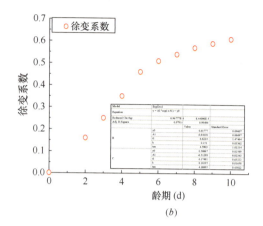

图4-26 混凝土早期徐变性能
(a) 应力发展；(b) 徐变系数

件试验，以进一步优选确定用于实际工程的混凝土配合比。构件厚度与实体侧墙相同，均为0.7m，浇筑混凝土后进行了温度、应变历程监测，以评估高性能混凝土的施工性能和抗裂性能，试验过程如图4-27和图4-28所示。其中，在诚意商品混凝土站研究了掺加抗裂功能材料对高性能混凝土的收缩变形影响，在中联商品混凝土站研究了钢筋约束对高性能混凝土收缩变形的影响。

图4-27 诚意商品混凝土构件试验

图4-28 中联商品混凝土构件试验

（1）抗裂功能材料对构件高性能混凝土温度、应变历程的影响

为研究掺加抗裂功能材料［HME-V混凝土（温控、防渗）高效抗裂剂］对高性能混

凝土收缩变形的影响，针对开裂风险较高的侧墙结构在诚意商品混凝土开展了构件试验，混凝土均采用实际生产流程在拌合楼中搅拌，为考察抗裂功能材料搅拌时间（运输时长）对高性能混凝土收缩变形的影响，根据实际工程特点，设置了罐车搅拌 1h 后再进行构件浇筑及监测试验。构件试验高性能混凝土配合比见表 4-34。其中 REF 为出锅后直接浇筑的基准组；HME1 为出锅后直接浇筑的抗裂剂组；HME2 为出锅后在罐车搅拌 1h 后浇筑的抗裂剂组。

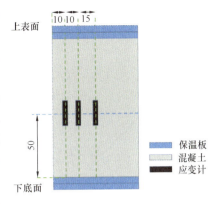

图 4-29 构件尺寸及传感器位置

所采用的混凝土构件尺寸为 0.7m×1m×1m，厚度方向为 0.7m，采用木模板，高度与长度方向使用 2cm×5cm 厚 XPS 保温板保温，无配筋，如图 4-29 所示。传感器位置及数量见表 4-35，按照距侧边 10cm、20cm、35cm 竖向布置。

诚意商品混凝土构件试验高性能混凝土配合比（kg/m³）　　　表 4-34

编号	水泥	粉煤灰	矿粉	砂	石子	水	PCA-I	HME
REF	270	120	0	715	1118	148	9.36	0
HME1、HME2	250	109	0	715	1118	148	9.36	31

构件试验传感器位置、种类及数量　　　表 4-35

传感器位置	距边 10cm(-s, -10)	距边 20cm(-M, -20)	距边 35cm(-C, -35)
传感器种类、数量	应变计1，温度传感器1	应变计1，温度传感器1	应变计1，温度传感器1

构件试验温度、变形监测结果如图 4-30 所示。从监测结果可以看出：

1) 掺加抗裂剂有助于降低构件混凝土温升值，实测结果约降低了 3.8℃，延长搅拌时间会使混凝土温升小幅增加约 1℃。

2) 在温升阶段，掺加 HME 可显著增大混凝土膨胀变形；与 REF 相比，HME1、HME2 在温升阶段额外产生了 213$\mu\varepsilon$、202$\mu\varepsilon$ 的膨胀变形。在温降阶段，HME 组降低了开裂风险较高的温降阶段的收缩变形，甚至在温降结束时混凝土仍产生可观膨胀。与 REF 相比，HME1、HME2 在温降阶段补偿了 91$\mu\varepsilon$、109$\mu\varepsilon$ 的收缩变形，由此可以看出，HME 的掺入在增大混凝土温升阶段膨胀变形的同时，还可在温降阶段产生可观补偿收缩变形，极大地提高了结构混凝土的抗裂性。从图 4-30（d）可计算出，温降阶段，REF、HME1、HME2 的单位温降收缩变形分别为 11.52$\mu\varepsilon$/℃、9.11$\mu\varepsilon$/℃ 和 8.77$\mu\varepsilon$/℃，掺入 HME 降低混凝土温降阶段单位温度收缩变形 20% 以上，可显著提高结构混凝土抗裂性。

3) 模拟实际远距离运输，增加罐车自转时间（1h），对掺加抗裂功能材料的混凝土总体的变形性能影响较小。

（2）抗裂功能材料对构件高性能混凝土温度、应变历程的影响，钢筋约束对构件高性

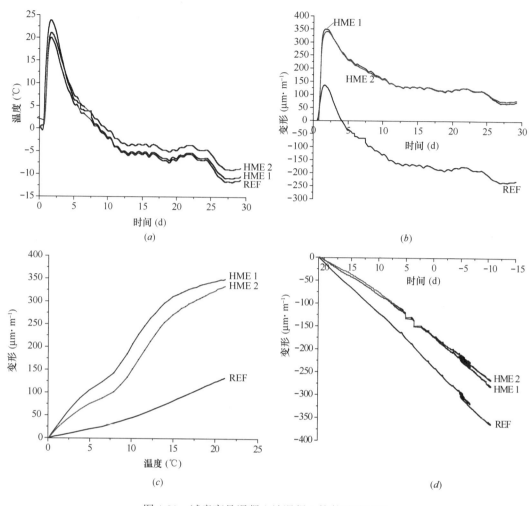

图 4-30　诚意商品混凝土站混凝土构件试验结果
(a) 温度监测结果；(b) 变形监测结果；
(c) 温升与温升变形之间的关系；(d) 温降与温降变形之间的关系

能混凝土温度、应变历程的影响

考虑到城市轨道交通工程中实体结构均为钢筋混凝土结构，为进一步模拟实际工况，在中联商品混凝土进行了 2 组混凝土构件试验，用于评估钢筋约束对高性能混凝土温度、应变历程的影响。混凝土构件尺寸为 0.7m×1m×1m，分别配置钢筋（与实体结构相同的配筋形式）和不配置钢筋，采用的高性能混凝土配合比见表 4-36。由于钢筋位置限制，2 组构件应变计位置不完全一致；有钢筋组，应变计方向与地面平行（横向放置），无钢筋组，应变计垂直于地面放置（竖向放置）。2 组构件中温度传感器位置相同，完全按照距侧边 10cm、20cm、35cm 竖向放置，如图 4-31 及表 4-37 所示。

中联构件试验高性能混凝土配合比（kg/m³）　　表 4-36

材料	水泥	粉煤灰	砂	石子	水	HME
用量	250	109	715	1118	148	31

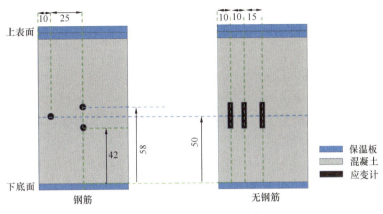

图 4-31 构件尺寸及应变计位置

构件试验传感器配置及编号   表 4-37

应变计编号		温度传感器编号	
钢筋	无钢筋	钢筋	无钢筋
钢筋-HME-中心：钢筋组距边 35cm	无钢筋-HME-中心：无钢筋组距边 35cm	钢筋-HME-中心：钢筋组距边 35cm	无钢筋-HME-中心：无钢筋组距边 35cm
钢筋-HME-边缘：钢筋组距边 10cm	无钢筋-HME-边缘：无钢筋组距边 10cm	钢筋-HME-边缘：钢筋组距边 10cm	无钢筋-HME-边缘：无钢筋组距边 10cm

构件试验温度、变形监测结果如图 4-32 所示。从监测结果可以看出：

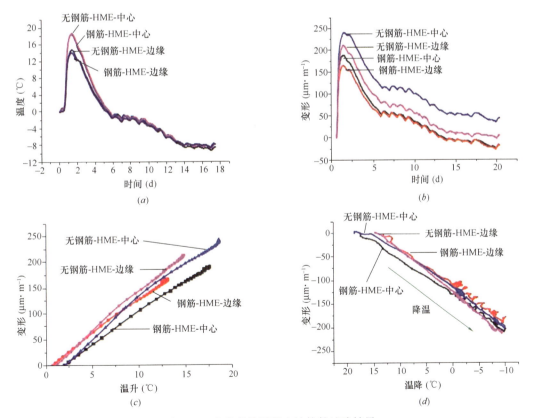

图 4-32 中联商品混凝土站构件试验结果

(a) 温度监测结果；(b) 变形监测结果；(c) 温升膨胀变形与温度关系；(d) 温降收缩变形与温度关系

1) 构件高性能混凝土温度历程如图 4-32（a）所示。结果表明，混凝土温升值在 14.06～18.68℃，厚度方向中心混凝土温升较大，靠近侧模的位置温升相对较小。有无钢筋的高性能混凝土构件相同位置的温度历程相近，可见钢筋对混凝土的温度历程影响不大。

2) 构件高性能混凝土应变历程如图 4-32（b）所示，结果表明，"无钢筋组"总膨胀应变以及内、外应变差都要大于"钢筋组"，可见钢筋对混凝土变形有一定的限制作用，减小了温升阶段混凝土的膨胀变形。

3) 将构件混凝土整个变形过程分为温升与温降 2 个阶段进一步研究高性能混凝土应变历程，如图 4-32（c）、（d）所示。在温升阶段，钢筋-HME-中心、钢筋-HME-边缘、无钢筋-HME-中心和无钢筋-HME-边缘的最大膨胀值分别为 $189\mu\varepsilon$、$166\mu\varepsilon$、$242\mu\varepsilon$ 和 $213\mu\varepsilon$，单位温升膨胀为 $10.13\mu\varepsilon/℃$、$11.81\mu\varepsilon/℃$、$12.96\mu\varepsilon/℃$ 和 $14.64\mu\varepsilon/℃$，表明在钢筋约束条件下，混凝土温升阶段的膨胀值有所减小。在温降阶段，上述四者的温降收缩值分别为 $201\mu\varepsilon$、$184\mu\varepsilon$、$207\mu\varepsilon$ 和 $211\mu\varepsilon$，单位温降收缩为 $7.04\mu\varepsilon/℃$、$7.95\mu\varepsilon/℃$、$7.35\mu\varepsilon/℃$ 和 $8.68\mu\varepsilon/℃$，表明在钢筋约束条件下，混凝土的温降收缩有所降低。对比温升和温降数据来看，在约束较大的中部，尽管钢筋约束使得混凝土在温升阶段的膨胀减小，但在开裂风险较大的温降阶段，温降收缩同样显著降低。

基于上述室内与构件试验结果，最终研究提出的徐州城市轨道交通工程 2 号线市政府站主体结构高性能混凝土配合比见表 4-38，该配合比在实际工程中取得了良好的应用效果。

徐州轨道交通 2 号线市政府站主体结构 C35 混凝土配合比（kg/m³）　　表 4-38

原材料	水泥	粉煤灰	矿粉	砂	石	抗裂剂	水	减水剂
	中联 P·O 42.5	国华Ⅱ级	金鑫 S95	江砂	5～31.5mm 级配碎石	苏博特 HME-V	饮用水	苏博特 PCA-I
底板、中板	240	70	90	725	1085	0	170	3.90
顶板、侧墙	250	109	0	740	1090	31	160	4.68

4.4.3 无锡轨道交通

为缓解无锡主城区的交通压力，适应城市迅猛发展态势，带动新城、新区的开发建设，无锡城市快速轨道交通建设开始不断规划建设。无锡地铁四号线是半环于无锡城区的一条辅助型线路，其一期工程起自与地铁 1 号线换乘的刘潭站，串联了惠山新城、城北商务区、河埒商务区、蠡湖新城和太湖新城，穿越惠山区、梁溪区、滨湖区三个板块。无锡地铁 4 号线一期工程刘潭站至贡湖大道站段，线路全长 24.4km，全部为地下线，设站 18 座。二期工程贡湖大道站至映月湖公园站段，全长约 19km，设站 11 座。在无锡地铁集团有限公司建设分公司的支持与配合下，选取了 4 号线青石路站作为抗裂技术的应用试点车站，该车站施工时间主要在夏季高温季节（日均气温＞23℃），因城市轨道交通工程普遍采用商品混凝土，缺乏如加冰屑拌和等有效的降温措施，混凝土入模温度往往超过 30℃，无锡地区 7～8 月份时甚至可以逼近 40℃，地下车站主体结构混凝土，尤其是侧墙结构混凝土的裂缝控制难度较为突出。

1. 混凝土原材料品质

（1）无锡地区土木建设工程通常采用的水泥品种包括海螺水泥、盘固水泥、鹤林水泥、中联水泥等，其主要性能满足现行国家标准《通用硅酸盐水泥》GB 175 的有关规定，其中 C_3A 含量通常在 4%～8%，碱含量不高于 0.6%，比表面积 360～390 m^2/kg，可见与常州地区情况类似，水泥细度较大，不利于早期水化放热控制。

（2）无锡地区土木建设工程采用的粉煤灰一般来自本市及周边城市的火力发电厂，粉煤灰主要性能基本满足《用于水泥和混凝土中的粉煤灰》GB/T 1596—2017 中关于 Ⅱ 级灰的要求，但烧失量、需水量比等偶有超标，在实际使用过程中，应注意防范品质较差的磨细灰甚至假灰的混入。

（3）无锡地区土木建设工程采用的粒化高炉矿渣粉通常来自江苏地区规模较大的钢铁厂，如南钢、沙钢等，粒化高炉矿渣粉主要性能基本符合现行国家标准《用于水泥、砂浆和混凝土中的粒化高炉矿渣粉》GB/T 18046 的要求，但 S95 级矿粉 7d 活性指数偶有偏低，比表面积通常不大于 450 m^2/kg，可满足本指南要求。

（4）与常州地区类似，无锡地区土木建设工程中低强度等级混凝土（C60 以下）采用的粗骨料一般为石灰岩碎石，主要性能基本符合国家现行标准《建筑用卵石、碎石》GB/T 14685、《普通混凝土用砂、石质量及检验方法标准》JGJ 52 的要求，但堆积孔隙率往往接近 47% 的要求上限，偶有超出。

（5）与常州地区类似，无锡地区土木建设工程采用的砂通常为天然河砂或湖砂，来自于长江中下游及其支流的所在地区，但近年来随着天然砂资源的日益短缺和国家环境保护力度的不断加大，机制砂的使用逐步增多。调研发现，天然河砂或湖砂细骨料主要性能基本可以满足国家现行标准《建筑用砂》GB/T 14684、《普通混凝土用砂、石质量及检验方法标准》JGJ 52 的要求，但机制砂品质良莠不齐，尤其是含泥量和细粉含量往往严重超标，在实际工程中应加强监管。

（6）与常州地区类似，无锡地区土木建设工程，尤其是市政工程通常采用聚羧酸高性能混凝土减水剂，主要性能满足现行国家标准《混凝土外加剂》GB 8076、《混凝土外加剂应用技术规范》GB 50119 及有关环境保护的规定，其 28d 干燥收缩率比一般在 100% 左右。

（7）为提升混凝土抗裂性能，在示范车站中应用了复合有混凝土温升抑制剂和钙镁复合膨胀剂的混凝土抗裂剂，其主要性能指标满足表 4-27 的要求。

2. 混凝土配合比设计

图 4-33 是夏季施工时，无锡地铁 4 号线某车站 0.7m 厚侧墙结构混凝土中心温度历程典型监测结果，由图可见，混凝土入模温度 36℃，浇筑后约 1.1d 时达到温峰，温升约 32 ℃；随后开始温降，至 8d 时基本降至环境温度，平均降温速率超过 5.5℃/d。基于上述温度历程，在工程应用之前，通过室内试验重点研究了掺有不同组成比例 CaO 与 MgO 膨胀组分的混凝土试件体积变形，以优

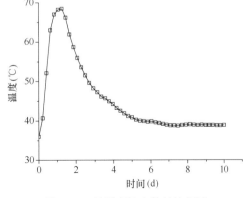

图 4-33 地下车站主体结构侧墙混凝土模拟温度历程

选出适宜的膨胀组分比例。

试验主要仪器如下：江苏苏博特新材料股份有限公司产 SBT-CDM（Ⅰ）型混凝土温度-应变无线监测系统，用于采集混凝土自浇筑成型后的温度与应变历程；依据《大坝监测仪器 应变计 第1部分：差动电阻式应变计》GB/T 3408.1—2008 生产的混凝土应变计，预埋入混凝土试件，连续监测体积变形；环境模拟试验箱，可调节箱内环境温度，进而影响混凝土试件温度，模拟实体结构混凝土温度历程；ϕ120mm×400mm 圆柱体 PVC 管，用作混凝土浇筑与体积变形测试的模具。

试验用混凝土原材料及配合比见表 4-39，在地铁车站主体结构原侧墙混凝土配合比基础上进行设计，固定掺入占胶凝材料总量 8% 的复合膨胀材料不变，调整其中 CaO（有效成分占比＞85%、1250℃生料煅烧）与 MgO 膨胀组分比例，分别为 8%CaO、6%CaO+2%MgO、4%CaO+4%MgO、2%CaO+6%MgO 和 8%MgO。

表 4-39 地下车站主体结构侧墙混凝土试验配合比（kg/m³）

原材料	水	水泥	粉煤灰	砂	石子	混凝土抗裂剂	减水剂
规格型号	饮用水	常州盘固 P·O42.5	苏州顺达Ⅱ级	中河砂	5~25mm 碎石	—	聚羧酸
基准	156	290	100	729	1093	0	5.85
补偿收缩	156	270	89	729	1093	31	5.85

混凝土试件变温条件下的体积变形试验结果如图 4-34 和图 4-35 所示。由图可见，温升阶段混凝土试件体积均表现为膨胀，基准、8%CaO、6%CaO+2%MgO、4%CaO+4%MgO、2%CaO+6%MgO 和 8%MgO 各组的膨胀峰值分别约 284$\mu\varepsilon$、589$\mu\varepsilon$、574$\mu\varepsilon$、516$\mu\varepsilon$、438$\mu\varepsilon$ 和 355$\mu\varepsilon$，可知 CaO 水化反应速率快、膨胀能大，其用量越高，温升阶段混凝土膨胀越大；温降阶段各组混凝土试件均开始收缩直至温降结束，这一阶段的最大收缩变形分别约 −347$\mu\varepsilon$、−358$\mu\varepsilon$、−347$\mu\varepsilon$、−289$\mu\varepsilon$、−280$\mu\varepsilon$ 和 −255$\mu\varepsilon$，可见 MgO 具有延迟膨胀特性，其用量越高，温降阶段混凝土收缩越小，但用量超过 4% 后，补偿收缩效果增加不明显，且试验中发现，MgO 用量较高会导致混凝土强度出现较大下降。因此，综合上述试验结果，4%CaO+4%MgO 的复合膨胀方案是较为合理的，温升阶段混凝土膨胀较高，温降阶段收缩则较小。

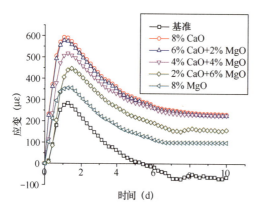

图 4-34 以终凝为"零点"的变温条件下混凝土试件体积变形

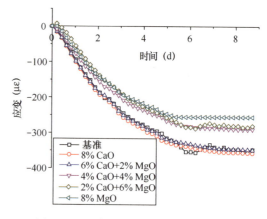

图 4-35 温降阶段混凝土试件体积变形

采用上述钙镁复合膨胀技术设计低收缩、高抗裂地下车站主体结构侧墙混凝土配合比，各原材料种类及其用量见表4-33中"补偿收缩"组，表中复合膨胀材料CaO与MgO组成比例为1∶1，该混凝土工作、力学与耐久性能试验结果见表4-34，满足设计与施工要求。为表征钙镁复合膨胀技术作用效果，表4-40中进一步增加了混凝土20℃下自生体积变形测试结果，56d龄期内始终为正值。

低收缩、高抗裂地下车站主体结构侧墙混凝土主要性能　　　表4-40

测试项目		计量单位	设计值	实测值
工作性能	坍落度	mm	160±20	170
	初/终凝时间	min	—	830/1010
力学性能（抗压强度）	7d	MPa	—	19.2
	28d		≥35.0	42.5
20℃下自生体积变形（以混凝土终凝为测试零点）	7d	με	—	252
	28d		—	194
	56d		—	168
耐久性能	28d碳化深度	mm	≤5.0	3.9
	56d电通量	C	≤2000	844

4.4.4　南通轨道交通

南通轨道交通1号线两相邻车站居康路站与居美路站作为裂缝控制技术在南通的初步应用试点，其中居康路站位于新开北路与规划横一路路口，沿新开北路南北向敷设，居康路站为地下两层岛式站台车站，车站净长291.5m，净宽18.30～29.75m。标准段基坑开挖深度16.65～18.78m，北端头井基坑开挖深度为18.31m，南端头井基坑开挖深度为20.78m。居康路站总平面图如图4-36所示。

图4-36　居康路站平面图

1. 混凝土原材料品质

（1）南通地区土木建设工程通常采用的水泥品种包括海螺水泥、盘固水泥、鹤林水泥、中联水泥等，其主要性能满足现行国家标准《通用硅酸盐水泥》GB 175的有关规定，其中C_3A含量通常在4%～8%，碱含量不高于0.6%，比表面积360～390m²/kg，可见与常州、无锡地区情况类似，水泥细度较大，不利于早期水化放热控制。

（2）南通地区土木建设工程采用的粉煤灰一般来自本市及周边城市的火力发电厂，粉煤灰主要性能基本满足《用于水泥和混凝土中的粉煤灰》GB/T 1596—2017 中关于Ⅱ级灰的要求，但烧失量、需水量比等偶有超标，在实际使用过程中，应注意防范品质较差的磨细灰甚至假灰的混入。

（3）南通地区土木建设工程采用的粒化高炉矿渣粉通常来自江苏地区规模较大的钢铁厂，如南钢、沙钢等，粒化高炉矿渣粉主要性能基本符合现行国家标准《用于水泥、砂浆和混凝土中的粒化高炉矿渣粉》GB/T 18046 的要求，但 S95 级矿粉 7d 活性指数偶有偏低，比表面积通常不大于 $450m^2/kg$，可满足本指南要求。

（4）与常州、无锡地区类似，南通地区土木建设工程中低强度等级混凝土（C60以下）采用的粗骨料一般为石灰岩碎石，主要性能基本符合国家现行标准《建筑用卵石、砂石》GB/T 14685、《普通混凝土用砂、石质量及检验方法标准》JGJ 52 的要求，但堆积孔隙率往往接近 47% 的上限要求，偶有超出。

（5）南通地区土木建设工程采用的砂通常为天然河砂或湖砂，来自于长江中下游及其支流的所在地区，但近年来随着天然砂资源的日益短缺和国家环境保护力度的不断加大，机制砂的使用逐步增多。调研发现，天然河砂或湖砂细骨料主要性能基本可以满足国家现行标准《建筑用砂》GB/T 14684、《普通混凝土用砂、石质量及检验方法标准》JGJ 52 的要求，但机制砂品质良莠不齐，尤其是含泥量和细粉含量往往严重超标；近年来，在建设工程中还出现了使用淡化海砂的情况，在实际工程中应加强监管。

（6）南通地区土木建设工程，尤其是市政工程通常采用聚羧酸高性能混凝土减水剂，主要性能满足现行国家标准《混凝土外加剂》GB 8076、《混凝土外加剂应用技术规范》GB 50119 及有关环境保护的规定，其 28d 干燥收缩率比一般在 100% 左右。

（7）为提升混凝土抗裂性能，在示范车站 1 号线居康路站、居美路站中应用了复合有混凝土温升抑制剂和钙镁复合膨胀剂的混凝土抗裂剂，其主要性能指标满足表 4-27 的要求。

2. 混凝土配合比设计

南通轨道交通 1 号线居康路站主体结构混凝土设计强度等级为 C35P8，在优选原材料的基础上，进行了混凝土配合比的设计。大量研究结果表明，少量矿粉的掺入不降低水泥早期水化放热速率和放热总量，且会增大混凝土自收缩。因此，综合考虑技术与经济效益，对于开裂风险相对较低的地铁车站主体结构底板混凝土，双掺了 15% 的矿粉和 21% 的粉煤灰，不掺入混凝土抗裂剂；对于开裂风险较高的侧墙和顶板结构混凝土，则在单掺 28% 的粉煤灰的同时，掺入了 8% 的混凝土抗裂剂，最终得到的地下车站主体结构底板、侧墙和顶板混凝土配合比，见表 4-41。

地下车站主体结构侧墙混凝土试验配合比（kg/m^3） 表 4-41

结构部位	水	水泥	粉煤灰	矿粉	砂	石子		混凝土抗裂剂	减水剂
						5～10mm	10～31.5mm		
底板	156	250	82	58	729	765	328	0	5.85
侧墙、顶板	156	250	109	0	729	765	328	31	5.85

注：5～10mm 和 10～25mm 粒径碎石比例为 3：7。

采用如表 4-41 所示的配合比，试验研究了地下车站主体结构底板、侧墙和顶板混凝土的早期绝热温升和自生体积变形，试验结果如图 4-37 和图 4-38 所示。由图 4-37 可见，侧墙、顶板混凝土的 7d 绝热温升值约 44.2℃，较底板混凝土降低了约 3.8℃，且前者早期温升速率同样得到了显著抑制，1d 绝热温升值只有约 21.9℃，占 7d 值比例不足 50%，可充分利用实体结构散热条件，降低其早期温升与温度峰值。由图 4-38 可见，采用《普通混凝土长期性能和耐久性能试验方法标准》GB/T 50082—2009 中的非接触法进行测试，侧墙、顶板混凝土 7d 和 28d 自生体积变形分别约 220$\mu\varepsilon$ 和 214$\mu\varepsilon$，而底板混凝土同期值则分别约 $-$123$\mu\varepsilon$ 和 $-$162$\mu\varepsilon$，可见抗裂剂中的膨胀组分有效补偿了混凝土早期自收缩，使其试验室标准条件下始终处于膨胀状态。综合上述温度与变形历程试验结果来看，采用温度场与膨胀历程双重调控技术制备的抗裂混凝土更有利于早期收缩裂缝控制，适宜于开裂风险较高的地下车站侧墙和顶板结构。

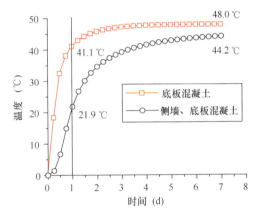

图 4-37 地下车站主体结构混凝土绝热温升

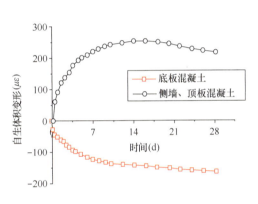

图 4-38 地下车站主体结构混凝土自生体积变形

采用上述配合比制备的地下车站主体结构底板、侧墙和顶板混凝土工作性能、力学性能与耐久性能试验值见表 4-42，满足设计与施工要求。

地下车站主体结构混凝土工作、力学与耐久性能　　　　表 4-42

	测试项目		计量单位	设计值	实测值	测试方法
工作性能	坍落度	底板	mm	180±20	185	GB/T 50080—2016
		侧墙、顶板			190	
力学性能	28d 抗压强度	底板	MPa	≥35.0	45.4	GB/T 50081—2019
		侧墙、顶板			43.7	
耐久性能	抗渗等级	底板	—	P8	P8	GB/T 50082—2009
		侧墙、顶板			P8	
	56d 电通量	底板	C	≤2000	1045	
		侧墙、顶板			980	

第5章 城市轨道交通工程地下现浇混凝土收缩裂缝控制施工工艺措施

从施工工艺措施角度出发，工程中对结构混凝土早期收缩裂缝控制已经有了大量深入而系统的研究，并且开发了有效的技术途径，譬如在结构内部预埋冷却水管，通过冷却水循环降温；或采取液氮、冷水喷淋等措施降低原材料（骨料、水泥等）温度来控制入模温度；设置滑动层减小外约束；分段分层分块浇筑等。这些方法对于混凝土早期收缩开裂表现出较好的抑制效果，在文献中已有比较详细的介绍，但往往对施工的要求较高，且尚不能完全解决现代混凝土的早期开裂难题。城市轨道交通工程有其特殊性，通常情况下，出于施工条件限制和成本控制的需要，这些施工工艺措施在属于市政工程领域的城市轨道交通工程中很难采用。

本章针对城市轨道交通工程地下车站主体结构现浇混凝土的实际工况条件，在前述抗裂专项设计和材料控制措施的基础上，提出了面向实际工程特点的抗裂施工工艺措施，包括施工季节选取、钢筋构造、分段浇筑长度、混凝土模板类型与拆模时间，以及混凝土生产、运输、浇筑、养护及监测等方面。综合运用上述工艺措施，可在基本不增加或仅少量增加施工建设成本的情况下，有效控制实体结构混凝土开裂风险，保障工程建设质量。

5.1 模 板 工 程

5.1.1 模板类型

城市轨道交通工程地下车站侧墙中主要采用的两类模板为木模板和钢模板。木模板虽然价格低廉，但周转次数较少，且散热性较差，因此会在一定程度上增加混凝土的内部温升，引起更大的温降收缩。钢模板一次性投入费用较高，但可周转次数多，且钢模板具有良好的散热性能，相比于木模板可有效降低内部混凝土的温度峰值。但另一方面，钢模板会加快侧墙内部的降温速率，对收缩裂缝控制也存在一定程度的不利影响。另外，钢模板较好的散热效果也可能会引起更高的内外温差，增加表面开裂的风险。

为分析钢模板和木模板对结构混凝土开裂风险的影响，在3.2.4节理论计算评估的基础上，本指南编制单位在实际工程中进一步分别对两种模板支护下的混凝土温度进行了监测，比较了夏季施工时二者对地铁车站侧墙结构混凝土温度历程的影响，监测结果如图5-1和图5-2所示。施工中采用的钢模板材质为Q235钢，厚度5mm，木模板材质为松木，厚度18mm。

由图5-1可见，在入模温度相近的情况下，由于钢材的导热系数远大于木材，环境风速0.5m/s时，采用钢模板施工的侧墙结构侧表面散热系数约78kJ/(m^2・h・K)，采用木模板时约20kJ/(m^2・h・K)，利用良好的散热条件，前者中心混凝土最大温升低于后者约

5.0℃，随后的温降也得以显著降低，有利于混凝土的裂缝控制；约3d时拆除模板，同样因为钢模板散热好、保温作用弱，拆模前后侧墙中心的温降速率未见明显变化。

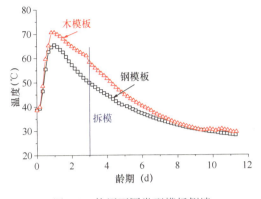

图 5-1 使用不同类型模板侧墙
混凝土中心温度历程

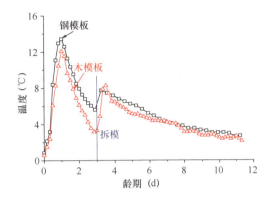

图 5-2 使用不同类型模板的侧墙混凝土
里表温差

另一方面，由图 5-2 可见，采用钢模板施工的侧墙混凝土里表温差略大于采用木模板的工况，这也证明钢模板的保温效果较弱，但由于轨道交通地下车站侧墙厚度不大，无论是采用钢模板还是木模板，侧墙混凝土里表温差均不超过 14℃，处于较低的水平。因此，综合上述因素考虑，对于地铁车站主体结构侧墙施工而言，采用钢模板总体更有利于其早期收缩裂缝控制。

5.1.2 模板支撑体系

如 5.1.1 节所述，城市轨道交通工程地下车站主体结构侧墙宜采用钢模板施工，如组合式大钢模，以确保模板结构受力体系稳定，防止出现荷载裂缝；其余底板、中板和顶板结构使用木模板或钢模板均可。模板支撑体系施工因涉及危大工程，应邀请专家进行论证、把关，并严格按完善且报审通过的方案进行施工。

图 5-3～图 5-6 为地下车站主体结构底板、侧墙、中板和顶板的模板系统，其中侧墙采用单侧支架体系进行施工，单侧支架由埋件系统和架体两部分组成，其中埋件系统包括：地脚螺栓、连接螺母、外连杆、蝶形螺母和压梁。埋件系统和架体受力均需满足要

图 5-3 底板模板系统

图 5-4 侧墙模板系统

求，确保不出现跑模、胀模现象。预埋件的规格、强度、施工工艺均需满足设计和规范要求，侧模板支撑体系应有相关加固措施，确保侧墙模板支撑体系安全性、稳定性。

图 5-5 中板模板系统

图 5-6 顶板模板系统

5.2 钢筋构造措施

5.2.1 钢筋直径与间距

建筑结构在其建造服役过程中往往承受荷载作用和非荷载作用，其中，静荷载、动荷载和其他荷载成为荷载作用，温度、收缩、不均匀沉降等则成为非荷载作用。裂缝的产生绝大多数是由非荷载作用引起的，构造配筋对裂缝的控制是有效的。但如何选取合理的钢筋类型及其布置方式，才能更有效地控制非荷载裂缝的产生与发展尚无明确的结论。为具体研究构造钢筋对非荷载裂缝产生与发展的影响，经设计单位、施工单位及苏博特公司共同商讨确认，选取常州地铁1号线河海大学站十六流水段进行同步试验分析。在本车站侧墙分布钢筋采用Φ20@150的基础上，按照构造配筋的要求，以等面积代换的原则，在将施工的某节段两侧侧墙分别设置Φ20@150（东侧）、Φ16@100（西侧）两类构造钢筋，如图5-7所示，其余因素等均维持不变的情况下，采用"待定系数法"研究"细而密"钢筋替代"粗而稀"钢筋对混凝土裂缝的控制作用。

对比两侧侧墙浇筑阶段、带模养护阶段以及拆模18d内的温度与变形监测结果可见，二者温度历程基本一致，但变形历程存在一定差异：温升阶段，西部侧墙最大膨胀值比东

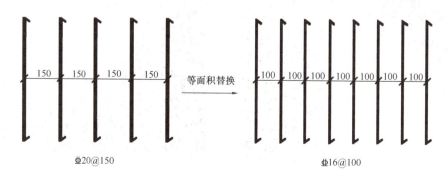

图 5-7 不同构造钢筋布置情况

部侧墙最大膨胀值降低10%～20%，温降阶段的最大收缩值则降低5%～15%。对比东西侧墙拆模前后各测点单位温升膨胀速率和单位温降收缩速率可知，东侧侧墙的变形速率均明显大于西侧侧墙，表明细而密的钢筋使得混凝土内部膨胀收缩应力分布更均匀，更有利于提高混凝土结构的抗裂性，降低开裂风险。

5.2.2 洞口处45°抗裂筋

在轨道交通地下工程中，车站各层板、内衬墙等因建筑环控专业及施工要求需在结构上预留孔洞，洞口存在的应力集中现象可能会产生裂缝。

在设计时，一般结构孔洞较大的板、墙周边设置加强梁柱等，增加混凝土结构抗拉能力，减小洞口应力集中效应。这些措施很大程度上控制了裂缝的产生，起到了较好的效果，但实际施工过程中发现车站顶、板盾构出土孔角部附近依然易出现一定数量的结构裂缝，这些裂缝沿洞口角部向外呈放射状。

结构开洞处的应力集中裂缝一般多与混凝土收缩和温度变化有关，同时也可能存在一部分荷载。为控制此类裂缝或温度应力集中，除建议在设计过程中考虑堆载因素外，还可加强结构配筋。基于以上考虑，在常州地铁1号线博爱路站开展了构造钢筋是否配制对结构孔洞周边裂缝影响的研究工作，钢筋布置如图5-8所示。对比洞口两种配筋的监测结果可以看出，二者温度历程基本一致，但在温升膨胀阶段，洞口加密钢筋混凝土单位温升膨胀速率略小于不加密钢筋混凝土（相差约$0.24\mu\varepsilon/℃$），这表明钢筋加密后对混凝土内储存膨胀压应力基本无影响；在温降收缩阶段，洞口加密钢筋混凝土的单位温降收缩速率比不加密钢筋混凝土小$1.96\mu\varepsilon/℃$，这表明在开裂风险较为显著的温降阶段，采取钢筋加密措施后，可在一定程度上降低温降阶段的收缩应力，使得收缩应力分布更为均匀，避免了洞口附近应力集中，提高了混凝土的抗裂性，降低了开裂风险。

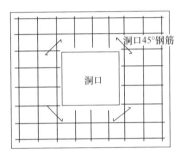

图5-8 洞口45°构造钢筋情况

5.3 混凝土生产与运输

混凝土采购时应优先就近选用信誉好、供应能力强的商品混凝土供应商，确保混凝土质量可靠、性能良好且能连续供应，满足连续浇筑的要求。

采用商品混凝土时，要求混凝土搅拌站对水泥等粉料的使用温度应随时能够进行检测及记录，混凝土拌和选材应固定、计量准确，拌和时间应达到规范要求，拌和得到的混凝土匀质性应合格。

5.3.1 生产设备要求

生产设备应符合现行国家标准《混凝土搅拌站（楼）》GB/T 10171、《混凝土搅拌机》GB/T 9142和现行行业标准《混凝土搅拌运输车》JG/T 5094、《预拌混凝土绿色生产及管理技术规程》JGJ/T 328等的相应规定。

5.3.2 原材料的储存

混凝土的原材料应严格控制在进场环节,并控制生产所用原材料的质量,采用科学的储存方式以满足混凝土生产的要求。原材料的进场与储存还应满足环境保护的要求。原材料进场与储存应满足以下要求:

(1) 混凝土原材料进场时,供方应按规定批次向需方提供质量证明文件。质量证明文件应包括型式检验报告、出厂检验报告与合格证等,外加剂、纤维等产品还应提供使用说明书。

(2) 原材料进场时应进行检验,检验样品应随机抽取。首次进货检验应将相应的原材料按照标准要求的检验项目做全,其检验结果应符合相关标准、规范的要求。

(3) 水泥应按不同生产厂家、不同品种和强度等级分别标识和储存;并应采取防止水泥受潮及污染的措施,不得采用结块的水泥用于生产混凝土;水泥出厂超过3个月应进行复检,合格者方可使用。水泥用于生产时的温度不宜高于60℃。

(4) 矿物掺合料应按不同产地、不同品种和质量等级分别标识和储存,不应与水泥等其他粉状材料混杂,并应防潮、防雨。矿物掺合料存储期超过3个月应进行复检,合格者方可使用。

(5) 粗、细骨料应按不同品种、规格分别标识和储存,避免混入杂物和污染,粗、细骨料应堆放在具有排水功能的硬质地面上,并应建有骨料大棚等防雨防尘的设施。对粗骨料的材料的强度、颗粒级配、针片状颗粒含量、压碎值、坚固性、含水量、含泥量、温度等在搅拌前应进行检测和记录;对细骨料的颗粒级配、细度模数、含泥量、含水量、氯离子和有害物质含量、压碎值、坚固性、温度等在搅拌前应进行检测和记录。

(6) 外加剂应按不同生产厂家、不同品种和规格分别标识和储存;粉状外加剂应防止受潮和结块,如有结块,应进行检验,合格者经粉碎全部通过300μm方孔筛筛孔后,方可使用;液体外加剂应储存在密闭容器内,并应防晒和防冻。如有沉淀等异常现象,应经检验合格后方可使用。

(7) 纤维应按不同生产厂家、不同品种和规格分别标识和储存。

(8) 预拌混凝土生产用粉料宜使用散装方式标识和储存。

(9) 原材料的运输、装卸、存放和使用应采取降低噪声和防尘的措施,并保持清洁卫生,符合环境卫生要求。

(10) 原材料进场与储存尚应符合现行国家标准《预拌混凝土》GB/T 14902 和《混凝土质量控制标准》GB 50164 的规定。

(11) 控制混凝土原材料入机温度以适当降低混凝土入模温度,见表5-1。

混凝土原材料入机温度控制　　　　表5-1

项目	指标
水泥、粉煤灰使用温度	≤60℃(应存放3d以上,储罐应遮蔽)
砂、石骨料堆场温度	≤40℃(应堆放于避免阳光直射的阴凉处)
拌合水温度	≤30℃
运输/浇筑时间	≤60min/夜间或清晨浇筑(非冬季时)

5.3.3 计量

计量是混凝土生产的核心环节,精确的计量对于生产混凝土具有重要意义。原材料计量宜采用电子计量设备,计量设备的精度应符合现行国家标准《混凝土搅拌站(楼)》GB/T 10171 的有关规定,应具有法定计量部门签发的有效鉴定证书,并应定期校验。计量过程中还应注意控制噪声和粉尘排放。混凝土的计量应符合下列要求:

(1) 混凝土生产单位每月应至少自检计量设备一次(水称和外加剂称每周应至少自检计量设备一次);每一工作班开始前,应对计量设备进行零点校准。

(2) 每盘混凝土原材料计量的允许偏差应符合表 5-2 的规定,原材料计量偏差应每班至少检查 1 次。

各种原材料计量的允许偏差(按质量计,%)　　　　表 5-2

原材料品种	水泥	骨料	水	外加剂	掺合料	纤维
每盘计量允许偏差	±2	±3	±1	±1	±2	±1
累计计量允许偏差	±1	±2	±1	±1	±1	±1

注:累计计量允许偏差是指每一运输车中各盘混凝土的每种材料计量和的偏差。

(3) 混凝土外加剂的计量宜单独采用精度更高的计量设备或其他有效措施来提高外加剂计量精度。

(4) 对于粗、细骨料的计量,应根据粗、细骨料含水率的变化,及时调整粗、细骨料和拌合用水的计量。

(5) 当掺加纤维等特殊原材料时,应安排专人负责计量操作和环境安全。

(6) 应严格控制计量过程中的粉尘排放,并定期对除粉尘装置进行滤芯更换。

(7) 混凝土的材料计量尚应符合现行国家标准《预拌混凝土》GB/T 14902 和《混凝土质量控制标准》GB 50164 的规定。

5.3.4 搅拌

混凝土搅拌应严格控制搅拌时间和投料顺序,并应按生产季节控制拌合物温度,确保拌合物的均匀性和施工性能。混凝土搅拌应符合下列规定:

(1) 混凝土搅拌宜采用强制式搅拌机,混凝土搅拌机应符合现行国家标准《混凝土搅拌机》GB/T 9142 的有关规定。

(2) 搅拌应保证混凝土拌合物质量均匀;同一盘混凝土的搅拌匀质性应符合以下要求:

1) 混凝土中砂浆密度两次测值的相对误差不应大于 0.8%。

2) 混凝土稠度两次测值的差值不应大于表 5-3 规定的混凝土拌合物稠度允许偏差的绝对值。

混凝土拌合物稠度允许偏差　　　　表 5-3

项目	控制目标值(mm)	允许偏差(mm)
坍落度	≤40	±10
	50~90	±20
	100~150	±20
	≥160	±30
扩展度	≥500	±30

（3）混凝土的搅拌时间应符合下列规定：

1）对采用搅拌运输车运送混凝土的情况，从全部材料投料完毕起算，混凝土在搅拌机中的搅拌时间应满足设备说明书的要求，并且不应少于 30s。

2）当搅拌高强混凝土时，搅拌时间应适当延长。

3）对于采用翻斗车运送混凝土的情况，应适当延长搅拌时间。

4）混凝土搅拌时间应每班检查 2 次。

（4）混凝土拌合物出机温度不应低于 5℃，并应符合下列规定：

1）冬期施工搅拌混凝土时，宜优先采用加热水的方法提高拌合物的温度，也可同时采用加热骨料的方法提高拌合物温度。当拌合用水和骨料同时加热时，拌合用水和骨料的加热温度不应超过表 5-4 的规定；当骨料不加热时，拌合用水可加热到 60℃以上，但不要将水泥与热水直接混合搅拌，而应先投入骨料和热水进行搅拌，然后再投入水泥等胶凝材料共同搅拌。

拌合用水和骨料温度的最高加热温度（℃） 表 5-4

采用水泥的品种	拌合用水	骨料
硅酸盐水泥和普通硅酸盐水泥	60	40

2）炎热季节施工时，应采取遮阳措施避免骨料受到阳光暴晒，同时宜适当采用喷淋措施；搅拌混凝土时可采用掺加冰块的方法降低拌合物温度。当掺加冰块时，应采用碎冰机制备较小粒径的冰块。

（5）首次使用的混凝土配合比应进行开盘鉴定，检测结果应符合现行国家标准《普通混凝土拌合物性能试验方法标准》GB/T 50080 和《普通混凝土力学性能试验方法标准》GB/T 50081 的规定。

（6）混凝土生产企业应严格控制搅拌过程的噪声和粉尘排放。

（7）搅拌尚应符合现行国家标准《预拌混凝土》GB/T 14902 和《混凝土质量控制标准》GB 50164 的规定。

（8）做好对商品混凝土的质量检验，认真查验各种质量保证资料，按规范要求进行混凝土坍落度的现场检测、混凝土抗压、抗渗试件的现场取样。

5.3.5 运输

混凝土的运输应采用搅拌运输车，当距离很近时，也可以采用翻斗车或其他运输方式。运输车辆、运输时间和运输方案均会影响运输效率和混凝土施工组织。混凝土运输应符合下列规定：

（1）搅拌运输车应符合现行行业标准《混凝土搅拌运输车》JG/T 5094 的规定；对于寒冷或炎热的天气情况，搅拌运输车的搅拌罐应有保温或隔热措施。翻斗车宜限于近距离运送坍落度小于 80mm 的混凝土拌合物，且道路应平整。运输车应达到当地机动车污染物排放标准，并应定期保养。

（2）搅拌运输车在装料前应将搅拌罐内积水排尽，装料后严禁向搅拌罐内的混凝土拌合物中加水。

（3）在运输混凝土过程中，应保证混凝土拌合物均匀并不产生分层、离析，控制混凝土拌合物性能满足施工要求。

（4）当采用搅拌罐车运送混凝土拌合物时，卸料前应采用快挡旋转搅拌罐不少于 20s。

（5）当卸料前需要在混凝土拌合物中掺入外加剂时，应在外加剂掺入后采用快挡旋转搅拌罐进行搅拌；外加剂掺量和搅拌时间应有经试验确定的预案，严禁随意加水。

（6）预拌混凝土从搅拌机卸入搅拌运输车至卸料时的运输时间不宜大于 90min，如需延长运输时间，则应采取相应的有效技术措施，并应通过试验验证；当采用翻斗车时，运输时间不应大于 45min。

（7）采用泵送施工工艺时，混凝土运输应能保证混凝土连续泵送。坍落度损失控制在允许值内，以保证混凝土连续灌注。泵送施工时侧墙顶板结构混凝土坍落度宜为（160±20）mm，底板、中板和顶板结构混凝土坍落度宜为±180mm。过大的坍落度容易造成板式结构出现塑性沉降裂缝，墙体结构容易在钢筋下方浆体富集，造成易于开裂的薄弱环节，过小的坍落度则会增加施工振捣难度且不易密实。混凝土坍落度保持时间应根据混凝土运输距离及工程现场的实际施工安排情况确定，一般情况下不宜少于 90min。

（8）预拌混凝土企业应制订运输方案，合理指挥调度车辆，并宜采用定位系统监控车辆运行。

（9）搅拌运输车出入厂区时宜使用水进行冲洗以保持卫生清洁，冲洗运输车产生的废水可进入废水回收利用设施。

（10）运输尚应符合现行国家标准《预拌混凝土》GB/T 14902、《混凝土质量控制标准》GB 50164 和现行行业标准《混凝土泵送施工技术规程》JGJ/T 10 的规定。

5.4 混凝土入模温度控制

5.4.1 施工季节对混凝土入模温度及开裂风险的影响

本指南 3.2.4 节通过理论计算，评估了不同施工季节对地下车站主体结构混凝土早期收缩开裂风险的影响，结果表明，施工时气温越高，混凝土入模温度及其后续的温升、温降及其开裂风险也越高。因此，轨道交通工程混凝土浇筑宜选择气温较低的春秋季和冬季，尽量避免在炎热的夏季施工，这对于以城市轨道交通工程为代表的市政工程而言，是混凝土入模温度进行控制的有效措施。如果在夏季施工，也应选择气温较低的时间如夜间和清晨进行混凝土浇筑，避免在白天高温时间施工，以尽可能降低混凝土的入模温度。

在夏季高气温环境下，混凝土入模温度难以控制，且胶凝材料水化速率明显提高，会造成夏季浇筑的混凝土开裂风险明显高于其他季节。本指南编制单位针对这一问题，选择了某净长 291.5m、净宽 18.30～29.75m 的地下 2 层岛式站台车站为例，该车站主体结构混凝土浇筑时间从当年 12 月中旬开始，持续至次年 7 月底结束，横跨冬、春、夏三个典型季节，监测了其 0.7m 厚的侧墙结构混凝土在冬季、春季和夏季 3 个不同施工季节分别浇筑工况下的温度、变形和开裂情况，详细分析了实际工程中施工季节及施工时的气温对结构开裂的影响。

该车站侧墙结构混凝土温度、变形监测结果如图 5-9～图 5-11 所示，提取温度历程的关键参数列于表5-5。由图5-9、图5-10和表5-5可知，冬季、春季和夏季施工时，当地日均气温（日最高气温与最低气温的平均值）分别约5.0℃、15.0℃和28.0℃，相应的侧墙混凝土入模温度分别为16.2℃、24.6℃和38.5℃，其中夏季气候炎热，而商品混凝土供应商通常不具备加冰拌和、风冷骨料等条件，因此混凝土入模温度将近40.0℃。混凝土入模后经过短暂的缓凝期便开始迅速升温，冬季、春季和夏季的墙体中心最大温升分别为21.8℃、26.4℃和32.1℃，且达到温峰的时间逐渐缩短，可见环境温度与混凝土入模温度越高，水泥等胶凝材料早期水化速率越快，产生的热量无法及时、迅速地通过构件表面散失而在其内部不断累积，造成了最大温升的显著增加。

不同季节浇筑的侧墙混凝土温度历程关键参数　　　　　　　　　表5-5

浇筑季节	日均气温（℃）	入模温度（℃）	最大温升（℃）	温峰出现时间（h）	最大里表温差（℃）	温峰后7d内温降速率（℃/d）
冬季	5.0	16.2	21.8	44	7.4	3.1
春季	15.0	24.6	26.4	32	9.2	3.6
夏季	28.0	38.5	32.1	20	12.1	4.3

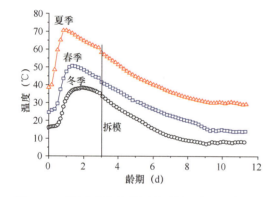

图5-9　不同季节浇筑的侧墙混凝土中心温度历程

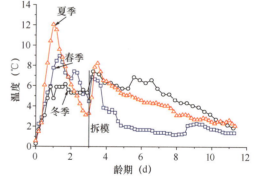

图5-10　不同季节浇筑的侧墙混凝土里表温差

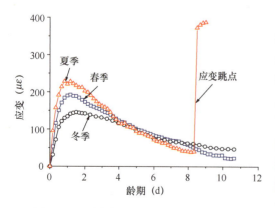

图5-11　不同季节浇筑的侧墙混凝土中心应变历程（以混凝土"终凝"为零点）

分析不同季节浇筑的侧墙混凝土里表温差监测结果可知，冬季、春季和夏季时最大值分别为7.4℃、9.2℃和12.1℃，同样呈现出高温季节较大的特点，且最大值出现时间与温峰出现时间接近，但总体而言，地铁车站侧墙混凝土里表温差值较小，由此引起由表及里的温差开裂风险也较低。温峰之后，侧墙混凝土开始温降，与最大温升和里表温差相同，夏季时温降速率最大，墙体中心温峰后7d内的平均值达到了4.3℃/d，这可能有两方面原因，一是夏季浇筑的混凝土早期水化速率快，更多的热量在温升期释放，造成温升较大，而随后的降温期放热速率与放热量则相对有所降低，热量不断散失过程中获得的补充减少；二是夏季浇筑的混凝土温度与气温的差值显著大于其他季节，更大的温度梯度造成了更大的降温速率与温降幅度。

此外，由图 5-11 可知，不同季节浇筑的侧墙混凝土温升阶段均表现为体积膨胀，且最大膨胀变形与其温升值成正比，即温升越高，膨胀变形越大；在随后的温降阶段，不同季节浇筑的侧墙混凝土均表现为体积收缩，测试龄期内冬季、春季和夏季时的收缩值分别为 $87\mu\varepsilon$、$137\mu\varepsilon$ 和 $189\mu\varepsilon$，其中夏季温降值最大，收缩变形也最大。这一收缩变形受到下部先浇筑的底板老混凝土约束，产生了拉应力并随着收缩发展而不断增大，夏季时在约 8.3d 时应变监测曲线出现跳点，表明此处混凝土被拉开，出现了由里及表的宏观贯穿性裂缝损伤，而其他 2 个季节的监测结果则未见这一现象，开裂风险较低。关于地铁车站主体结构侧墙混凝土开裂情况的观测、统计结果也证实了上述分析，即高温季节施工时混凝土更易开裂、渗漏。

5.4.2 混凝土入模温度控制措施

依据《混凝土结构工程施工规范》GB 50666—2011，混凝土拌合物出机温度可按式 (5-1) 计算。

$$T_0 = \frac{\sum_{i=1}^{n} C_i m_i T_i}{\sum_{i=1}^{n} C_i m_i} \tag{5-1}$$

式中 T_0——混凝土出机温度；
C_i——混凝土各组分的比热（取值可参照表 5-6）；
m_i——混凝土各组分单方用量；
T_i——各组分的温度。

混凝土原材料比热 [kJ/(kg·K)]   表 5-6

材料名称	水	冰	水泥	粉煤灰	矿粉	砂	碎石
比热	4.2	3.35（溶解热）	0.90	0.90	0.90	0.90	0.90

混凝土材料组成中，砂和碎石组成的骨料所占的质量与体积分数最大，从比热方面来说，水的比热最大。必须从影响比较敏感的因素有针对性地重点进行控制，才能有效地降低混凝土的入模温度。

图 5-12 为不同材料温度对混凝土出机温度的影响，表 5-7 为材料不同温度所对应的混凝土拌合物温度算例。

原材料不同温度所对应的拌合物出机温度（℃）   表 5-7

水	水泥	粉煤灰	矿粉	抗裂剂	砂	石	减水剂	出机温度
5	55	40	40	35	30	30	30	28.0
5	55	45	45	35	30	29.5	30	28.0
0	55	40	40	35	34	34	30	28.2
5	55	40	40	35	35	32	30	30.1
5	60	45	40	35	32	32	30	30.0

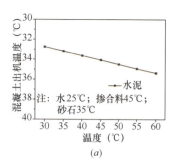 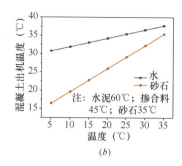 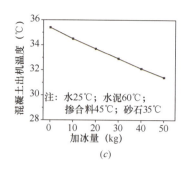

图 5-12　不同材料温度对混凝土出机温度的影响

(a) 水泥温度影响；(b) 水和砂石温度影响；(c) 加冰量的影响

如图 5-13～图 5-20 所示，通常情况下，混凝土入模温度控制措施主要包括原材料降温、加冷水或冰拌和、运输过程中的保温、合理的浇筑时间选取等。当其中某项措施较难实现时，应根据实际情况强化其他控制措施，以满足入模温度要求，入模温度采取埋入式温度计进行测试。

图 5-13　拌合站骨料仓遮阳　　　　　图 5-14　拌合站冷水机组

图 5-15　搅拌机中加入片冰　　　　　图 5-16　混凝土运输车包裹保温

1) 混凝土骨料提前进场入库储存，在砂石遮阳棚的基础上，采用洒水或雾炮机对料场内的砂石料进行喷水或喷雾降温，冷水温度不超过 10℃，每日 2～3 次。条件允许时可配备温控系统，降低料仓温度。

图 5-17 液氮降温系统

图 5-18 浇筑仓面遮阳

图 5-19 浇筑仓面喷雾提湿降温

图 5-20 混凝土入模温度测试

2）混凝土搅拌用水采用制冷机组进行冷却，水温不超过 10℃。

3）采取制冰机或碎冰机制取片冰，使用片冰代替部分拌合用水加入搅拌机，单方混凝土片冰用量最高可至拌合水量的 50%，相关工程实践表明，单方加入 10kg 片冰可降低混凝土出机温度约 0.9～1.2℃，具体效率受环境温度等其他因素的影响。

4）在水泥厂专罐储存的基础上，对进站高温粉料进行提前储存并设置中间仓储存倒运，同时在储罐表面涂刷隔热涂层材料。

5）在搅拌机棚内安装空调或其他降温设备，将棚内温度控制在 20℃以下。

6）采用隔热布包裹混凝土运输罐车及泵管等运送设备，并喷洒冷水对罐体及泵管进行降温。

7）施工现场设置调度人员，根据浇筑情况调配两侧罐车卸料次序及拌合站是否搅拌，避免混凝土因罐车在现场停留时间过长而升温。

8）应对施工进度提前计划安排，选取合理的浇筑时间，宜选择在夜间气温比较低的时段浇筑，避免白天高温天气。

9）采用液氮降温，根据国内应用经验，可降低混凝土温度 4～5℃。

10）施工现场对混凝土浇筑仓面进行遮阳处理，并在仓面四周设立喷雾设备，进行提湿降温。

11）应充分考虑运输、泵送对混凝土温度的影响，可根据工艺试验确定运输、泵送对混凝土温度的影响，结合实际条件采取必要措施以满足设定的入模温度要求。

5.5 主体结构分段浇筑长度

由本指南 3.2.4 节中关于分段浇筑长度对地下车站侧墙结构混凝土开裂风险影响的评估结果可知，分段浇筑长度显著影响侧墙结构混凝土开裂风险，且分段长度越大，开裂风险越高。不同施工季节时，在采用低收缩、高抗裂混凝土进行施工的基础上，应按表 5-8 的要求对地下车站主体结构进行分段浇筑长度划分，当混凝土入模温度降低时，该分段浇筑长度得以有效增加。侧墙是开裂风险评估的"短板"，其余结构依据侧墙划分。

地下车站主体结构混凝土不同季节最大分段浇筑长度（m） 表 5-8

日均气温（℃）	≥25		10~25	<10
混凝土入模温度（℃）	28~35	≤28	≤日均气温+8 且≤28	5~18
分段浇筑长度（m）	≤15	≤25	≤25	≤35

5.6 侧墙结构中冷却水管布设

采用水管冷却措施控制混凝土温度裂缝的研究与规模化应用较早开始于水工工程大体积混凝土结构。水工大体积混凝土强度等级较低且评定龄期长，通常采用中低热水泥并大量掺入粉煤灰进行配合比设计，胶凝材料早期水化放热速率较慢，循环冷却水带来的有利散热条件得以充分利用，使其成为控制大体积温度裂缝的有效措施之一。

在城市轨道交通工程地下车站施工过程中，当炎热季节施工无法达到表 5-8 中的入模温度要求，或者由于结构受力或工期要求，侧墙分段浇筑长度超出表 5-8 规定的相应混凝土入模温度下的限值时，可采取在墙体厚度方向中部设置单根冷却水管的方式进行开裂风险的控制。水管竖向布置方位为分别距底部水平施工缝 0.5m、1.5m、2.5m、3.5m 和 4.5m，具体布置如图 5-21 所示。

为明确冷却水管工况的降温及抗裂效果，本指南编制单位对某轨道交通车站侧墙进行

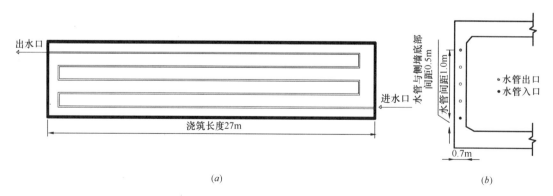

图 5-21 地下车站墙体结构中冷却水管布设方式
(a) 正视图；(b) 侧视图

了开裂风险评估和实体结构监测分析。在某夏季高温季节施工的试验车站选择了三个侧墙实体结构试验段，分别为普通混凝土浇筑、抗裂混凝土浇筑以及抗裂混凝土浇筑并设置冷却水管3种技术措施。3个试验段浇筑长度分别为25m、27m和27m，均远远超出了本指南表5-8的要求，对试验段混凝土的温度、应变历程进行监测。27m冷却水管试验段冷却水管布置方式与上述冷却水管布置要求一致，关于墙体中冷却水管具体的布设与控制方式如图5-21所示，且有如下要求：

1）采用管径32~40mm、壁厚2~3mm的铸铁管。

2）水管沿墙体长度方向平行布置，厚度方向穿过墙体中心，高度方向间距1.0m，单根冷却水管累计长度小于100m。

3）每个管路进行单独编号，设置独立的开关、流量计，以便于开关冷却水、调整流量，通水过程中控制冷却水与混凝土温差不大于25℃。

4）在混凝土升温阶段，控制冷却水流量宜不低于1m/s以尽量多地带走热量，削弱温峰；在降温阶段，根据降温速率监测情况控制冷却水流量，注意防止温度回升，水管关闭时间不晚于浇筑后2d。

5）采取套丝连接（水管转弯处采用带垫圈的弯头连接）或全焊接工艺，防止混凝土在浇筑振捣时出现冷却水管漏水及泥浆渗入水管而无法正常工作的情况，图5-22为不同水管连接方式的对比情况。

套丝连接工艺　　　　　全焊接工艺　　　　　挤压连接(振捣时极易漏水)

图5-22　冷却水管接头连接工艺

6）采用扎丝等可靠措施将冷却水管与钢筋绑扎牢固，防止异位，混凝土浇筑时下料口应避开冷水水管上方位置。

7）冷却水管安装完成后进行水压试验，检验是否存在漏水及阻水现象，并在混凝土浇筑前至少2h即启用冷却水管以提升降温效率。

8）墙体混凝土浇筑7d后对冷却水管压注水泥浆封堵，水泥浆强度高于混凝土一个等级。实际工程中冷却水管布设情况如图5-23所示，按照上述方案严格执行相关技术要求。首先采用混凝土"水化—温度—湿度—约束"多场耦合理论与模型，在试验车站选定

图 5-23　某轨道交通地下车站侧墙结构中冷却水管布设情况

的 3 个施工段中，普通混凝土浇筑、抗裂混凝土浇筑以及抗裂混凝土浇筑并设置冷却水管 3 种工况下，计算侧墙结构早期温度历程与开裂风险，结果如图 5-24 和图 5-25 所示。

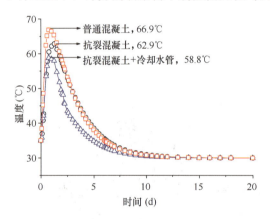
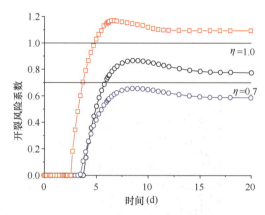

图 5-24　侧墙混凝土温度历程计算结果　　图 5-25　侧墙混凝土开裂风险系数计算结果

由图 5-24 可知，夏季日均气温 30℃时，混凝土入模温度设为 35℃，虽然车站主体结构侧墙厚度只有 0.7m，但其早期仍然经历了快速、大幅的温升与温降过程，采用普通混凝土浇筑时的最大温升达到了 31.9℃，采用抗裂混凝土时较之降低了 4.0℃，设置冷却水管后在此基础上进一步降低了 4.1℃，相应的温升与温降速率同样有所减小。由图 5-25 可知，分段长度相近的情况下，采用普通混凝土浇筑的侧墙结构早期最大收缩开裂风险系数近 1.20，必然开裂；采用抗裂混凝土浇筑的则约为 0.86，较前者降低了近 30%，但仍然大于 0.70，有一定可能开裂；在此基础上采取设置冷却水管的措施后，早期最大开裂风险系数进一步降低了约 15%并至 0.70 以下，基本不会开裂。可见在地铁车站侧墙结构中设置冷却水管对于控制其早期收缩开裂风险具有较为显著的作用，尤其是分段浇筑长度较大、混凝土材料措施效果已达瓶颈的情况下。

上述 3 个试验段施工后，其实际温度、应变历程监测结果如图 5-26 和图 5-27 所示。由图 5-26 可知，夏季施工时，日均气温约 28℃，商品混凝土供应商不具备加冰拌和、风冷骨料等条件，因此 3 个试验段混凝土入模温度均高达 38℃左右。混凝土入模后经过短暂的缓凝期便开始迅速升温，采用普通混凝土浇筑的侧墙结构最大温升为 32.1℃，采用抗裂混凝土时较之降低了约 3.9℃，且温峰出现时间延后；设置冷却水管后则在此基础上温升进一步降低了约 4.8℃，但因混凝土水化放热与结构散热更快达到平衡，温峰出现时间略有提前。上述实测值与理论计算结果高度吻合。

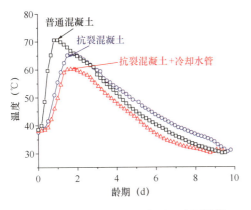

图 5-26 侧墙混凝土温度历程监测结果

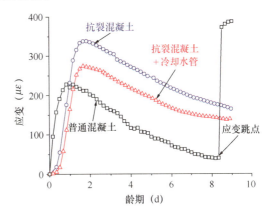

图 5-27 侧墙混凝土体积变形监测结果

由图 5-27 可知，侧墙结构混凝土温升阶段体积变形均表现为膨胀，采用抗裂混凝土浇筑时的膨胀变形较采用普通混凝土增大了约 50%；设置冷却水管后，侧墙抗裂混凝土温升进一步降低，膨胀变形也有所减小，但仍比采用普通混凝土时增加了约 25%，在变形受到较强外约束（如下部先浇筑底板）的情况下可有效储备膨胀预压应力；在温降阶段，侧墙结构混凝土体积变形均表现为收缩，测试龄期内普通混凝土浇筑、抗裂混凝土浇筑以及抗裂混凝土浇筑并设置冷却水管 3 种工况下的收缩变形分别约 189με、163με 和 134με。其中普通混凝土浇筑时收缩变形最大，其受到下部先浇筑的底板老混凝土约束，内部产生了拉应力并随着收缩发展而不断增大，在约 8.3d 时应变监测曲线出现跳点，表明此处混凝土被拉开，出现了由里及表的宏观贯穿性裂缝损伤，而其他 2 种工况下的监测结果则未见这一现象，表明在测试龄期内可能没有开裂，但从温度、应变历程监测结果来看，设置冷却水管工况下侧墙混凝土早期开裂风险更低。

由上述试验研究、理论分析和实体结构监测结果可知：

1）采用"水化-温度-湿度-约束"多场耦合模型与方法定量分析夏季施工时地铁车站侧墙混凝土开裂风险，分段浇筑长度 26～27m 情况下，采用普通混凝土浇筑时早期最大收缩开裂风险系数近 1.20，必然开裂；采用抗裂混凝土浇筑时仍然超过 0.70，有一定可能开裂；进一步设置冷却水管后，则降低至 0.70 以下，基本不会开裂。

2）在地下车站侧墙实体结构中评估水管冷却技术控制混凝土早期裂缝实施效果，温度、应变历程监测结果表明，其可以有效减小结构混凝土温升与温降收缩，协同抗裂混凝土技术，显著降低了结构混凝土早期开裂风险，实现了夏季高温施工时分段浇筑长度 27m 情况下，侧墙实体结构不开裂。

3）在地铁车站侧墙结构中可按照如下方式采取水管冷却工艺，可有效控制混凝土早期收缩开裂风险：水管管径 32～40mm、壁厚 2～3mm，金属材质；水管沿墙体长度方向平行布置，厚度方向穿过墙体中心，高度方向间距 1.0m；混凝土升温阶段冷却水流量不低于 1m/s，降温阶段根据监测情况控制冷却水流量，防止温度回升，水管关闭时间不晚于浇筑后 2d；通水过程中控制冷却水与混凝土温差不大于 25℃，不得堵塞、漏水；混凝土浇筑 7d 后压注水泥浆封堵冷却水管。

5.7 混凝土浇筑与振捣

5.7.1 施工准备

（1）编制混凝土专项浇筑方案。混凝土在浇筑前应根据工程设计、地区气温气候情况、混凝土生产质量、供应能力等情况编制有针对性的混凝土浇筑专项施工方案，并对现场管理人员和作业人员进行技术交底，确保混凝土供应量能与现场浇筑相匹配，到场混凝土不泌水、不离析，坍落度和入模温度能满足设计和使用要求；对混凝土浇筑施工工艺、混凝土养护、施工过程注意事项、拆模时间等进行明确和要求，并编制混凝土浇筑技术交底书对现场管理人员、作业班组进行详细交底。

（2）混凝土浇筑前条件验收。混凝土浇筑前，应按规范要求进行隐蔽工程验收，对模板支撑体系的安全性、稳固性进行复查。

隐蔽工程验收除对钢筋绑扎质量，预埋件和预留孔洞个数、规格、型号、位置、固定情况进行检查，还应对防水卷材、止水带、止水环等防水工程施工质量进行检查；模板支撑体系验收除满足安全稳定性外，还需对模板接缝位置、新旧混凝土界面凿毛处理、挡浆模板稳固性、模板内垃圾清理、模板湿润等进行检查，防止混凝土浇筑过程中出现坍塌、跑模、漏浆等现象。

（3）提前与混凝土供应商沟通联系。混凝土浇筑前应将混凝土强度等级、防水等级、坍落度、外加剂、入模温度、混凝土用量和供应需求等与混凝土搅拌站进行沟通和确认，以确保混凝土生产质量和供应的连续性，保证混凝土能连续浇筑。

（4）安排工程技术管理人员跟班作业。把控混凝土进场质量，不合格的混凝土坚决退场处理，对混凝土浇筑全程监督、指导。记录每车混凝土进场时间，开始浇筑时间，结束时间，混凝土型号、方量、坍落度、浇筑位置，入模温度等信息。

（5）作业前交底及班前讲话。对混凝土浇筑班组人员进行技术、安全交底，在班前讲话时将混凝土浇筑过程注意事项再次提醒。

（6）作业环境安全性检查。对混凝土作业人员、机械性能、材料设备、作业平台、防护用品、临时用电等安全性进行复查，并备足振捣棒作为应急物资。

（7）混凝土浇筑时间段选择。夏季混凝土浇筑应尽量安排在夜晚进行，避开正午高温时段；冬季混凝土浇筑，应安排在中午温度较高时段，尽量避免在夜间浇筑混凝土，防止混凝土受冻。

5.7.2 板式结构混凝土

轨道交通工程地下车站混凝土底板、顶板厚度较大，一般都在 1m 以上，局部厚度可达 2m；中板厚度在 0.5m 左右。混凝土一次浇筑方量较大，为控制好混凝土施工质量，应注意以下事项：

（1）根据混凝土浇筑方量，搅拌站供应能力，混凝土初凝、终凝时间，浇筑工艺确定混凝土泵车用量，防止混凝土浇筑出现施工冷缝。

（2）每车混凝土进场均需检测、记录混凝土坍落度、入模温度，并记录进场时间、浇筑时间及本车混凝土浇筑使用位置。进场混凝土如不满足要求应立即作退场处理，并要求混凝土搅拌站将后续混凝土提前发车。

（3）板厚不超过 500mm 的板，应从低向高，先将墙体及腋角部位混凝土先行浇筑、振捣密实，再浇筑中板。可一次性浇筑到位，也可采用斜面分层法，一次性浇筑到顶。

（4）板厚超过 500mm 的板，从低向高应分层浇筑混凝土。底板混凝土浇筑前，应将下沉部位混凝土先行浇筑，再浇筑板梁混凝土，浇筑板梁混凝土时应浇筑下翻梁，然后采取斜面分层法或分段分层法浇筑底板混凝土。每层混凝土浇筑厚度宜控制在 400~500mm 间；顶板混凝土浇筑时务必将侧墙和腋角部位混凝土先行分层浇筑、振捣完成，再用全面分层法浇筑顶板混凝土。

（5）如果板面混凝土过厚超过 1m，宜在混凝土内埋设冷凝水管对大体积混凝土进行降温处理，使用抗裂外加剂和保温措施，通过控制水化热升温和对收缩补偿，可有效阻止裂缝的产生。

（6）板式结构分层浇筑采用斜面分层、自然流淌、薄层浇捣、连续浇筑法，如图 5-28 所示。浇筑时由底板较低一端中间位置向两侧浇筑，逐渐向较高一端推进。从一头浇筑严格控制浇筑间隙，间隙时间不大于 1.5h，同时浇筑速度不宜过快。

（7）混凝土振捣注意事项：

1）混凝土振捣应使用插入式高频振捣器振捣，振捣间距不得大于振捣器作用半径的 1.2 倍，振捣时应快插慢拔，插点要排布均匀，逐点移动，不得欠振、漏振。分层浇筑的混凝土，振捣上层混凝土时应插入下层 150mm 左右，使两层混凝土间结合牢固。每一点振捣时间应以混凝土表面呈水平、不显著下沉，表面无气泡、开始泛浆为宜。

2）混凝土振捣棒数量应与混凝土浇筑速度相匹配，车站混凝土浇筑时振捣棒量不少于 6 根，其中 2~3 根留着备用，且每台混凝土泵出料口配备 3 根振捣棒，分三道布置、同时工作。第一道布置在出料点附近，协助混凝土自然流淌；第二道布置在坡脚处，确保混凝土下部密实；第三道布置在斜面中间，在斜面上各点要严格控制振捣时间、移动距离和插入深度，如图 5-28~图 5-30 所示。

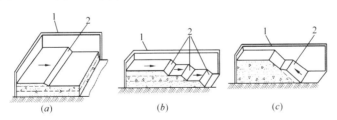

图 5-28 混凝土连续浇筑施工方式
(a) 全面分层法浇筑；(b) 分段分层法浇筑；(c) 斜面分层法浇筑

3）在混凝土初凝前，进行第二次振捣，二次振捣间歇时间为 30~40min，也应防止过振、欠振现象，严禁用振捣棒振钢筋和模板。

4)振捣时不得用振捣棒赶浆,应在结构四周侧模的底部开设排水孔,使泌水从孔中自然流出;少量来不及排除的泌水,随着混凝土浇筑向前推进被赶至基坑顶端,由顶端模板下部的预留孔排至坑外。

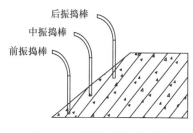

图 5-29 振捣棒设置示意图

图 5-30 底板混凝土浇筑及振捣

(8)混凝土板表面处理注意事项:

1)混凝土振捣、刮平后,需对表面进行压实、抹平处理,防止混凝土表面出现裂缝,使分层浇筑的混凝土上、下层结合更紧密。具体流程:混凝土初凝前应进行压浆、抹面→临时覆盖塑料膜→混凝土终凝前 1~2h 掀膜进行二次抹压→覆膜养护。

2)混凝土首次抹面前,应用 4~5m 长刮杠将混凝土面整体刮平,再用木抹子拍压、抹面;二次抹压需在混凝土终凝前 1~2h 内完成,用铁抹子或抹光机进行抹光。抹面时宜在混凝土上铺木板结合后退法进行作业,防止踩出脚印。

3)混凝土振捣后如表面出现较多泌水和浮浆应及时引导,集中排除,在混凝土拌制中增加高性能减水剂。

4)当混凝土表面浮浆较厚时,应在混凝土初凝前加粒径为 2~4cm 洁净碎石,均匀撒布在混凝土表面,并用抹子拍平、抹光,防止起砂和表层裂缝。

5)当混凝土硬化后,表面如出现塑性收缩裂缝时,应及时用水泥素浆灌注、刮平。

6)当遇到气候干燥、四级风以上天气、夏季烈日下进行混凝土浇筑,务必采取措施防止水分快速蒸发施工应有遮阳挡风措施。

(9)支撑拆除时间控制:轨道交通工程地下车站底板、中板、顶板混凝土应以同条件养护混凝土强度达到设计强度方可拆除钢支撑或混凝土支撑,防止混凝土压裂。

5.7.3 侧墙及柱混凝土

轨道交通工程地下结构混凝土侧墙墙体高、厚度大,为单侧支撑模板体系。侧墙内的预埋件、墙体保护层控制件需固定牢靠,防止出现移位;穿墙杆需设 2 道以上止水环。为提高侧墙混凝土浇筑质量,避免出现裂缝和渗水现象,在施工时应注意以下事项:

(1)在墙、柱浇筑前,或新旧混凝土结合处,应在底面上均匀浇筑 40~50mm 厚与混凝土配合比相同的去石子砂浆,底部出现蜂窝、麻面和渗水孔道。

(2)侧墙浇筑时,混凝土自由落高超过 2m,易发生离析,宜采用软溜管进行墙体混凝土均匀布料。墙体混凝土浇筑布料,每层厚度不得超过 500mm,采取分层浇筑、分层振捣,将混凝土浇筑至预定标高。

(3) 如墙体模板采用对撑方式支模,则两侧墙体应对称浇筑,两侧墙体混凝土浇筑高差严禁大于 500mm,以防止侧模受压后向一侧位移,导致胀模、跑模墙体变形,甚至模板支撑体系失稳。

(4) 浇筑墙体混凝土时应经常观察模板、钢筋、预埋件和插筋等是否产生移位、变形等情况,及时发现及时处理修正,防止墙体混凝土浇筑发生失稳、坍塌等事件。

(5) 墙体混凝土浇筑,应从较深部位、复杂部位先行浇筑,防止形成孔洞、蜂窝等不良现象,并严禁在某处集中放料,防止胀模、跑模,甚至爆模。

(6) 对车站隧道洞门处混凝土浇筑,应使洞口下部混凝土振捣密实后,再沿洞门两侧混凝土高度大体一致。振捣时,振捣棒应距洞边 300mm 以上,最好从两侧同时振捣,以防止洞口变形。大洞口下部模板应开口并补充振捣。

(7) 浇筑墙体混凝土注意事项:

1) 振捣棒移动间距一般应小于 500mm,洞口两侧构造柱、内外墙交接点要振捣密实,每一振点的延续时间,以表面呈现浮浆均匀没有气泡冒出和不再沉落为度(为使上下层混凝土结合成整体振捣器宜插入下层混凝土 50mm)。

2) 在振捣过程中,振捣棒要躲开各种预埋钢筋和预埋件,以防受振位移,要随时观察模板的稳固情况,如有变化,马上停止振捣及时调整,适当加固。

3) 混凝土浇筑到预定高度时,按标高线找平,并用木抹子抹平。找平后用木抹子搓毛二次,且把钢筋根部清理干净。

(8) 浇筑墙体混凝土注意事项:

1) 浇筑墙体混凝土时,应在墙体底部先用与混凝土同配合比的砂浆浇 30~50mm 厚,防止接茬部位出现蜂窝、麻面。

2) 浇筑混凝土时,混凝土布料管下料应从墙一端开始,沿墙均匀放料,一次放料高度宜控制在 400~500mm 间,严禁间隔下料及在某处集中下料,并且必须控制好每层混凝土下料厚度,防止混凝土浇筑不密实,出现渗漏孔洞。

3) 振捣棒移动间距应小于 1000mm,每一振点的延续时间以表面泛浆为度,为使上下层混凝土结合成整体,振捣器应插入下层混凝土 150mm,如图 5-31 所示。

图 5-31 侧墙混凝土浇筑及振捣

5.8 侧墙结构拆模时间

本指南 3.2.4 节通过理论计算评估了使用木模板时,拆模时间对地下车站主体结构侧墙混凝土开裂风险的影响,在此基础上,本指南编制单位在实际工程中进一步比较了夏季采用木模板施工时,不同拆模时间对地铁车站主体结构侧墙混凝土温度历程及开裂风险的影响,监测结果如图 5-32 和图 5-33 所示。由图 5-32 可知,分别在混凝土浇筑后 1d、3d

和7d时拆模，拆模后墙体中心温降速率较拆模前有所上升，1d拆模的墙体中心温度最先降低至气温。从温峰降低至气温这一阶段墙体中心混凝土的平均温降速率分别为6℃/d、5.1℃/d和4.2℃/d，可见木模板有一定保温效果，采用带模养护的措施有利于控制实体结构混凝土的温降速率。

对于浇筑在底板老混凝土上、受到先浇部分较强外约束的墙体结构而言，相同的温度降幅意味着相同的温降收缩，但如果这一温降在更长的时间内发生，即温降速率减小的话，则可以有效利用混凝土的徐变特性，削弱温降收缩因受到外约束而引起的收缩拉应力，从而降低其开裂风险，这是采取保温措施的意义所在。

另一方面，由图5-33可知，不同时间拆模后，墙体混凝土里表温差均有一定上升，拆模时间越早，这一上升的幅度越大，与拆模后墙体表层直接和空气接触，降温迅速有关。因此，对于采用木模板施工的地铁车站主体结构侧墙而言，延长拆模时间有利于降低混凝土温降速率和里表温差，从而提高其抗裂性。

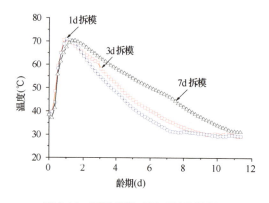

图 5-32　不同拆模时间下侧墙混凝土中心温度历程

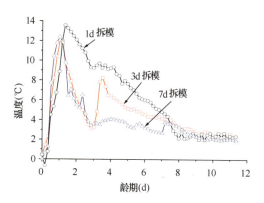

图 5-33　不同拆模时间下侧墙混凝土里表温差

因此，针对钢模板和木模板的不同特点，需分情况确定侧墙结构混凝土拆模时间，通常情况下：如采用钢模板施工，宜在温峰过后24h内拆除模板（通常不晚于混凝土浇筑后3d，此时混凝土强度也可满足承载力要求）。模板拆除后，应立即对墙体暴露在空气中的外立面进行保温保湿养护，降低墙体结构温降速率，宜不超过3℃/d。采用木模板施工时，可延长拆模时间至不少于7d，当早于这一时间拆模时，应采取与使用钢模板时相同的保温、保湿养护工艺。需要说明的是，无论采用何种模板及何时拆模，侧墙混凝土中心温降速率均宜按不高于3℃/d进行控制，实际工程中，当使用木模板无法达到这一效果时（如外界气温太低，木模板保温不足），宜及时拆模并贴覆保温养护材料。上述保温措施去除时，墙体中心温度与气温差值不宜高于15℃，通常这一时间在7d以上。

浇筑顶板时，拆模时间以顶板混凝土强度控制，同条件养护试块强度应不低于设计强度值的80%或实体回弹推定值不低于设计强度值。

5.9 混凝土养护

5.9.1 侧墙结构养护

养护方式对混凝土性能具有重要影响，但在实际工程施工中，混凝土的养护一直是一项薄弱环节，尤其是墙体立面结构，覆盖保温养护不便，传统的保温方式为悬挂土工布或保温被，但由于无法与混凝土表面紧密贴合在一起，环境气流灌入，导致保温效果大打折扣；同时立面结构无法储存水分，传统的喷淋养护工艺，易导致在施工现场造成水积聚，影响施工操作，但停止喷淋后，混凝土表面会迅速干燥，因此，立面结构混凝土难以保持长期的保湿养护。而且，在现有的养护工艺中，喷淋保湿养护与保温养护难以同时进行。

总之，由于养护不当而导致混凝土出现不同程度的温度裂缝和干燥收缩裂缝的情况比较普遍。在环境温度变化较大或昼夜温差较大的情况下，甚至出现里表温差远超过国家标准25℃的要求。在保湿养护不良的情况下，结构表层混凝土难以得到充分的养护，甚至表层混凝土水分蒸发严重，导致混凝土表面强度较低，回弹强度不合格。许多工程，由于工期紧张、混凝土模板周转频率高等问题，混凝土拆模时间较早，致使混凝土过早暴露于空气中，尤其在大风地区，极易导致混凝土产生较为严重的早期碳化。

针对立面结构混凝土养护的问题，本指南介绍一种可即贴即用且能够同时实现保温和保湿的自粘式混凝土养护材料，能够给立面结构混凝土提供较好的养护效果。

1. 自粘式养护材料结构组成

为满足立面结构混凝土保温保湿的技术需求，自行开发了自粘式混凝土保温保湿养护材料（以下简称自粘式养护材料），图5-34为其结构示意图，其材料组成主要包括保湿材料、保温材料、自粘材料和防护膜等，其正反两面分别为贴合面和防护面，其中，贴合面即为其与混凝土贴合的面，如图5-34所示。

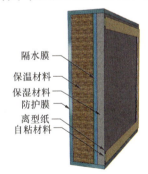
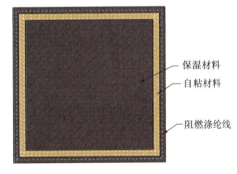

图5-34 自粘式养护材料结构组成

保湿材料具有饱水和保水的功能，保温材料的导热系数不大于0.030W/(m·K)，保温材料与保湿材料之间设置有隔水膜，避免保温材料饱水增重。

自粘材料能够与混凝土紧密粘合，其设置于保湿材料上，围绕保湿材料的边缘形成一个"口"字形，自粘材料表面由离型纸覆盖，避免外界尘土、杂物等将其污染。

防护膜将保温材料包裹，防止保温材料受力损坏以及受雨饱水等问题，同时防护膜具有良好的阻燃性，可有效抵御电焊、明火等的灼烧。

自粘材料、保湿材料、隔水膜、保温材料、防护膜依次叠合，由阻燃涤纶线缝制在一起。

2. 自粘式养护材料基本性能

自粘式养护材料的散热系数，根据保温材料厚度不同，为 30~100kJ/(m²·d·℃)；自粘式养护材料的重量为 1.3~1.7kg/m²；自粘式养护材料的长宽尺寸规格为 1m×1m，1m×3m、1m×4m 等，厚度为 8~15mm。

3. 自粘式养护材料使用方法

如图 5-35~图 5-39 所示，自粘式养护材料可按如下步骤进行使用：

图 5-35 自粘式墙体保温、保湿养护材料表面喷水湿润

图 5-36 墙体拆模后表面贴覆保温、保湿养护材料

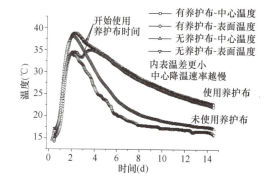

图 5-37 保温养护对墙体混凝土拆模后温降速率与内外温差影响

图 5-38 去除自粘式材料后侧墙表面喷涂混凝土养护剂

（1）当混凝土达到温峰后 24h 内，可进行模板拆除；

（2）模板拆除前，先将自粘式养护材料运至现场，确保混凝土拆模后能够迅速养护；

（3）自粘式养护材料使用前，先将保湿材料喷水润湿；

（4）揭下离型纸，将自粘性养护材料贴合于混凝土表面，并用力将自粘材料处压实，确保其与混凝土牢固粘接，贴合时，由下而上逐次压边贴合；

（5）完成自粘式养护材料贴合后，在其最上端，采用专用防水胶带封口，避免雨水灌入；

（6）养护完毕后，沿一侧依次拆除自粘式养护材料，并清洗自粘材料上的尘土杂物，附上离型纸，留待下次使用。

如图5-35所示为一冬期施工采用某保温、保湿养护材料进行地下车站侧墙混凝土养护的情况及其作用效果，该材料覆盖墙体后，墙体表面散热系数不高于100kJ/($m^2 \cdot d \cdot ℃$)，墙体中心温降速率与内外温差均显著降低；也可以采用其他养护措施，达到与自粘式养护材料类似效果，见表5-9。

图5-39 去除自粘式材料后侧墙表面淋水

另外，需要说明的是，如图5-39所示，去除外保温措施后，尚宜对墙体表面进行适当喷淋保湿养护并持续不少于7d时间，对于墙体表层混凝土充分水化，减小后期干燥收缩开裂风险具有较好作用。

侧墙拆模时间及拆模后早期养护措施　　　　　　　　　　表5-9

模板类型	拆模时间	拆模后早期养护措施	温降速率（温峰后7d内均值）
钢模板	温峰过后24h内，通常不晚于3d	贴覆保温保湿养护材料	<3℃/d
木模板	≥7d	—	
	<7d	贴覆保温保湿养护材料	

5.9.2 板式结构养护

板式结构混凝土养护较为容易，如图5-40～图5-44所示，通常在浇筑完成后，应进行抹面，以减少混凝土的塑性收缩裂缝；在初凝前宜喷雾或喷水分蒸发抑制剂养护，不应直接进行洒水、蓄水养护。

图5-40 板式结构混凝土表面刮平与抹面

板式结构混凝土终凝后可在表面覆盖带有塑料内膜的土工布或其他相当物并蓄水（冬期施工时不能直接蓄水），蓄水养护水温与混凝土表面温度之差≤15℃，控制混凝土内外温差≤20℃，养护时间不少于7d。

图 5-41 板式结构表面喷洒水分蒸发抑制剂养护

图 5-42 底板混凝土终凝后表面覆盖养护　　图 5-43 中板混凝土终凝后表面覆盖养护

图 5-44 顶板混凝土终凝后表面覆盖保湿养护

应关注混凝土养护过程中的气温骤降情况,根据环境温度、实体结构温度监测结果,及时采取必要的保温措施,预防温度骤降导致的开裂。

冬季气温可能降至冰点以下时,不应采用水养或潮湿状态的养护材料。

5.10 工 程 监 测

实体结构的抗裂性和试验室试件层次研究具有很大区别,需要对结构混凝土温度与收缩变形等参数进行监测,一方面对结构混凝土抗裂性进行有效评估,另一方面指导精细化施工(如拆模时间、保温措施等),最终实现设计、材料、施工等的闭环控制。

混凝土浇筑体内监测点的布置，应真实地反映出混凝土浇筑体内最高温升、里表温差、降温速率及环境温度，具体布置方式可按下列方式进行：

（1）监测点的布置范围应以所选混凝土浇筑体平面图对称轴线的半条轴线为测试区，在测试区内监测点按平面分层布置；

（2）在测试区内，监测点的位置与数量可根据混凝土浇筑体内温度场分布情况及温控的要求确定；

（3）在每条测试轴线上，监测点位宜不少于3处，应根据结构的几何尺寸布置；

（4）沿混凝土浇筑体厚度方向，必须布置外面、底面和中间温度测点，其余测点宜按测点间距不大于600mm布置；

（5）保温养护效果及环境温度监测点数量应根据具体需要确定；

（6）混凝土浇筑体的外表温度，宜为混凝土外表以内50mm处的温度；

（7）混凝土浇筑体底面的温度，宜为混凝土浇筑体底面上50mm处的温度。

此外，环境温度测温地设置不宜少于1点，且应离开浇筑的结构边一定距离。在结束覆盖养护或拆模后，混凝土浇筑体表面以内50mm位置处的温度与环境温差值不应大于15℃。

根据以上测点要求，某地下车站的侧墙和底板温度、应力监测点布置如图5-45所示，可供参考。

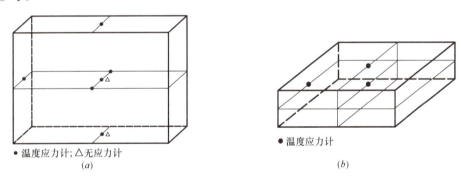

图 5-45　实体结构混凝土测点布置情况
（a）侧墙应变计分布示意图；（b）底板应变计分布示意图

如图5-46所示，现场温度及变形监测可采取振弦式应变计，振弦式应变计由前后端座、不锈钢护管、信号传输电缆、振弦及激振电磁线圈等组成，当被测结构物内部的应力发生变化时，应变计同步感受变形，变形通过前、后端座传递给振弦转变成振弦应力的变化，从而改变振弦的振动频率。电磁线圈激振振弦可测量其振动频率，频率信号经电缆传输至读数装置，即可测出被测结构物内部的应变量。

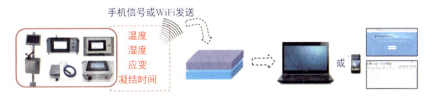

图 5-46　无线监测系统设备

5.11 检 验 与 验 收

5.11.1 混凝土力学性能

混凝土原材料、拌合物性能及硬化混凝土性能的检验与验收应符合现行国家标准《混凝土质量控制标准》GB 50164 及《混凝土结构工程施工质量验收规范》GB 50204 的有关规定。

结构混凝土的强度等级必须满足设计要求。用于检查结构构件混凝土强度的标准养护试件，应在混凝土的浇筑地点随机抽取。抗压强度标准条件养护试件的取样和留置应符合下列规定：

（1）每拌制 100 盘（不足也按 100 盘计）且不超过 $100m^3$ 的同一配合比混凝土，取样不得少于一次；

（2）每工作班拌制的同一配合比的混凝土不足 100 盘时，取样不得少于一次；

（3）每次连续浇筑超过 $1000m^3$ 时，同一配合比的混凝土每 $200m^3$ 取样不得少于一次；

（4）同一配合比混凝土，取样不得少于一次；

（5）每次取样应至少留置一组试件。

同条件养护试件的取样与留置应符合下列规定：

（1）对涉及混凝土结构安全的重要部位应留置抗压强度同条件养护试件；

（2）同一强度等级、同一批次混凝土，每 $500m^3$（不足也按 $500m^3$ 计）留置 1 组。同一单位工程、同一强度等级的同条件养护试件其留置数量不宜少于 10 组，且不应少于 3 组。

5.11.2 混凝土长期性能与耐久性能

混凝土长期性能及耐久性检验的项目包括碳化性能、抗冻性能、抗水渗透性能、抗硫酸盐侵蚀性能、抗氯离子渗透性能、早期抗裂性能、收缩率、限制膨胀率以及碱含量等。

根据碳化环境确定混凝土抗碳化性能要求，碳化性能的等级划分应符合表 5-10 的规定。

混凝土碳化性能的等级划分　　　　表 5-10

等级	T-Ⅲ	T-Ⅳ	T-Ⅴ
碳化深度 d（mm）	$10 \leqslant d < 20$	$0.1 \leqslant d < 10$	$d < 1$

根据冻融环境确定混凝土抗冻等级，抗冻等级（快冻法）可分为 F200、F250、F300、F350、F400 和＞F400。

根据环境水压确定混凝土抗渗等级，混凝土抗渗等级分为 P8、P10、P12 和＞P12。

根据硫酸盐侵蚀环境的设计要求确定混凝土抗硫酸盐等级，混凝土抗硫酸盐等级分为 KS90、KS120、KS150 和＞KS150。

混凝土抗氯离子渗透性能的等级划分应符合下列规定：

（1）当采用氯离子扩散系数（RCM 法）划分混凝土抗氯离子渗透性能等级时，应符合表 5-11 的规定，且混凝土龄期应为 84d。

混凝土抗氯离子渗透性能的等级划分（RCM 法）　　　表 5-11

等级	T-Ⅲ	T-Ⅳ	T-Ⅴ
氯离子迁移系数 D_{RCM}（RCM 法）（$\times 10^{-12}\mathrm{m^2/s}$）	$2.5 \leqslant D_{RCM} < 3.0$	$1.5 \leqslant D_{RCM} < 2.5$	$D_{RCM} < 1.5$

（2）当采用电通量划分混凝土抗氯离子渗透性能等级时，应符合表 5-12 的规定，且混凝土龄期宜为 28d。当混凝土中水泥混合材与矿物掺合料之和超过胶凝材料用量的 50%，测试龄期可为 56d。

混凝土抗氯离子渗透性能的等级划分（电通量法）　　　表 5-12

等级	T-Ⅲ	T-Ⅳ	T-Ⅴ
电通量 Q_s（C）	$1000 \leqslant Q_s < 2000$	$500 \leqslant Q_s < 1000$	$Q_s < 500$

混凝土空气渗透系数适用于现场实体检验，其等级划分应符合表 5-13 的规定。

混凝土空气渗透系数的等级划分　　　表 5-13

等级	T-Ⅲ	T-Ⅳ	T-Ⅴ
空气渗透系数 K_T（$\times 10^{-6} \mathrm{m^2}$）	$0.1 \leqslant K_T < 10$	$0.1 \leqslant K_T < 1.0$	$K_T < 0.1$

混凝土 28d 干燥收缩率不宜大于 0.03%。

相关耐久性检测项目检验应符合下列规定：

1）同一检验批混凝土的强度等级、龄期、生产工艺和配合比应相同。
2）对于同一单位工程、同一配合比的混凝土，检验批应不少于 1 个。
3）对于同一检验批，设计要求的各个检验项目应至少完成 1 组试验。

有耐久性要求的混凝土，应在施工现场随机抽取试件检查耐久性能，其质量应符合有关规范和设计要求。留置试件数量应符合国家现行标准《普通混凝土长期性能和耐久性能试验方法标准》GB/T 50082、《混凝土耐久性检验评定标准》JGJ/T 193 的规定。

混凝土的长期性能及耐久性能应根据混凝土各项目的检验结果，分项进行评定。对于同一批检验批只进行 1 组试验的耐久性检验项目，应将试验结果作为检验结果。对于抗冻、抗水渗透试验、抗硫酸盐侵蚀试验和限制膨胀率，当同一批检验批进行 1 组以上试验时，应取所有组试验结果中的最小值作为检验结果，当检验结果介于相邻两个等级之间时，应取较低者作为检验结果。对于混凝土抗氯离子渗透试验、碳化试验、早期抗裂、空气渗透试验以及碱含量，当同一批检验批进行 1 组以上试验时，应取所有试验组试验结果中的最大值作为检验结果。

5.11.3 混凝土现场检验及检查

实体结构耐久性检验及检查依据现行《城市轨道交通工程高性能混凝土质量控制技术规程》DGJ32/TJ 206 执行。结构混凝土现场检验及检查的项目包括但不限于结构抗压强度、碳化深度、密实度、缺陷以及外观质量等。

对结构混凝土抗压强度的检验，可根据合同规定，采用非破损或局部破损的监测方法测定，包括回弹法、超声-回弹综合法、后装拔出法以及钻芯法等，并应分别符合国家现行标准《回弹法检测混凝土抗压强度技术规程》JGJ/T 23、《超声回弹综合法检测混凝土强度技术规程》CECS 02、《拔出法检测混凝土强度技术规程》CECS 69、《钻芯法检测混凝土强度技术规程》CECS 03、《混凝土结构现场检测技术标准》GB/T 50784 的规定。

结构混凝土碳化深度检验应按现行行业标准《回弹法检测混凝土抗压强度技术规程》JGJ/T 23 执行。

结构混凝土缺陷可用超声法、雷达法测定，检验应分别按现行《超声法检测混凝土缺陷技术规程》CECS 21、《雷达法检测建设工程质量技术规程》DGJ32/TJ 79 执行，并应符合现行国家标准《混凝土结构现场检测技术标准》GB/T 50784 的规定。

应对全部混凝土结构进行外观质量缺陷检查，根据其对结构性能和使用功能影响的严重程度，按表 5-14 的规定确定缺陷种类及严重程度。

混凝土结构外观质量缺陷 表 5-14

名称	现象	严重缺陷	一般缺陷
露筋	构件内钢筋未被混凝土包裹而外露	纵向受力钢筋有露筋	其他钢筋有少量露筋
蜂窝	混凝土表面缺少水泥砂浆而形成石子外露	构件主要受力部位有蜂窝	其他部位有少量蜂窝
孔洞	混凝土中孔穴深度和长度均超过保护层厚度	构件主要受力部位有孔洞	其他部位有少量孔洞
夹渣	混凝土中夹有杂物且深度超过保护层厚度	构件主要受力部位有夹渣	其他部位有少量夹渣
疏松	混凝土局部不密实	构件主要受力部位有疏松	其他部位有少量疏松
裂缝	裂缝从混凝土表面延伸至混凝土内部	构件主要受力部位有影响结构性能或使用功能的裂缝，或裂缝宽>0.2mm	其他部位有少量不影响结构性能或使用功能的裂缝，或裂缝宽≤0.2mm
外表缺陷	构件表面麻面、掉皮、起砂、沾污等	具有重要装饰效果的清水混凝土构件有外表缺陷	其他混凝土有不影响使用功能的外表缺陷

5.12 工 程 实 例

5.12.1 常州轨道交通

1. 主要施工措施

在本章关于施工工艺要求的基础上，结合常州轨道交通工程实际工况条件，对地下车站主体结构混凝土裂缝控制主要采取以下施工工艺措施：

（1）依据本指南 5.5 节表 5-8 要求，选取了常州地铁 1 号线的河海大学站、新桥站和文化宫站 3 个试验车站并确定不同施工季节时的主体结构分段浇筑长度，见表 5-15，混凝土入模温度等同样满足指南要求。

新桥站、文化宫站工程概况　　　　　　　　　　　表 5-15

车站名	施工单位	试验段	长度(m)	施工时间	施工时日平均气温(℃)	混凝土入模温度(℃)
河海大学站	中铁十四局	第十六流水段	12.1	2016 年 7 月	30	30～32
新桥站	中铁四局	第六流水段	34.2	2016 年 12 月	8	11～16
文化宫站	中铁十二局	第四流水段	19.8	2016 年 10 月	20	21～25

(2) 混凝土由具有生产资质的预拌混凝土生产单位生产，其中河海大学站为常州中顺混凝土公司，新桥站和文化宫站为常州博爱市政混凝土公司，其质量均符合现行国家标准《预拌混凝土》GB/T 14902 和本指南的有关规定。

(3) 主体结构侧墙混凝土出机坍落度控制为 160±20mm，板式结构混凝土坍落度控制为 180±20mm，坍落度 1.5h 内损失值不超过 20mm，运输时间不超过 45min，在出机 90min 内完成入模浇筑。

(4) 主体结构侧墙混凝土采用钢模板进行浇筑，模板与支架系统应进行受力检算，确保支撑系统强度、刚度、稳定性满足施工要求。

(5) 混凝土拌合物应分层浇筑，单层浇筑厚度宜控制在 300～350mm，底板等大体积混凝土分层厚度不应大于 500mm。

(6) 根据混凝土拌合物特性及混凝土结构选择适当的振捣方式和振捣时间。竖向浇筑结构宜使用插入式振捣器进行振捣，插入间距不应大于振捣棒振动作用半径的一倍，插入深度为穿透浇筑厚度至下层拌合物约 50mm 处。根据拌合物坍落度和振捣部位等不同情况，振捣时间宜控制在 10～30s 内，混凝土拌合物表面出现泛浆且无大气泡冒出视为捣实，应避免漏振、过振。

(7) 板式结构混凝土浇筑完成后应立即进行抹面，混凝土表面轻按无水痕时宜进行二次抹面，以消除塑性裂缝，并及时进行蓄水保温、保湿养护，水温与混凝土表面温度之差应不大于 15℃，蓄水养护时间不宜少于 7d，但冬季气温可能降至冰点以下时，不采用水养或潮湿状态的养护材料。

(8) 侧墙结构混凝土带模养护时间根据温度历程监测情况确定，当混凝土中心温度与气温差值降低至 10℃ 以内时拆除模板，原则上不少于 3d，如因工程需要确需提前拆模，应采取相应的保温、保湿养护措施，降低温降与水分散失速率。

(9) 侧墙混凝土拆模或撤除淋水等措施后，采取在墙体表面涂刷养护剂的措施进一步加强保湿养护，并应采取必要措施预防寒流袭击、突然降温和剧烈干燥等不利情况。

为严格把控搅拌站和施工现场的混凝土工作性能，确保浇筑所用混凝土满足早期设计要求，上述车站浇筑期间，分别在搅拌站和施工现场进行随机抽样，并检测其相关工作性能。以夏季施工的河海大学站为例，抽样检测过程及检测结果分别如图 5-47 和表 5-16 所示。

侧墙混凝土施工时抽样检测结果（部分）　　　　　　　表 5-16

测试地点	车次	车牌	出机温度(℃)	坍落度(mm)	扩展度(mm)	含气量(%)	测试时间
搅拌站	1	苏 D77×××	32	230	470	2.0	21:31
	2	苏 D21×××	31	220	380	3.0	22:17
	3	豫 NC4×××	31	230	480	2.0	23:13
	4	苏 D73×××	31	215	560	2.5	23:43

续表

测试地点	车次	车牌	出机温度（℃）	坍落度（mm）	扩展度（mm）	含气量（%）	测试时间
施工现场	1	苏 D77×××	32	220	460	1.8	22：10
	2	苏 D21×××	30	200	360	2.0	22：53
	3	豫 NC4×××	30	220	470	1.5	23：55
	4	苏 D73×××	30	220	450	1.8	0：19

图 5-47 抽样检测过程
(a) 搅拌站人工控制投料；(b) 搅拌站坍落度测试；(c) 施工现场测试设备；
(d) 施工现场搅拌站取样

由图 5-47 和表 5-16 分析抽样结果可知：

（1）搅拌站及施工现场的混凝土工作性能都能满足早期设计要求；

（2）混凝土经搅拌车运输后，坍落度、扩展度都有一定损失，但损失都不大，在可控范围之内；

（3）夜间混凝土入模温度都小于 35℃，满足技术方案要求。

2. 实体结构混凝土温度、应变历程监测

混凝土浇筑及养护期间，按本指南 5.10 节要求，采用 SBT-CDMI 混凝土温度-应变无线监测系统实时监测实体结构混凝土温度、应变历程，布置过程如图 5-48 所示，解决了原有监测手段费时费力、受现场条件限制大、无法实时获得数据的问题。振弦式应变计是一种供长期测量混凝土建筑物内部应变并能兼测温度用的传感器，其设计、生产、试验方法及检验规则等满足现行国家标准《大坝监测仪器 应变计 第2部分：振弦式应变计》GB/T 3408.2 的要求，布置方式满足图 5-45 的要求。

图 5-48 地下车站主体结构混凝土中应变计布置

采用 SBT-CDMI 混凝土温度－应变无线监测系统，监测自浇筑成型开始实体结构混凝温度及应变历程，评估裂缝控制措施的实施效果，并指导精细化、智能化施工。主要结果及其分析如下：

(1) 河海大学站

选取夏季施工时的常州地铁 1 号线河海大学站某施工段侧墙混凝土温度及应变历程监测结果进行分析，由图 5-49 可知：

1) 混凝土入模温度为 30～32℃，在 0.9d 左右达到温峰，侧墙中部温升最大，最大温升值为 23.8～25.8℃，相较于未采取本方案时（温升近 40℃）降低 15℃ 左右。

2) 拆模前中部温降速率最快，达到 4.5～4.9℃/d，内侧温降速率最小，为 3.1～3.6℃/d；5d 拆模时，中部温度降至接近入模温度。

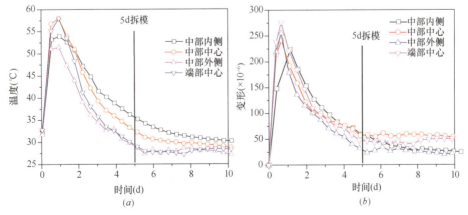

图 5-49 侧墙结构混凝土温度、应变历程监测结果
(a) 温度；(b) 变形

3)侧墙混凝土沿长度方向升温阶段表现为膨胀,膨胀组分的存在加大了升温阶段混凝土膨胀变形;沿长度方向降温阶段表现为收缩,单位温降收缩约 $7×10^{-6}$~$9×10^{-6}$,可见膨胀组分的存在减小了降温阶段混凝土收缩变形。

(2)新桥站

选取冬期施工时的常州地铁1号线新桥站某施工段侧墙混凝土温度及应变历程监测结果进行分析,由图5-50可知:

1)冬期施工,混凝土入模温度为15℃时,未采用方案的对比段混凝土温升值为28℃,试验段混凝土温升值为17℃,温升值降低了11℃;

2)掺加抗裂功能材料后可显著增加温升阶段的膨胀变形,有助于存储预压应力,温降阶段对比段单位收缩变形约 $8.6\mu\varepsilon/℃$,而试验段仅 $6.9\mu\varepsilon/℃$,减小了约20%;

3)通过实际应用,验证了温升和温降收缩控制是解决混凝土,尤其地下车站侧墙混凝土早期开裂问题的关键。

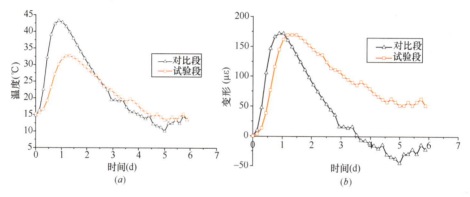

图 5-50　新桥站侧墙结构混凝土温度、应变历程监测
(a)温度;(b)变形

3. 实体结构混凝土裂缝控制效果

综合采用了本指南第4、5章提出的材料与施工措施施工的常州地铁1号线河海大学站、新桥站、文化宫站试验段主体结构混凝土裂缝控制效果良好,均未见开裂和渗漏现象的发生(图5-51a);而同一时期浇筑的同一车站的对比段,未采用本方案,出现了较为

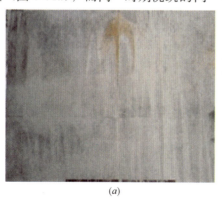

图 5-51　试验段与对比段开裂情况对比
(a)试验段;(b)对比段

明显的开裂现象,尤其是侧墙结构,竖向裂缝平均间距 3~5m(图 5-51b),需要后期进行堵漏修补,本方案显现出显著的技术与经济效益。

5.12.2 徐州轨道交通

1. 主要施工措施

徐州轨道交通工程市政府站采用的相关施工工艺和养护措施与常州轨道交通工程河海大学站基本相同,但该站主要在秋、冬季施工,其分段浇筑长度划分方式见表 5-17,满足本指南 5.5 节表 5-8 的要求。

市政府站主体结构分段浇筑长度　　　　表 5-17

序号	轴号	分段长度(m)
1	1~3/4	16.3
2	3/4~5/6	16.35
3	5/6~7/8	16.6
4	7/8~10/11(10/11 后浇带)	24.5
5	10/11~13/14	21.8
6	13/14~15/16	20.4
7	15/16~17/18(17/18 后浇带)	16.8
8	17/18~19/20	16.7
9	19/20~21/22	17.8
10	21/22~23/24	17.35
11	23/24~	16.4

自 2016 年 10 月上旬市政府站主体结构浇筑施工开始,在整个工程示范过程中,参建单位各方严格按照制订的裂缝控制成套技术方案,全程共同进行了混凝土原材料、生产质量管控等工作,多方配合协作,严格测试并控制混凝土入模前工作性能和入模温度,符合本指南技术要求,如图 5-52 所示。

2. 实体结构混凝土温度、应变历程监测

混凝土浇筑及养护期间,按本指南 5.9 节要求,采用 SBT-CDMI 混凝土温度—应变无线监测系统实时监测实体结构混凝土温度、应变历程,布置过程如图 5-53 所示,为评估裂缝控制成套技术方案实施效果提供依据,并为混凝土的拆模时间及养护方式等精细化施工措施提供有效的指导。

以徐州轨道交通工程市政府站秋季浇筑的某段侧墙结构混凝土(长 16.3m×高 5.6m×厚 0.7m)为例,其温度及应变历程监测结果如图 5-54 所示,从监测结果可以看出:

(1)侧墙混凝土入模温度约 20.5℃,实体结构自浇筑开始约 1.5d 后达到温峰,侧墙结构混凝土的中部中心、中部边、边中心部位最高温升值为 20.7℃、16.1℃、18.1℃,与模拟计算结果吻合。

(2)侧墙混凝土中掺入 HME 抗裂剂。混凝土的变形与温度历程有关,在温升阶段的

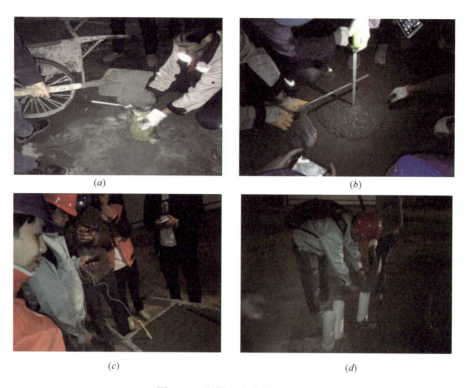

图 5-52 混凝土生产质量控制

（a）搅拌站内混凝土出机性能测试；（b）施工现场混凝土浇筑前性能测试；（c）混凝土入模温度前温度测试；（d）混凝土自生体积变形测试取样

图 5-53 结构混凝土温度—应变监测

（a）监测系统；（b）测试元件埋设

膨胀有助于存储膨胀预压应力，在开裂风险较高的温降阶段仍能有效补偿收缩变形有助于提高混凝土的抗裂性。

对试验车站秋、冬季施工的典型分段温度与应变历程的监测结果进行对比，结果见表 5-18。冬季施工时，环境气温与混凝土入模温度均低于秋季，实体结构温升与温降速率同样有所下降，有利于裂缝控制；同时，受温度降低的影响，侧墙混凝土温升阶段单位温度膨胀变形也略有降低。

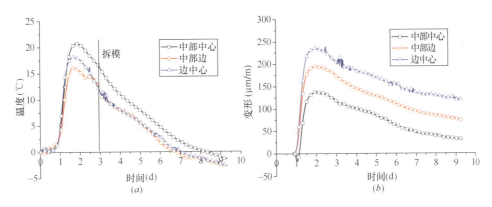

图 5-54 侧墙结构温度、应变监测结果
（a）温度监测结果；（b）变形监测结果

侧墙结构中心处混凝土温度、应变历程典型监测结果　　　　表 5-18

施工季节	日均气温（℃）	入模温度（℃）	最大温升（℃）	单位温升膨胀（$10^{-6}/℃$）	5d 温降（℃）	单位温降收缩（$10^{-6}/℃$）
秋季	18.5	24.3	20.7	11.8	24.1	5.0
冬季	6.3	15.8	17.1	10.4	18.9	5.6

3. 实体结构混凝土裂缝控制效果

自 2016 年 9 月上旬开始市政府站主体结构混凝土浇筑施工，至当年 12 月下旬主体结构封顶，整个施工工期历时约 110d。在各参建单位的密切配合下，研究制订的成套技术方案得以贯彻执行，实体结构混凝土裂缝控制效果良好。迄今 2 年多来，各结构部位均未发现贯通性收缩裂缝，如图 5-55 所示。目前，该裂缝控制成套技术方案已在徐州轨道交通工程中得以进一步推广应用。

图 5-55 地下车站封顶 18 个月后总体效果

5.12.3　无锡轨道交通

无锡轨道交通 4 号线青石路站主体结构采用的相关施工工艺和养护措施与常州、徐州轨道交通基本相同。

无锡轨道交通 4 号线青石路站主体结构采用研究制备的低收缩、高抗裂混凝土进行浇筑，监测了 0.7m 厚侧墙混凝土中心温度、应变历程，并与同期采用普通混凝土浇筑的相同结构监测结果进行对比分析，结果如图 5-56、图 5-57 所示。由图可见，入模温度相近且均约36℃的情况下，采用低收缩、高抗裂混凝土浇筑的侧墙结构温度峰值降低了约4℃，且温峰之后约1.5d时，二者拆模后采取厚毛毡覆盖保温的措施均显著减小了混凝土温降速率，有利于抗裂剂中 MgO 膨胀组分发挥作用，以及混凝土徐变性能发挥与抗裂性的提升。

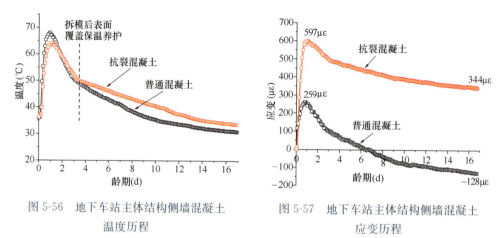

图 5-56 地下车站主体结构侧墙混凝土温度历程

图 5-57 地下车站主体结构侧墙混凝土应变历程

分析侧墙结构应变监测结果可知，在相近的温度历程下，相较于普通混凝土，采用低收缩、高抗裂混凝土浇筑时，侧墙结构温升阶段膨胀变形增大了约1.3倍，在变形受到较强外约束（如下部先浇筑底板）的情况下可有效储备膨胀预压应力；更为重要的是，侧墙结构温降阶段收缩变形大幅减小，16d 龄期时降低率约35%，此时混凝土强度与弹性模量较高，因此显著降低了收缩引起的拉应力与开裂风险，提升了结构混凝土的抗裂性能。

拆模后对于侧墙混凝土裂缝的观测、统计也证实了上述监测结果，在分段长度16～25m 的情况下，夏季高温季节采用低收缩、高抗裂混凝土浇筑的区段，施工期收缩裂缝数量较同期采用普通混凝土时平均降低率超过 90%，可以做到少裂甚至部分区段不裂，实施效果得到工程参建各方的认可。

5.12.4 南通轨道交通

南通轨道交通1号线居康路站、居美路站采用的相关施工工艺和养护措施与常州、徐州轨道交通工程基本相同。特别地，针对侧墙结构在拆模后降温速率过快、不利于抗裂的问题，居康路站、居美路站在侧墙拆模后，立即在暴露于空气中外立面的表面粘贴可重复使用的养护布。该养护材料具有良好的保温保湿性能，可以控制墙体结构温降速率≤2.0℃，且其封闭养护，可以代替工人的定期洒水养护，节省人力与物力的投入。侧墙结构实际养护时间不少于10d，养护技术应用情况如图 5-58 所示。

通过预埋应变计对居康路站某段实体侧墙结构混凝土温度、应变历程进行了监测，以评估裂缝控制技术应用效果，主要监测结果如图 5-59 所示。由图 5-59 (a) 可见，侧墙混凝土入模温度为 25.0～26.2℃，中心处最大温升为 20.2～23.0℃，而同期施工的其他车站该值一般在 30℃ 左右；侧墙表面处则受钢模散热影响，最大温升仅 16.4℃，各部位温峰出现的时间为 1.10～1.22d，中心与表面的最大温差为 8.5℃。温峰过后水化速率减缓，混凝土进入降温阶段，因浇筑后降雨影响，拆模时间延后，墙体结构整个降温过程可分为带模

图 5-58　南通地铁地下车站侧墙保温保湿养护材料的粘贴与养护

养护与贴保温材料养护两个不同阶段，中心平均降温速率分别为 5.5℃/d 和 1.1℃/d，且采用保温材料养护后，侧墙结构内外温差也得以显著降低。

由图 5-59（b）的长度方向应变监测结果可见，侧墙结构混凝土温升阶段产生显著的体积膨胀，因墙体底部受到的底板老混凝土约束更强，故膨胀变形低于墙体中部，温降阶段则均表现为收缩变形，且收缩大小与温降值成正比。在整个监测周期内，侧墙结构混凝土应变曲线变化平稳，未出现跳跃点，表明无收缩裂缝产生，观测结果也证实了这一点。

对从 2018 年 11 月至 2019 年 5 月间施工的居康路站主体结构进行了持续观测，迄今未见开裂渗漏情况，抗裂混凝土在侧墙、顶板结构中体现出良好的应用效果，与同期施工的其他结构形式类似的车站对比显著。

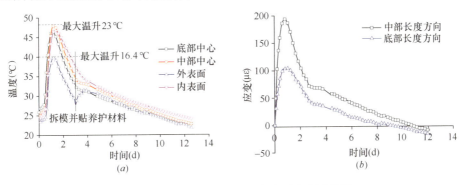

图 5-59　侧墙混凝土温度、应变历程监测结果
（a）温度历程；（b）应变历程

附录 A 城市轨道交通工程地下现浇混凝土收缩开裂风险计算与抗裂性设计方法

A.0.1 总体设计原则

A.0.1.1 城市轨道交通工程地下车站现浇混凝土非荷载裂缝设计应控制开裂风险系数不大于 0.70。计算所用参数宜通过试验确定，无试验数据时，常规工程可按推荐参数取值。

A.0.1.2 抗裂性设计应包括混凝土收缩控制、温度控制、施工措施。收缩变形宜以自生体积变形、干燥收缩等参数明确；温度控制指标宜以入模温度、内外温差、混凝土温升等参数明确；施工措施宜通过计算确定一次性浇筑长度。

A.0.1.3 计算出的开裂系数超过 0.70 时，宜通过调整混凝土绝热温升值、混凝土产生膨胀变形减少甚至抑制收缩、降低入模温度、保温养护、减少一次性浇筑程度等措施，将开裂风险系数控制在 0.70 以下。

A.0.2 混凝土水化放热

混凝土水化历程及绝热温升宜根据混凝土实际配合比通过试验确定，无试验数据时，混凝土绝热温升可按下列公式计算。

$$T_a(t_a) = T_{a,\max}(1 - e^{-mt_a}) = \alpha_{\max}\frac{WQ}{C\rho}(1 - e^{-mt_a}) \quad (A.0.2\text{-}1)$$

水化程度定义如下：

$$\alpha(t) = \frac{Q(t)}{Q} \quad (A.0.2\text{-}2)$$

式中 $T_a(t_a)$——混凝土龄期 t_a 时的绝热温升（℃）；

$T_{a,\max}$——最大绝热温升值（℃）

W——每立方米混凝土胶凝材料用量（kg/m³）；

Q——胶凝材料放热总量（kJ/kg）；

$Q(t)$——t 时刻胶凝材料放热量（kJ/kg）；

C——混凝土的比热，一般为 0.92～1.0kJ/(kg·℃)；

ρ——混凝土的重力密度，2400～2500kg/m³；

m——与水泥品种、浇筑温度等有关的经验系数，C30～C40 混凝土可取 0.8～1.0（d⁻¹），C50～C80 混凝土可取 1.0～1.5（d⁻¹）；

t_a——绝热温升测试龄期（d）；

t——时间（d）；

$\alpha_{\max}$——胶凝材料的最大水化程度；

$\alpha(t)$——t 时刻胶凝材料的水化程度。

（1）当已知混凝土组成时，胶凝材料放热总量可按下式计算：

$$Q = Q_C P_C + k_1 \cdot 461 P_{SL} + 210 k_2 P_{FA} \quad (A.0.2\text{-}3)$$

式中 Q_C——水泥水化放热总量（kJ/kg），可按附表 A.0.2-1 选取；

P_C、P_{SL}、P_{FA}——水泥、矿粉、粉煤灰的掺量；

k_1 和 k_2 是水化放热相关系数，可按附表 A.0.2-2 选取。

水泥水化放热总量（kJ/kg）　　　　　　　　　　　附表 A.0.2-1

水泥品种	水泥强度等级	
	42.5	52.5
硅酸盐水泥	430	465
普通硅酸盐水泥	365	420

不同掺量掺合料调整系数　　　　　　　　　　　附表 A.0.2-2

掺量	0	10%	20%	30%	40%	50%
矿渣粉（k_1）	0	0.9	0.7	0.6	0.5	0.5
粉煤灰（k_2）	0	0.5	0.45	0.42	0.4	0.35

（2）当未知混凝土组成时，可按附表 A.0.2-3 选取 $T_{a,max}$。

不同强度等级混凝土的最大绝热温升　　　　　　附表 A.0.2-3

混凝土强度等级	C30	C40	C50~C60
$T_{a,max}$（℃）	45	50	55

（3）α_{max} 可按下式计算：

$$\alpha_{max} = \frac{1.031 \cdot w/b}{0.194 + w/b} + 0.50 \cdot P_{FA} + 0.30 \cdot P_{SL} \leqslant 1 \quad (A.0.2-4)$$

当计算结果大于 1 时取 1；w/b 为混凝土水胶比。

A.0.3 混凝土温度场计算

温度对水化放热速率影响较大，结构温度场计算过程中应考虑温度对水化放热的影响。对于各向同性具有内部热源的固体瞬态温度场 $T(x, y, z, t)$ 需满足下列热传导方程和边界条件。

$$\rho C \frac{\partial T}{\partial t} = \lambda \left(\frac{\partial^2 T}{\partial x^2} + \frac{\partial^2 T}{\partial y^2} + \frac{\partial^2 T}{\partial z^2} \right) + q_a[t_{a,eq}] \exp\left[-\frac{E_a}{R} \cdot \frac{T_a(t_{a,eq}) + T_{a0} - T(t)}{[T_{a0} + T_a(t_{a,eq}) + 273] \cdot [T(t) + 273]} \right]$$

(A.0.3-1)

$$q_a[T_a(t_{a,eq})] = C \cdot \left. \frac{dQ}{dt} \right|_{t=t_{a,eq}} \quad (A.0.3-2)$$

$$t_{a,eq} = -\frac{1}{r} \cdot \ln\left[1 - \frac{a(t)}{a_{max}} \right] \quad (A.0.3-3)$$

式中 λ——混凝土导热系数，通过试验确定，无试验数据时，简化计算时可取 2.5W/(m·K)；

q_a——水化放热速率；

$t_{a,eq}$——实际工程中时间 t 相对于绝热温升测试[式（A.0.2-1）]过程中的等效龄期；

T_{a0}——绝热温升测试时的入模温度，一般为 20℃；

E_a——混凝土中胶凝材料水化反应活化能（J/mol），无测试数据时可取 30000～40000J/mol，有配合比参数时，可按式（A.0.3-4）进行选取；

R——普适气体常数，8.315（J/mol·K）。

$$E_a = [(k_{Ea,Fa} + k_{Ea,SL}) - 1] \cdot E_C \tag{A.0.3-4}$$

式中　　E_C——水泥水化活化能（J/mol）；

$k_{Ea,Fa}$ 和 $k_{Ea,SL}$——粉煤灰和矿粉对活化能的影响系数。

水泥水化反应活化能见附表 A.0.3-1，粉煤灰及矿粉掺量对活化能影响系数见附表 A.0.3-2。

水泥水化反应活化能 E_a（J/mol）　　　　　　　　　　　附表 A.0.3-1

水泥品种	水泥强度等级	
	42.5	52.5
硅酸盐水泥	42000	43000
普通硅酸盐水泥	38000	40000

粉煤灰及矿粉掺量对活化能影响系数　　　　　　　　　　附表 A.0.3-2

掺量	15%	30%	40%	50%
矿粉	1.05	1.08	1.12	1.2
粉煤灰	0.95～1.00			

在混凝土浇筑块温度计算过程中，初始温度即为浇筑温度。边界条件可通过以下四种方式给出：

（1）第一类边界条件 C_1：混凝土表面温度是时间的已知函数，即：

$$T(t) = f(t) \tag{A.0.3-5}$$

（2）第二类边界条件 C_2：混凝土表面的热流量是时间的已知函数，即：

$$-\lambda \left(\frac{\partial T}{\partial n}\right) = f(t) \tag{A.0.3-6}$$

式中　n——表面法线方向。

若表面是绝热的，则有：

$$\left(\frac{\partial T}{\partial n}\right) = 0 \tag{A.0.3-7}$$

（3）第三类边界条件 C_3：当混凝土与空气接触时，表面热流量与混凝土表面温度 T 和气温 T_a 之差成正比，即：

$$q = -\lambda \left(\frac{\partial T}{\partial n}\right) = \beta(T - T_a) \tag{A.0.3-8}$$

式中　β——放热系数（kJ/m²·h·℃）。

当放热系数 β 趋于无限时，$T = T_a$，即转化为第一类边界条件。当放热系数 $\beta = 0$ 时，$\partial T / \partial n = 0$，转化为绝热条件。

（4）第四类边界条件 C_4：当两种不同的固体接触时，如接触良好，则在接触面上温度和热流量都是连续的，即：

$$\left.\begin{array}{l} T_1 = T_2 \\ \lambda_1 \left(\dfrac{\partial T_1}{\partial n}\right) = \lambda_2 \left(\dfrac{\partial T_2}{\partial n}\right) \end{array}\right\} \quad (A.0.3\text{-}9)$$

混凝土表面覆盖模板或采取保温措施时，表面放热系数可按现行国家标准《大体积混凝土施工标准》GB 50496 进行选取。

A.0.4 混凝土强度、弹性模量

水化程度为 $\alpha(t)$ 的混凝土力学性能 $f_M[\alpha(t)]$（强度或弹性模量）以下式表示：

$$f_M[\alpha(t)] = f_{M\infty}\left(\frac{\alpha - \alpha_0}{1 - \alpha_0}\right)^a \quad (A.0.4\text{-}1)$$

其中，$f_{M\infty}$ 为强度或弹性模量平均值，无试验数据时可按下式进行计算：

$$f_{cm} = f_{ck} + \Delta f \quad (A.0.4\text{-}2)$$

$$\begin{cases} f_{ctm} = 0.3(f_{ck})^{2/3} & f_{ck} \leqslant 50\text{MPa} \\ f_{ctm} = 2.12\ln[1 + 0.1(f_{ck} + \Delta f)] & f_{ck} > 50\text{MPa} \end{cases} \quad (A.0.4\text{-}3)$$

$$E_{cm} = 4734 f_{cm}^{0.5} \quad (A.0.4\text{-}4)$$

式中 f_{cm}——抗压强度平均值（MPa）；
f_{ck}——抗压强度设计值（MPa）；
f_{ctm}——抗拉强度平均值（MPa）；
E_{cm}——弹性模量平均值（MPa）；
a——指数常数，无试验测试值时，计算弹性模量可取 0.5，计算抗拉强度可取 1.0；
α_0——初始水化程度，无试验测试数据时，C30~C40 可取 0.15~0.20，C50~C60 可取 0.10~0.15，C60 以上可取 0.05~0.10。

A.0.5 混凝土温度变形

温度变形以下式表示：

$$\varepsilon_T = \beta_T \cdot \Delta T \quad (A.0.5)$$

式中 ε_T——温度变形；
β_T——线膨胀系数（/℃），简化计算时可取 1.0×10^{-5}/℃；
ΔT——温差（℃）。

A.0.6 混凝土收缩变形

相对湿度变化引起的变形包括密封条件下自收缩变形、水分蒸发引起的干燥收缩变形。对于早期带模及需要养护的混凝土结构计算过程中宜在早期采取自收缩变形进行计算。

混凝土的自收缩可按下面经验公式计算：

$$\varepsilon_{as} = f(t)\varepsilon_{as\infty} = f[\alpha(t)]\varepsilon_{as28} \quad (A.0.6\text{-}1)$$

式中 ε_{as}——自收缩变形；
ε_{as28}——28d 自收缩变形，无试验资料时，可取 $\varepsilon_{as28} = (10f_{ck} - 200) \times 10^{-6}$；
$f(t)$——时间相关函数，无试验资料时，可取 $f(t) = 1 - \exp(-0.2t^{0.5})$；
$f[\alpha(t)]$——水化程度相关函数，无试验资料时，可取 $f[\alpha(t)] = \alpha$。

结构混凝土表面覆盖模板或早期需要进行养护，暴露于环境中时性能相对稳定，计算

干燥收缩时，可不考虑温度影响，计算方法如下：

$$\varepsilon_{sh}(t,t_d) = -\varepsilon_{sh\infty} k_h S(t) \quad (A.0.6-2)$$

$$k_h = \begin{cases} 1-h^3 & h \leqslant 0.98 \\ -0.2 & h=1 \\ 线性内插 & 0.98 \leqslant h \leqslant 1 \end{cases} \quad (A.0.6-3)$$

$$S(t) = \tanh\sqrt{\frac{t-t_0}{\tau_{sh}}}, \quad \tau_{sh} = k_t(k_s D)^2 \quad (A.0.6-4)$$

$$D = \frac{2v}{s}, \quad k_t = 8.5 t_d^{-0.08} f_{cm}^{-0.025} \quad (A.0.6-5)$$

$$\varepsilon_{sh\infty} = \varepsilon_{s\infty} \frac{E(607)}{E(t_0+\tau_{sh})} \quad (A.0.6-6)$$

$$E(t) = E(28)\left(\frac{t}{4+0.85t}\right)^{0.5} \quad (A.0.6-7)$$

$$\varepsilon_{s\infty} = -\alpha_1 \alpha_2 [1.9 \times 10^{-2} w^{2.1} f_c^{-0.28} + 270] \quad (A.0.6-8)$$

$$\alpha_1 = \begin{cases} 1 & 一类水泥 \\ 0.85 & 二类水泥 \\ 1.1 & 三类水泥 \end{cases} \quad \alpha_1 = \begin{cases} 0.75 & 蒸汽养护 \\ 1.2 & 密封或防干燥的自然养护 \\ 1.0 & 水中或者相对湿度100\% \end{cases} \quad (A.0.6-9)$$

式中 k_h——湿度影响系数；

　　 h——相对湿度；

　　 $S(t)$——时间函数；

　　 τ_{sh}——尺寸影响系数，其中 D 为有效厚度（cm），对应板即为实际厚度；

　　 k_s——截面形状因子，板取1.0，圆柱取1.15，正方形棱柱体取1.25，球体取1.3，立方体取1.55；

　　 k_t——系数；

　　 $\varepsilon_{sh\infty}$——混凝土干燥收缩终值；

　　 t_d——开始干燥时间；

　　 $E(28)$——混凝土28d的弹性模量（MPa），以28d强度作为设计依据时，可取 $E(28) = E_{ctm}$；

　　 w——用水量（kg/m³）。

A.0.7 混凝土徐变

混凝土的早期徐变性能宜通过试验确定，无试验资料时，徐变函数 $J(t,t_0)$ 可采取下式进行计算：

$$J(t,t_0) = q_1 + C_0(t,t_0) + C_d(t,t_0) \quad (A.0.7-1)$$

其中，瞬时弹性变形系数 q_1 以下式表示：

$$q_1 = 1/E_0 \quad (A.0.7-2)$$

基本徐变柔度函数 $C_0(t,t_0)$ 以下式表示：

$$C_0(t,t_0) = q_2 Q(t,t_0) + q_3 \ln[1+(t-t_0)^n] + q_4 \ln(t/t_0) \quad (A.0.7-3)$$

$$q_2 = 185.4 \times 10^{-6} c^{0.5} f_{cm28}^{-0.9} \quad (A.0.7-4)$$

$$q_3 = 0.29(w/c)^4 q_2 \quad (A.0.7-5)$$

$$q_4 = 20.3\,(a/C)^{-0.7} \tag{A.0.7-6}$$

$$Q(t,t_0) = Q_f(t_0)\left[1+\left(\frac{Q_f(t_0)}{Z(t,t_0)}\right)^{r(t_0)}\right]^{1-1/r(t_0)} \tag{A.0.7-7}$$

$$Q_f(t_0) = [0.086\,(t_0)^{2/9}+1.21\,(t_0)^{4/9}]^{-1} \tag{A.0.7-8}$$

$$Z(t,t_0) = (t_0)^{-m}\ln[1+(t-t_0)^n] \tag{A.0.7-9}$$

$$r(t_0) = 1.7\,(t_0)^{0.12}+8 \tag{A.0.7-10}$$

干燥徐变柔度 $C_d(t,t_0)$ 以下式表示：

$$C_d(t,t_0) = q_5\,[\exp\{-8H(t)\}-\exp\{-8H(t_0)\}]^{1/2} \tag{A.0.7-11}$$

$$q_5 = 0.757 f_{cm28}^{-1}\,|\varepsilon_{sh\infty}\times 10^6|^{-0.6} \tag{A.0.7-12}$$

$$H(t) = 1-(1-h)S(t-t_d) \tag{A.0.7-13}$$

$$H(t_0) = 1-(1-h)S(t_0-t_d) \tag{A.0.7-14}$$

式中　t_0——开始持荷时间（d）

　　　E_0——混凝土加载时的弹性模量（MPa）；

q_2、q_3、q_4 和 q_5——实验数据拟合的经验系数。

A.0.8 混凝土收缩应力

混凝土的自生收缩、温度收缩在约束作用下产生收缩应力。约束包括内约束和外约束两类，内约束由混凝土自身内外收缩不均引起，内外温差、湿度梯度均导致收缩梯度的产生；外约束主要由结构形式、施工浇筑先后顺序引起。收缩应力计算宜采取有限元法进行，将温度场和收缩变形计算成果和边界条件，根据程序要求输入相应数据后，由计算机进行计算。为判定综合效应，可将各项最不利因素相互叠加，进行有限元仿真计算。

用有限元增量求解混凝土应力的整体平衡方程如下：

$$[k]\{\Delta\delta\} = \{\Delta F\}\{\Delta F_C\}\{\Delta F_T\}\{\Delta F_G\} \tag{A.0.8-1}$$

式中　$[k]$——刚度矩阵；

　　　$\{\Delta\delta\}$——节点位移增量阵列；

　　　$\{\Delta F\}$——节点荷载增量阵列；

　　　$\{\Delta F_C\}$——混凝土徐变引起的节点荷载增量；

　　　$\{\Delta F_T\}$——混凝土温度变形引起的节点荷载增量；

　　　$\{\Delta F_G\}$——混凝土自生收缩变形引起的节点荷载增量；

相应的应力增量为：

$$\{\Delta\sigma_n\} = [\overline{D}](\{\Delta\varepsilon_n\}-\{\eta_n\}-\{\Delta\varepsilon_n^T\}-\{\Delta_n^G\}) \tag{A.0.8-2}$$

式中　$[\overline{D}]$——等效弹性矩阵；

　　　$\Delta\varepsilon_n$——应变增量；

　　　η_n——徐变应变增量；

　　　$\Delta\varepsilon_n^T$——温度应变增量；

　　　Δ_n^G——自生收缩应变增量。

A.0.9 混凝土开裂风险系数

开裂风险系数 η 按下式计算：

$$\eta = \frac{\sigma(t)}{f_t(t)} \tag{A.0.9}$$

式中　$\sigma(t)$ ——t 时刻混凝土内部最大拉应力（MPa）；
　　　$f_t(t)$ ——t 时刻混凝土抗拉强度（MPa）。

在不具备试验参数时，可参照类似工程经验，混凝土材料抗裂性设计指标可按附表 A.0.9 选取。

混凝土抗裂性能指标（底板、侧墙、中板及顶板）　　附表 A.0.9

序号	检测项目			JTG/T 178	控制指标
1	侧墙、顶板混凝土限制膨胀率（%）	水中 14d		≥0.020	≥0.025
		水中 14d 转空气 28d		≥-0.030	≥-0.015
2	混凝土自生体积变形（%）	底板	7d	—	≥0.020
			28d	—	≥0.010
		侧墙、顶板	7d	—	≥-0.010
			28d	—	≥-0.015
3	侧墙、顶板混凝土绝热温升	7d 值（℃）		—	≤45
		初凝后 1d 值占 7d 值比例（%）		—	≤50

注：1. 限制膨胀率测试参照现行国家标准《补偿收缩混凝土应用技术规程》JGJ/T 178 进行；
　　2. 自生体积变形测试参照现行国家标准《普通混凝土长期性能和耐久性能试验方法标准》GB/T 50082 中非接触法收缩试验进行，测试的零点为初凝；
　　3. 混凝土绝热温升参照现行国家标准《普通混凝土拌合物性能试验方法标准》GB/T 50080 进行。

A.0.10 对有裂缝控制需要的混凝土结构，在设计时可根据开裂风险控制要求，使用水分蒸发抑制剂、合成纤维、膨胀剂、温控膨胀抗裂剂等抗裂性提升功能材料。抗裂性提升功能材料选用应满足附表 A.0.10 的要求。

抗裂性提升功能材料选用建议　　附表 A.0.10

结构部位	塑性裂缝抑制		硬化阶段裂缝抑制		
	水分蒸发抑制剂	合成纤维	氧化钙类膨胀剂	氧化镁膨胀剂	温控膨胀抗裂剂
底板	○	△	△	△	△
侧墙	—	—	△	△	○
顶板	○	△	△	△	○

注：○宜采用；△可采用；—一般不采用。

附录 B 混凝土 1d 绝热温升与 7d 绝热温升比值测试方法

B.0.1 混凝土绝热温升参照现行国家标准《普通混凝土拌合物性能试验方法标准》GB/T 50080 进行测试。

B.0.2 以绝热温升达到 2.0℃的时间 t 为零点，如果测试中没有 2.0℃，则以绝热温升大于且最接近 2.0℃的时间为准，并记录此时的绝热温升值 θ_0，则混凝土 1d 绝热温升与 7d 绝热温升比值计算如下：

$$\varphi = \frac{\theta_{t+1} - \theta_0}{\theta_{t+7} - \theta_0} \times 100\% \tag{B.0.2}$$

式中　φ——混凝土 1d 绝热温升与 7d 绝热温升比值；

θ_{t+1}——以 t 为起点之后 1d 混凝土绝热温升（℃）；

t——绝热温升达到 2.0℃的时间，或大于且最接近 2.0℃的时间（d）；

θ_0——t 时绝热温升（℃）；

θ_{t+7}——以 t 为起点之后 7d 混凝土绝热温升（℃）。

注：实体结构混凝土温升受混凝土绝热温升及其发展历程的影响，在一定的散热条件下，当绝热温升相同时，早期绝热温升发展速率越慢，则实体结构混凝土温升值越低，越有利于减少温降收缩。因此，除了控制混凝土绝热温升外，本指南还提出了绝热温升历程控制指标。如果以试验开始测试时为零点，则无法避免缓凝剂对绝热温升历程比值的影响。一般而言，混凝土凝结后水化反应处于加速期，而凝结前水化放热量又较小，因此，以凝结时间作为零点比较合适。但处于绝热状态的混凝土凝结时间与标准条件下混凝土凝结时间不同，且等同绝热状态下的混凝土凝结时间难以测试。考虑到混凝土早期绝热温升发展速率在一定程度上可以反映出胶凝材料水化反应速率，因此，直接利用早期绝热温升发展特性，以其中能够反映胶凝材料水化反应由诱导期向加速期过渡的特征点作为零点同样具有可行性。统计了明挖现浇隧道常用的 C35、C40 混凝土绝热温升测试结果，结果表明，混凝土早期绝热温升曲线存在由缓慢发展向快速发展的特征区域，通过将绝热温升曲线一次微分求导，则可在微分曲线上明显得出早期绝热温升速率开始快速发展的特征点，且特征点对应的绝热温升集中在 2.0℃左右。因此，本指南将 2.0℃作为绝热温升历程比值的零点，如果绝热温升曲线上没有 2.0℃时，则以绝热温升大于且最接近 2.0℃的时间为准，并以此来计算混凝土 1d 绝热温升与 7d 绝热温升比值。

附录 C 混凝土 28d 变形测试方法

C.0.1 混凝土 28d 变形为以混凝土初凝为基准值恒温密封养护 7d 后转入恒温恒湿（箱）室养护至 28d 总的变形值。

C.0.2 初凝至恒温密封养护 7d 条件下的变形（7d 自生体积变形）测试参照现行国家标准《普通混凝土长期性能和耐久性试验方法标准》GB/T 50082 中的非接触法收缩试验进行，并至少按照下列规定的时间间隔测试其变形读数：1d、3d、5d、7d。

C.0.3 试件由密封养护转入恒温恒湿（箱）室养护至 28d 变形（21d 干燥变形）按照以下方法进行：

（1）试件成型、试验设备、测试环境参照现行国家标准《普通混凝土长期性能和耐久性试验方法标准》GB/T 50082 中的接触法收缩试验进行。

（2）试件成型完毕后，应立即采取塑料薄膜作密封处理，并移至温度为 20±2℃ 养护室养护，其后带模养护至 7d。

（3）拆模后，立即将试件移入恒温恒湿（箱）室测试其初始长度，并至少按照下列规定时间间隔测量其变形读数：1d、3d、7d、14d、21d。

C.0.4 混凝土变形（收缩率或膨胀率）计算参照现行国家标准《普通混凝土长期性能和耐久性试验方法标准》GB/T 50082 中的接触法收缩试验进行。混凝土膨胀时变形为正值，收缩时为负值。

C.0.5 混凝土 28d 变形按照下式计算：

$$\varepsilon_{28} = \varepsilon_{As,7} + \varepsilon_{Ds,21} \tag{C.0.5}$$

式中　ε_{28}——混凝土 28d 变形（$\times 10^{-6}$）；

$\varepsilon_{As,7}$——混凝土 7d 自生体积变形（$\times 10^{-6}$）；

$\varepsilon_{Ds,21}$——混凝土 21d 干燥变形（$\times 10^{-6}$）。

附录 D 水泥水化热测试方法

D.0.1 本方法参考现行国家标准《水泥水化热测定方法》GB/T 12959 中直接法（代用法）进行水泥水化热的测试。

D.0.2 仪器设备

符合现行国家标准《水泥水化热测定方法》GB/T 12959 中直接法（代用法）的规定。

D.0.3 试验条件

成型试验室温度应保持在 20±2℃，相对湿度不低于 50%；试验期间水槽内的水温应保持在 20±0.1℃。应用于日均气温大于 25℃炎热气候的产品检测时，宜将砂浆初始温度控制在 30±2℃，试验期间水槽内的水温设置为 30±0.1℃，或由供需双方商定。

D.0.4 试验材料

水泥应符合现行国家标准《混凝土外加剂》GB 8076 的规定，砂应采用符合现行国家标准《水泥胶砂强度检验方法（ISO法）》GB/T 17671 规定的标准砂粒度范围在 0.5～1.0mm 的中砂，试验用水应符合现行国家标准《水泥水化热测定方法》GB/T 12959 的规定。

D.0.5 试验步骤

（1）热量计热容量的计算、热量计散热常数的测定、热量计散热常数的计算、热量计散热常数的规定应符合现行国家标准《水泥水化热测定方法》GB/T 12959 中直接法（代用法）的规定。

（2）水泥水化热测定

除以下步骤，其他均应符合现行国家标准《水泥水化热测定方法》GB/T 12959 中直接法（代用法）的规定：

1）试验砂浆水灰比为 0.4；

2）温度采集时间间隔不超过 10min；

3）总热容量、水泥水化热的结果计算时，水泥质量和水质量按照实际质量进行计算，计算结果保留至 0.1J/g。

D.0.6 24h 水化热计算

24h 水化热计算按照以下步骤：

（1）以水化热达到 30.0J/g 的时间 t_0 作为时间起点，如果测试点中没有 30.0J/g，则以水化热大于且最接近 30.0J/g 的时间为准，并记录此时的热量值为 Q_{t_0}。

（2）取 (t_0+24)h 时的热量值为 Q_{t_0+24}。

（3）24h 水化热按下列公式计算：

$$Q_{24} = Q_{t_0+24} - Q_{t_0} \tag{D.0.6-1}$$

式中 Q_{24}——24h 时水化热（J/g）；

Q_{t0+24} —— (t_0+24)h 时的水化热（J/g）；

Q_{t0} —— t_0 时水化热（J/g）。

每个砂浆水化热试验用两套热量计平行试验，两次试验结果相差小于 12.0J/g 时，取平均值作为此砂浆样品水化热结果；两次结果相差大于 12.0J/g 时，应重做试验。

D.0.7 7d 水化热计算

符合现行国家标准《水泥水化热测定方法》GB/T 12959 中直接法（代用法）的规定，从加水后 7min 开始计算 7d 龄期时的水化热。

每个砂浆水化热试验用两套热量计平行试验，两次试验结果相差小于 12.0J/g 时，取平均值作为此砂浆样品水化热结果；两次结果相差大于 12.0J/g 时，应重做试验。

D.0.8 水化热降低率按以下公式计算：

$$R_Q = \frac{Q_r - Q_t}{Q_r} \times 100 \tag{D.0.8}$$

式中 R_Q——水化热降低率（%）；

Q_r——基准砂浆 24h 或 7d 的水化热（J/g）；

Q_t——受检砂浆 24h 或 7d 的水化热（J/g）。

参 考 文 献

[1] 王铁梦. 工程结构裂缝控制[M]. 北京：中国建筑工业出版社，1997.
[2] 混凝土结构耐久性设计与施工指南 CCES 01-2004[S]. 北京：中国建筑工业出版社，2004.
[3] 巴恒静，邓洪卫，高小建. 高性能混凝土微裂缝与显微结构的研究[J]. 混凝土，2000，（01）：14-17.
[4] 常州市轨道交通发展有限公司，江苏省建筑科学研究院有限公司，徐州市城市轨道交通有限责任公司，等. 城市轨道交通地下工程结构混凝土抗裂防水成套技术研究报告[R]. 2017.
[5] 高小建，巴恒静. 混凝土结构耐久性与裂缝控制中值得探讨的几个问题[J]. 混凝土，2001，（11）：12-13.
[6] 高小建. 高性能混凝土早期开裂机理与评价方法[D]. 哈尔滨：哈尔滨工业大学，2003.
[7] 耿敏，李志全，李路，等. 徐州轨道交通地下车站侧墙结构高性能混凝土早期抗裂性能研究[J]. 施工技术，2018，47(S1)：1786-1788.
[8] 龚剑，房霆宸，夏巨伟. 我国超高建筑工程施工关键技术发展[J]. 施工技术，2018，（6）：19-25.
[9] 洪开荣. 我国隧道及地下工程近两年的发展与展望[J]. 隧道建设，2017，（2）：14-25.
[10] 胡导云，朱剑，刘德顺，等. 常州轨道交通某车站主体结构混凝土裂缝成因分析与控制[C]. 工业建筑2018年全国学术年会. 2018.
[11] 李进辉，李阳，刘可心，等. 超大断面预制沉管混凝土裂缝控制技术[J]. 混凝土，2014，（4）：146-151.
[12] 李路，李志全，耿敏，等. 侧墙结构混凝土早龄期开裂风险影响因素定量研究[J]. 混凝土与水泥制品，2018，269(09)：75-81.
[13] 李路，王文彬，徐文. 混凝土高效抗裂剂在徐州轨道交通地下工程中的应用[J]. 新型建筑材料，2018，（7）：52-54.
[14] 刘加平，田倩，等. 早龄期混凝土变形与监控技术的研究鉴定报告[R]，2007.
[15] 刘加平，田倩，李华，等. 城市轨道交通地下车站抗裂防渗新技术[J]. 江苏建筑，2018，（2）：8-13.
[16] 刘加平. 水泥基材料塑性变形与塑性开裂的性能及机理[D]. 南京：南京工业大学，2008.
[17] 马冬花，尚建丽. 高性能混凝土的自收缩[J]. 西安建筑科技大学学报，2003，35(1)：82-84.
[18] 马一平，仇建刚. 防裂抗渗水泥基材料的研究[J]. 建筑材料学报，2005，8(1)：11-16.
[19] 缪昌文，刘加平，田倩，等. 化学外加剂对混凝土收缩性能的影响[C]. 钢筋混凝土结构裂缝控制指南. 北京：化学工业出版社，2004.
[20] 缪昌文，田倩，刘加平，等. 基于毛细管负压技术测试混凝土最早期的自干燥效应[J]. 硅酸盐学报，2007，（4）：509-516.
[21] 唐明述. 提高重大混凝土工程耐久性对节约资源能源、保护环境意义重大[C]. 周光召，朱光亚主编. 共同走向科学——百名院士科技系列报告集，北京，2001.
[22] 田倩，孙伟，缪昌文，刘加平. 高性能混凝土自收缩测试方法探讨[J]. 建筑材料学报，2005，（2）：82-89.
[23] 田倩，王育江，李磊，等. 一种基于孔隙负压测试的混凝土早期养护方法[J]. 建筑材料学报，

2013，16(4)：587-591.

[24] 田倩. 低水胶比大掺量矿物掺合料水泥基材料的收缩及机理研究[D]. 南京：东南大学材料科学与工程学院，2006.

[25] 王武勤. 桥梁工程技术发展与展望[J]. 施工技术，2018，(6)：103-108.

[26] 王有发，杨熙，庞瑾. 2017年中国城市轨道交通运营线路统计和分析——中国城市轨道交通"年报快递"之五[J]. 城市轨道交通研究，2018，(1)：1-6.

[27] 王育江，刘加平，田倩，等. 水泥基材料的塑性抗拉强度[J]. 东南大学学报(自然科学版)，2014，44(2)：369-374.

[28] 吴中伟，廉慧珍. 高性能混凝土[M]. 北京：中国铁道出版社，1999：263-281.

[29] 徐文，王育江，姚婷，等. 轨道交通地下车站结构混凝土的裂缝与控制[C]. 2016度江苏省城市轨道交通建设学术年会. 2016.

[30] 徐州市城市轨道交通有限责任公司，江苏苏博特新材料股份有限公司，中铁十二局集团有限公司. 徐州市城市轨道交通工程高性能混凝土研究与应用[R]. 2016.

[31] 杨长辉，王川，吴芳. 混凝土塑性收缩裂缝成因及防裂措施研究综述[J]. 混凝土，2002，151(5)：33-37.

[32] 杨长辉，王海阳. 环境因素变化对高强混凝土塑性开裂的影响[J]. 混凝土，2005，187(5)：27-32.

[33] 袁勇. 混凝土结构早期裂缝控制[M]. 北京：科学出版社，2004.

[34] 张坚，张士山. 某轨道交通地下车站叠合墙结构的裂缝控制技术研究[J]. 江苏建筑，2018，(2)：38-41.

[35] 张士萍. 有害介质在裂缝中的传输及其对混凝土耐久性的影响(博士后研究工作报告)[R]. 南京：江苏省建筑科学研究院有限公司，东南大学，2010.

[36] 赵振国. 接触角及其在表面化学研究中的应用[J]. 化学研究与应用，2000，4(12)：370-374.

[37] 中国工程院土木水利与建筑学部. 混凝土结构耐久性设计与施工指南[M]. 北京：中国建筑工业出版社，2004.

[38] 朱金铨，覃维祖. 高性能混凝土的自收缩问题[J]. 建筑材料学报，2001，4(2)：159-166.

[39] 朱先发，叶铁民，刘德顺，等. 城市轨道交通地下车站主体结构混凝土裂缝控制试验研究[J]. 江苏建筑，2017.

[40] 朱翳佳. 减水剂对水泥混凝土干燥收缩作用机理的研究[D]. 北京：中国建筑材料科学研究总院，2006. Bennett D. Innovations in Concrete [M], Thomas Telford, 2002.

[41] AASHTO PP34-99, Standard Practice for Estimating the Cracking Tendency of Concrete [S]. AASHTO, 1999.

[42] ACI Committee 305. Hot Weather Concreting [R]. ACI-305R-99, American Concrete Institute, Farmington Hills, MI, 1999.

[43] Altoubat S A, Lange D A. Creep, shrinkage and cracking of restrained concrete at early age [J]. ACI Materials Journal, 2001, 98(4): 323-331.

[44] Baroghel-Bouny V, Mainguy M, Lassabatere T, et al. Characterization and identification of equilibrium and transfer moisture properties for ordinary and high-performance cementitious materials [J]. Cement and Concrete Research, 1999, 29: 1225-1238.

[45] Bažant Z P, Hauggaard A B, Baweja S, et al. Microprestress-solidification theory for concrete creep. Ⅱ: algorithm and verification [J]. Journal of Engineering Mechanics (ASCE), 1997, 123(11): 1195-1201.

[46] Bažant Z P, Hauggaard A B, Baweja S, et al. Microprestress-solidification theory for concrete

creep. I: aging and drying effects [J]. Journal of Engineering Mechanics (ASCE), 1997, 123(11): 1188-1194.

[47] Bažant Z P, Kaplan M F. Concrete at high temperatures: material properties and mathematical models [M]. London: Longman Addison-Wesley: 1996.

[48] Bažant Z P, Kim J K, Jeon S E. Cohesive fracturing and stresses caused by hydration heat in massive concrete wall [J]. Journal of Engineering Mechanics (ASCE), 2003, 129(1): 21-30.

[49] Bažant Z P, Najjar L J. Nonlinear water diffusion in nonsaturated concrete [J]. Materials and Structure, 1972, 5(25): 3-20.

[50] Bažant Z P, Prasannan S. Solidification theory for concrete creep. I: Formulation. II: Verification and application [J]. Journal of Engineering Mechanics-ASCE, 1989, 115: 1691-1725.

[51] Bazant Z P, Prasannan S. Solidification theory for concrete creep. Part I: Formulation [J]. Journal of Engineering Mechanics, 1989, 115(8): 1691-1703.

[52] Bazant Z P. Constitutice equation for concrete creep and shrinkage based on thermodynamics of multiphase systems[J]. Materials and Structures, 1970, 3(13): 3-36.

[53] Bažant Z P. Mathematical modeling of creep and shrinkage of concrete [M]. Wiley: Chichester, 1988.

[54] Bazant Z P. Mathematical Modelling of Creep and Shrinkage of Concrete (RILEM Series)[M]. London: John Wiley & Sons, 1982.

[55] Beltzung F, Wittmann F H. Early chemical shrinkage due to dissolution and hydration of cement [J]. Materials and Structures, 2001, 34: 279-283.

[56] Bensted J, Barnes P. Structure and Performance of Cements [M] (2nd). London, Spon Press, 2002: 57-96.

[57] Bentur A, Igarashi S, Kovler K. Control of autogenous shrinkage stresses and cracking in high strength concretes[C]//Proc. 5th Int. Symp. on Utilization of High Strength/High Performance Concrete, Sandefjord, 1999: 1017-1026.

[58] Bentz D P, Jesen O M, Hansen K K, et al. Influence of cement particle-size distribution on the early age autogenous strains and stresses in cement-based materials[J]. Journal of the America Ceramic Society, 2001, 84(1): 129-135.

[59] Bentz D P, Waller V, De Larrard F. Prediction of adiabatic temperature rise in conventional and high-performance concretes using a 3D microstructural model [J]. Cement and Concrete Research, 1998, 28(2): 285-297.

[60] Bissonnette B, Marchand J, Martel C, et al. Influence of Superplasticizer on the Volume Stability of Hydrating Cement Pastes at an Early Age[J]. ACI SP206-11: 167-188.

[61] Bjontegaard Ø. Thermal dilation and autogenous deformation as driving forces to self-induced stresses in high performance concrete[D]. Doctoral thesis, Norway, Trondheim: NTNU Division of Structural Engineering, 1999.

[62] Bloom R, Bentur A. Free and restrained shrinkage of normal and high-strength concrete [J]. ACI Materials Journal, 1995, 92(2): 211-217.

[63] Boumiz A, Vernet C, Tenoudji F C. Mechanical Properties of Cement Pastes and Mortars at Early Ages-Evolution with Time and Degree of Hydration[J]. Journal of Advanced Cement-Based Materials, 1996(3): 94-106.

[64] Breugel K Van. Numerical modeling of volume changes at early ages-potential, pitfalls and challenges[J]. Materials and Structure, 2001, 34(239): 293-301.

[65] Breugel K van. Relaxation of young concrete[R]. Res. Report 5-80-D8, Faculty Civil Engineering

&. Geosciences, Delft University of Technology, 1980.

[66] Breugel K Van. Simulation of hydration and formation of structure in hardening cement-based materials[D]. Ph. D. thesis, Delft: Delft University of Technology, The Netherlands, 1991.

[67] Buffo-Lacarrière L, Sellier A, Escadeillas G, et al. Multiphasic finite element modeling of concrete hydration [J]. Cement and Concrete Research, 2007, 37: 131-138.

[68] Burrows R W. The visible and invisible cracking of concrete[M], ACI Monograph, No. 11, American Concrete Institute, Farmington Hills, Michigan, 1998.

[69] Carlson R W, Reading T J. Model study of shrinkage cracking in concrete building walls [J]. ACI Structural Journal, 1988, 85(4): 395-404.

[70] Cervera M, Oliver J, Prato T. Thermo-chemo-mechanical model for concrete Ⅰ: hydration and aging [J]. Journal of Mechanical Engineering, 1999, 125(9): 1018-1027.

[71] Charron J P, Marchand J, Bissonnette B. Early-age deformations of hydrating cement systems, systematic comparison of linear and volumetric shrinkage measurements [J]. Concrete Science and Engineering, 2001, (3): 168-173.

[72] Chen D, Mahadevan S. Cracking analysis of plain concrete under coupled heat transfer and moisture transport processes [J]. Journal of Structural Engineering (ASCE), 2007, 133(3): 400-410.

[73] Chu I, Kwon S H, Amin M N, Kim J K. Estimation of temperature effects on autogenous shrinkage of concrete by a new prediction model [J]. Construction and Building Materials, 2012, 35: 171-182.

[74] D'Ambrosia M D, Altoubat S A, Park C, et al. Early age tensile creep and shrinkage of concrete with shrinkage reducing admixtures[C]//Ulm F, Bazant Z, Wittman F H. ed, Creep, Shrinkage and Durability Mechanics of Concrete and other Quasi-Brittle Materials (Proc. of CONCREEP '01, Boston, Aug 13-15), 2001: 685-690.

[75] Dabic P, Krstulovic R, Rusic D. A new approach in mathematical modeling of cement hydration development [J]. Cement and Concrete Research, 2000, 30(7): 1017-1021.

[76] De Schutter G, Taerwe L. Degree of hydration-based description of mechanical properties of early age concrete [J]. Materials and Structures, 1996, 29: 335-344.

[77] De Schutter G, Taerwe L. General hydration model for Portland cement and blast furnace slag cement [J]. Cement and Concrete Research, 1995, 25: 593-604.

[78] De Schutter G, Yuan Y, Liu X, et al. Degree of hydration-based creep modeling of concrete with blended binders: from concept to real applications [J]. Journal of Sustainable Cement-Based Materials, 2015, 4(1): 1-14.

[79] De Schutter G. Degree of hydration based Kelvin model for the basic creep of early age concrete [J]. Materials and Structure, 1999, 32(4): 260-265.

[80] Feldman R F. Mechanism of creep of hydrated Portland cement paste [J]. Cement and Concrete Research, 1972, 2(5): 521-540.

[81] Folliard K J, Berke N S. Properties of high-performance concrete containing shrinkage-reducing admixture[J]. Cement and Concrete Research, 1997, 27(9): 1357-1364.

[82] Garboczi E J. Computational materials science of cement-based materials[J]. Materials and Structures, 1993, 26: 191-195.

[83] Gawin D, Pesavento F, Schrefler B A. Hygro-thermo-chemo-mechanical modelling of concrete at early ages and beyond. Part I: Hydration and hygro-thermal phenomena, Part Ⅱ: Shrinkage and creep of concrete [J]. International Journal for Numerical Methods in Engineering, 2006, 67:

299-363.

[84] Gilbert R I. Time effects in concrete structures[M]. Series: Developments in civil engineering 23, Elsevier, 1988.

[85] Glasser F P. Chemical, mineralogical, and microstructural changes occurring in hydrated slag-cement Blends[C]//Mindess S, Skalny J P, eds.. Materials Science of Concrete II, American Ceramic Society, Westerville, OH, 1991.

[86] Guenot I, Torrenti J M, Laplante P. Stresses in early-age concrete: comparison of different creep models [J]. ACI Materials Journal, 1996, 93(3): 246-253.

[87] Hammer T A. Effect of silica fume on the plastic shrinkage and pore water pressure of high-strength concretes[C]. In: Baroghel-Bouny V, Aïtcin P C, eds. International RILEM Workshop on Shrinkage of Concrete-'Shrinkage 2000'. Paris: The Publishing Company of RILEM, 2000.

[88] Hanehara S, Hirao H, Uchikawa H. Relationship between autogenous shrinkage and the microstructure and humidity changes at inner part of hardened cement pastes at early ages[C]//Proc. Autoshrink '98, Int. Workshop on Autogenous Shrinkage of Concrete. Hiroshima, London: E&FN, 1998: 89-100.

[89] Holt EE. Early Age Autogenous Shrinkage of Concrete[M]. Technical Research Centre of Finland, VTT Publications, Finland, 2001: 77-79.

[90] Hossain A B, Pease B, Weiss J. Quantifying early-age stress development and cracking in low water-to-cement concrete: restrained-ring test with acoustic emission [J]. Transportation Research Record, 2003, 1834(1): 24-32.

[91] Hua C, Acker P, Ehrlacher A. Analyses and models of the autogenous shrinkage of hardening cement paste: I. Modelling at macroscopic scale[J]. Cement and Concrete Research, 1995, 25(7): 1457-1468.

[92] Ishida T, Chaube R, Kishi T, et al. Micro-physical approach to coupled autogenous and drying shrinkage of concrete [C]//Tazawa E, eds. Proceedings of International workshop on Autogenous Shrinkage of Concrete. Hirishima, Japan, June 13-14, 1998: 271-280.

[93] Jensen O M. HETEK-Control of early age cracking in concrete-Phase 2: Shrinkage of mortar and concrete[R]. Report No. 110, Danish Road Directorate, Demark, 1997.

[94] Jiang W, De Schutter G, Yuan Y. Degree of hydration based prediction of early age basic creep and creep recovery of blended concrete [J]. Cement and Concrete Composites, 2014, 48: 83-90.

[95] Jooss M, Reinhardt H W. Permeability and diffusivity of concrete as function of temperature [J]. Cement and Concrete Research, 2002, 32: 1497-1504.

[96] Kayir H, Weiss W J. A Fundamental Look at Settlement in Fresh Systems: Role of Mixing Time and. High Range Water Reducers[A]. Conference Proceedings: First North American Conference on the Design and Use of Self-Consolidating Concrete[C]. Chicago: Nov. 12-13, 2002, 27-32.

[97] Khan M I, Bhattacharjee B. Relationship between thermal conductivities of aggregate and concrete [C]//Civil Engineering Materials and Structures, Osmania: Osmania University Hyderabad, 1995.

[98] Kjellman O, Olofesson J. 3D structural analysis of crack risk in hardening concrete [R]. IPACS Report BE96-3843. Sweden: Luleå University of Technology, 2001.

[99] Klug P, Wittmann F. Activation energy of creep of hardened cement paste [J]. Materials and Structures, 1969, 2(7): 11-16.

[100] Kuhl D, Bangert F, Meschke G. Coupled chemo-mechanical deterioration of cementitious material. Part I: Modeling, Part II: Numerical methods and simulations [J]. International Journal of Sol-

ids and Structure, 2004, 41: 15-67.

[101] Li Hua, Liu Jiaping, Wang Yujiang, er al. Deformation and cracking modeling for early-age sidewall concrete based on the multi-field coupling mechanism [J]. Construction and building materials, 2015, 88(30): 84-93.

[102] Liu J, Tian Q, Miao C. Investigation on the plastic shrinkage of cementitious materials under drying conditions: mechanism and theoretical model[J]. Magazine of Concrete Research, 2012, 64(6): 551-561.

[103] Lokhorst S J. Deformational behaviour of concrete influenced by hydration related changes of the microstructure [R]. Research report, Delft: Delft University of Technology, The Netherlands, 1998.

[104] Lura P, Breugel K V, Maruyama I. Effect of curing temperature and type of cement on early-age shrinkage of high-performance concrete[J]. Cement and Concrete Research, 2001, 31: 1867-1872.

[105] Lura P, Jensen O M, Van Breugel K. Autogenous shrinkage in high-performance cement paste: an evaluation of basic mechanisms [J]. Cement and Concrete Research, 2003, 33: 223-232.

[106] Lura P, Pease B, Mazzotta G, Rajabipour F, et al. Influence of shrinkage-reducing admixtures on development of plastic shrinkage cracks [J]. ACI Materials Journal, 2007, 104(2): 187-194.

[107] Luzio G D, Cusatis G. Hygro-thermo-chemical modeling of high performance concrete. I: Theory [J]. Cement and Composites, 2009, 31: 301-308.

[108] Maekawa K, Chaube R, Kishi T. Modelling of concrete performance[C]. E& FN spon, 1999.

[109] Maekawa K, Ishida T, Kishi T. Multi-scale modeling of structural concrete [M]. London and New York: Taylor & Francis, 2009.

[110] Marshall A L. The thermal properties of concrete[J]. Building Science, 1972(7): 167-174.

[111] Mehta P K. Greening of the concrete industry for sustainable development[J]. Concrete International, 2002: 22-38.

[112] Miao B. A new method to measure the early-age deformation of cement based materials[C]//Proc. Shrinkage 2000-Int. RILEM Workshop on Shrinkage of Concrete. Paris: RILEM Publications S. A. R. L., 2000: 381-386.

[113] Miao C W, Tian Q, Sun W, et al. Water consumption of the early-age paste and the determination of "time-zero" of self-desiccation shrinkage [J]. Cement and Concrete Research, 2007, 37(11): 1496-1501.

[114] Mills R H. Factors influencing cessation of hydration in water-cured cement pastes [C]// Proceeding of the symposium on the structure of Portland cement paste and concrete. Washington (DC): Highway research board, 1966: 406-24.

[115] Mindess S, Skalny J P, eds., Materials Science of Concrete II [M]. American Ceramic Society, Westerville, OH, 1991.

[116] Mindess S, Young J F, Darwin D. Concrete [M] (2nd). Pearson Education, Inc., 2003.

[117] Mohamed Boulfiza, Koji Sakai, Nemkumar Banthia, et al. Prediction of chloride ions ingress in uncracked and cracked concrete[J]. ACI materials Journal, 2003, 100(1): 38-48.

[118] Morris P H, Graham J, Williams D J. Cracking in drying soils[J]. Canadian Geotechnical Journal, 1992, 29(2): 263-277.

[119] Nataliya Hearn. Effect of Shrinkage and Load-Induced Cracking on Water Permeability of Concrete [J]. ACI Materials Journal, 1999, 96(2): 234-241.

[120] Neubauer C M, Jennings H M, Garboczi E J. Mapping drying shrinkage deformations in cement-

based materials [J]. Cement and Concrete Research, 1997, 27: 1603-1612.

[121] Neville A M, Dilger W H, Brooks J J. Creep of Plain and Structural Concrete [M]. Construction Press, 1983.

[122] Neville A M. Properties of concrete [M]. New York: John Wiley and Sons, 1997.

[123] Olken P, Rostasy F S. A practical planning tool for the simulation of thermal stresses and for the prediction of early thermal cracks in massive concrete structures[C]//Springenschmid eds. Proceedings of the International RILEM Symposium on Thermal Cracking in Concrete at Early Ages, London, 1995: 289-296.

[124] Paul J U. Plastic Shrinkage Cracking and Evaporation Formulas[J]. ACI Materials Journal 1998, 95(4): 365-375.

[125] Poole J L, Riding K A, Folliard K J, et al. Methods for calculating activation energy for Portland cement [J]. ACI Materials Journal, 2007, 104(1): 303-311.

[126] Powers T C, Brownyard T L. Studies of the physical properties of hardened portland cement paste [J]. Research Laboratories of the Portland Cement Association, PCA Bulletin 1948, 22.

[127] Preface[C]// International RILEM Workshop on Shrinkage of Concrete-'Shrinkage 2000', Paris: The Publishing Company of RILEM, 2000: 1.

[128] Qi Chengqing. Quantitative of Assessment of Plastic Shrinkage Cracking and Its Influence on the Corrosion of Reinforcement. Doctoral thesis of Purdue University, 2004, 107-123.

[129] Radocea A. A Study of the Mechanism of Plastic Shrinkage of Cement-based Materials. PhD thesis, Chalmers University of Technology, Sweden, 1992.

[130] Ravina D and Shalon R. Plastic shrinkage cracking [J]. Journal of American Concrete Institute, 1968, 65(4): 282-291.

[131] Sanjuan M A. Plastic Shrinkage and Permeability in Polypropylene Reinforced Mortar[J]. ACI SP124: 125-126.

[132] Schindler A K. Effect of temperature on the hydration of cementitious materials [J]. ACI Materials Journal, 2004, 101(1): 72-81.

[133] Shimomura T, Maekawa K. Analysis of the drying shrinkage behaviour of concrete using a micromechanical model based on the micropore structure of concrete [J]. Magazine of Concrete Research, 1997, 49(181): 303-322.

[134] Snyder V A, Miller R D. Tensile strength of unsaturated soils[J]. Soil Science Society of America Journal, 1985, 49: 58-65.

[135] Springenschmid R. Avoidance of thermal cracking in concrete at early ages [J]. Materials and Structures, 1997, 451-464.

[136] Springenschmid R. RILEM Report 15-Prevention of thermal cracking in concrete at early ages [R]. London: E& FN Spon, 1998.

[137] Springenschmid R. Thermal cracking in concrete at early ages [M]. London: E & FN Spon, 1994.

[138] Sule M, Van Breugel K. Cracking behavior of reinforced concrete subjected to early-age shrinkage [J]. Materials and structures, 2001, 34(7): 284-292.

[139] Surendra P. Shah, Kejin Wang. Concrete Cracking and Durability, International Conference on Advances in concrete and Structures, Xuzhou, China, 2004.

[140] Tazawa E, Matsuoka Y, Miyazawa S et al. . Effect of autogenous shrinkage on self stress in hardening concrete[C]//Proc. Int. RILEM Symp. Thermal Cracking in Concrete at early Ages, Lon-

don: E&FN, 1995: 221-228.

[141] Tazawa E, Miyazawa. Influence of cement and admixture on autogenous shrinkage of cement paste [J]. Cement and Concrete Research, 1995, 25(2): 281-287.

[142] Tian Q, Wang Y J, Guo F, et al. A smart initial curing procedure based on pore water under pressure measurement[C]//International RILEM Conference on Use of Superabsorbent Polymers and Other New Additives in Concrete, Denmark, 2010: 273-284

[143] Ulm F J, Coussy O. Couplings in early-age concrete: from material modeling to structural design [J]. International Journal of Solids and Structures, 1998, 35: 4295-4311.

[144] Ulm F J, Coussy O. Modeling of thermo-chemo-mechanical couplings of concrete at early ages [J]. Journal of Engineering Mechanics (ASCE), 1995, 121(7): 785-94.

[145] Ulm F J, Coussy O. Strength growth as chemo-plastic hardening in early age concrete [J]. Journal of Engineering Mechanics (ASCE), 1996, 122(12): 1123-1132.

[146] USBR. Thermal properties of concrete (Bulletin No 1, Part VII) [R]. Colorado, 1940.

[147] Van Breugel K. Relaxation of young concrete [R]. Res. Report 5-80-D8, Faculty Civil Engineering & Geosciences, Delft University of Technology, 1980.

[148] Volker S, Markus S, Roberto F. Capillary pressure in fresh cement-based materials and identification of the air entry value [J]. Cement and Concrete Composites, 2008, 30(7): 557-565.

[149] Wang X, Lee H. Modeling the hydration of concrete incorporating fly ash or slag [J]. Cement and Concrete Research, 2010, 40: 984-996.

[150] Weiss W J. Prediction of Early-age Shrinkage Cracking in Concrete [D]. Northwestern : Civil Engineering of Northwestern University, 1999.

[151] Wiegrink K, Marikunte S, etc. Shrinkage cracking of high strength concrete [J]. ACI Materials Journal, 1996, 93(5): 410-415.

[152] Wiittmann F H. On the action of capillary pressure in fresh concrete [J]. Cement and Concrete Research, 1976, 6(1): 49-56.

[153] Wittmann F H. Mechanism and mechanics of shrinkage[C]//Ulm F J, Bazant Z P, Wittmann F H, ed., Proceeding of 6th International Conference on Creep, Shrinkage and Durability mechnics of Concrete and Other Quasi-Brittle Materials, Cambridge, MA, August 20-22, 2001, Elsevier Science Ltd: 3-12.

[154] Xia Q, Li H, Yao T, er al. Cracking behaviour of restrained cementitious materials with expansive agent by comprehensive analysis of residual stress and acoustic emission signals [J]. Advances in Cement Research, 2017, 29(2): 81-90.

[155] Xu G, Tian Q, Miao J, et al. Early-age hydration and mechanical properties of high volume slag and fly ash concrete at different curing temperatures [J]. Construction and Building Materials, 2017, 149: 367-377.

[156] Yamazaki Y, Monji T, Sugiura K. Early age expanding behaviour of mortars and concrete susing expansive additives of CaO-CaSO4-4CaO·3Al2O3·SO3 system[C]//6th International Conference On the Chemistry of Cement, Moscow, September 1974, Stroyizdat, Moscow Ⅲ-5: 192-195.

[157] Zhang Y M, Pichler C, Yuan Y, et al. Micromechanics-based multifield framework for early-age concrete [J]. Engineering Structures, 2013, 47: 16-24.